2025 시험대비

소방승진(소방장)

모의고사 정답 및 해설

문항 및 시험시간

승진시험 평가영역	문항수	시간
소방장	75	75분

※ 이 책은 저작권법에 의해 보호를 받는 저작물이므로 무단전재와 복제를 금합니다.
※ 본 교재의 저작권은 이패스코리아에 있습니다.

제1회 모의고사 해설 ·· 2
제2회 모의고사 해설 ·· 21
제3회 모의고사 해설 ·· 37
제4회 모의고사 해설 ·· 55
제5회 모의고사 해설 ·· 72

최단기 소방승진 이패스 소방사관 www.kfs119.co.kr

소방장 소방승진

제1회 모의고사 해설

문 항 수 : 75문항
응시시간 : 75분

과목	01	02	03	04	05	06	07	08	09	10	11	12	13	14	15	16	17	18	19	20	21	22	23	24	25
소방법령 II	④	④	①	①	③	①	③	④	②	①	③	③	④	③	②	③	①	③	①	③	④	②	③	③	①
소방법령 III	④	③	④	④	④	③	④	③	④	④	③		③	④	②	①	④	③	③	③	④	③	③	④	③
소방전술	④	④	④	③	④	①	③	①	③	④		③	④	②	①	②	③	①	②	③	①	④	②	①	②

소방법령 II (25문항)

01 정답 ④

소방기본법 제25조(강제처분 등)
① 소방본부장, 소방서장 또는 소방대장은 사람을 구출하거나 불이 번지는 것을 막기 위하여 필요할 때에는 화재가 발생하거나 불이 번질 우려가 있는 소방대상물 및 토지를 일시적으로 사용하거나 그 사용의 제한 또는 소방활동에 필요한 처분을 할 수 있다.
② 소방본부장, 소방서장 또는 소방대장은 사람을 구출하거나 불이 번지는 것을 막기 위하여 긴급하다고 인정할 때에는 제1항에 따른 소방대상물 또는 토지 외의 소방대상물과 토지에 대하여 제1항에 따른 처분을 할 수 있다.
③ 소방본부장, 소방서장 또는 소방대장은 소방활동을 위하여 긴급하게 출동할 때에는 소방자동차의 통행과 소방활동에 방해가 되는 주차 또는 정차된 차량 및 물건 등을 제거하거나 이동시킬 수 있다.
④ 소방본부장, 소방서장 또는 소방대장은 제3항에 따른 소방활동에 방해가 되는 주차 또는 정차된 차량의 제거나 이동을 위하여 관할 지방자치단체 등 관련 기관에 견인차량과 인력 등에 대한 지원을 요청할 수 있고, 요청을 받은 관련 기관의 장은 정당한 사유가 없으면 이에 협조하여야 한다.
⑤ 시·도지사는 제4항에 따라 견인차량과 인력 등을 지원한 자에게 시·도의 조례로 정하는 바에 따라 비용을 지급할 수 있다.

02 정답 ④

소방기본법 제19조(화재 등의 통지)
① 화재 현장 또는 구조·구급이 필요한 사고 현장을 발견한 사람은 그 현장의 상황을 소방본부, 소방서 또는 관계 행정기관에 지체 없이 알려야 한다.
② 다음 각 호의 어느 하나에 해당하는 지역 또는 장소에서 화재로 오인할 만한 우려가 있는 불을 피우거나 연막(煙幕) 소독을 하려는 자는 시·도의 조례로 정하는 바에 따라 관할 소방본부장 또는 소방서장에게 신고하여야 한다.
  1. 시장지역
  2. 공장·창고가 밀집한 지역
  3. 목조건물이 밀집한 지역
  4. 위험물의 저장 및 처리시설이 밀집한 지역
  5. 석유화학제품을 생산하는 공장이 있는 지역
  6. 그 밖에 시·도의 조례로 정하는 지역 또는 장소

제57조(과태료)
① 제19조 제2항에 따른 신고를 하지 아니하여 소방자동차를 출동하게 한 자에게는 20만원 이하의 과태료를 부과한다.

03 정답 ①

소방기본법 제16조의4(소방자동차의 보험 가입 등)
① 시·도지사는 소방자동차의 공무상 운행 중 교통사고가 발생한 경우 그 운전자의 법률상 분쟁에 소요되는 비용을 지원할 수 있는 보험에 가입하여야 한다.
② 국가는 제1항에 따른 보험 가입비용의 일부를 지원할 수 있다.

04 정답 ①

① (×) 소방안전교육훈련의 대상은 어린이집의 영유아, 유치원의 유아, 학교의 학생, 장애인복지시설에 거주하거나 해당 시설을 이용하는 장애인이다.
② (○), ③ (○), ④ (○) 소방안전교육훈련의 시설, 장비, 강사자격 및 교육방법 등의 기준 (소방기본법 시행규칙 [별표 3의3])

05 정답 ③

「소방기본법 시행규칙」 제4조의2(소방체험관의 설립 및 운영)
① 법 제5조제1항에 따라 설립된 소방체험관(이하 "소방체험관"이라 한다)은 다음 각 호의 기능을 수행한다.
  1. 재난 및 안전사고 유형에 따른 예방, 대처, 대응 등에 관한 체험교육(이하 "체험교육"이라 한다)의 제공
  2. 체험교육 프로그램의 개발 및 국민 안전의식 향상을 위한 홍보·전시
  3. 체험교육 인력의 양성 및 유관기관·단체 등과의 협력
  4. 그 밖에 체험교육을 위하여 시·도지사가 필요하다고 인정하는 사업의 수행

② 법 제5조제2항에서 "행정안전부령으로 정하는 기준"이란 별표 1에 따른 기준을 말한다.

분야	체험실
생활안전	전기안전 체험실, 가스안전 체험실, 작업안전 체험실, 여가활동 체험실, 노인안전 체험실
교통안전	버스안전 체험실, 이륜차안전 체험실, 지하철안전 체험실
자연재난 안전	생물권 재난안전 체험실(조류독감, 구제역 등)
사회기반 안전	화생방·민방위안전 체험실, 환경안전 체험실, 에너지·정보통신안전 체험실, 사이버안전 체험실
범죄안전	미아안전 체험실, 유괴안전 체험실, 폭력안전 체험실, 성폭력안전 체험실, 사기범죄 안전 체험실
보건안전	중독안전 체험실(게임·인터넷, 흡연 등), 감염병안전 체험실, 식품안전 체험실, 자살방지 체험실
기타	시·도지사가 필요하다고 인정하는 체험실

06   정답 ①

「소방기본법」 제6조(소방업무에 관한 종합계획의 수립·시행 등)
① 소방청장은 화재, 재난·재해, 그 밖의 위급한 상황으로부터 국민의 생명·신체 및 재산을 보호하기 위하여 소방업무에 관한 종합계획(이하 이 조에서 "종합계획"이라 한다)을 5년마다 수립·시행하여야 하고, 이에 필요한 재원을 확보하도록 노력하여야 한다.

「소방기본법 시행령」 제1조의3(소방업무에 관한 종합계획 및 세부계획의 수립·시행)
① 소방청장은 법 제6조제1항에 따른 소방업무에 관한 종합계획을 관계 중앙행정기관의 장과의 협의를 거쳐 계획 시행 전년도 10월 31일까지 수립해야 한다.
② 법 제6조제2항제7호에서 "대통령령으로 정하는 사항"이란 다음 각 호의 사항을 말한다.
  1. 재난·재해 환경 변화에 따른 소방업무에 필요한 대응 체계 마련
  2. 장애인, 노인, 임산부, 영유아 및 어린이 등 이동이 어려운 사람을 대상으로 한 소방활동에 필요한 조치
③ 특별시장·광역시장·특별자치시장·도지사 또는 특별자치도지사(이하 "시·도지사"라 한다)는 법 제6조제4항에 따른 종합계획의 시행에 필요한 세부계획을 계획 시행 전년도 12월 31일까지 수립하여 소방청장에게 제출하여야 한다.

07   정답 ③

「소방기본법」 제52조(벌칙) 다음 각 호의 어느 하나에 해당하는 자는 300만원 이하의 벌금에 처한다.
  1. 제25조제2항(* 제1항 이외의 소방대상물 및 토지의 일시적 사용 또는 사용제한) 및 제3항(* 소방활동에 방해가 되는 주차 또는 정차된 차량 및 물건 등의 제거 또는 이동)에 따른 처분을 방해한 자 또는 정당한 사유 없이 그 처분에 따르지 아니한 자

「소방기본법」 제54조(벌칙) 다음 각 호의 어느 하나에 해당하는 자는 100만원 이하의 벌금에 처한다.

1. 삭제 〈2021. 11. 30.〉
1의2. 제16조의3(* 생활안전활동) 제2항을 위반하여 정당한 사유 없이 소방대의 생활안전활동을 방해한 자
2. 제20조제1항을 위반하여 정당한 사유 없이 소방대가 현장에 도착할 때까지 사람을 구출하는 조치 또는 불을 끄거나 불이 번지지 아니하도록 하는 조치를 하지 아니한 사람
3. 제26조제1항(* 화재, 재난·재해, 그 밖의 위급한 상황이 발생하여 사람의 생명을 위험하게 할 것으로 인정할 때에는 일정한 구역을 지정하여 그 구역에 있는 사람에게 그 구역 밖으로 피난할 것을 명령)에 따른 피난 명령을 위반한 사람
4. 제27조제1항을 위반하여 정당한 사유 없이 물의 사용이나 수도의 개폐장치의 사용 또는 조작을 하지 못하게 하거나 방해한 자
5. 제27조제2항(* 가스·전기 또는 유류 등의 시설에 대하여 위험물질의 공급을 차단)에 따른 조치를 정당한 사유 없이 방해한 자

08   정답 ④

「소방기본법」 제21조의2(소방자동차 전용구역 등)
① 「건축법」 제2조제2항제2호에 따른 공동주택 중 대통령령으로 정하는 공동주택의 건축주는 제16조제1항에 따른 소방활동의 원활한 수행을 위하여 공동주택에 소방자동차 전용구역(이하 "전용구역"이라 한다)을 설치하여야 한다.

> 「소방기본법 시행령」 제7조의12(소방자동차 전용구역 설치 대상)
> 법 제21조의2제1항에서 "대통령령으로 정하는 공동주택"이란 다음 각 호의 주택을 말한다. 다만, 하나의 대지에 하나의 동(棟)으로 구성되고 「도로교통법」 제32조 또는 제33조에 따라 정차 또는 주차가 금지된 편도 2차선 이상의 도로에 직접 접하여 소방자동차가 도로에서 직접 소방활동이 가능한 공동주택은 제외한다.
> 1. 「건축법 시행령」 별표 1 제2호가목의 아파트 중 세대수가 100세대 이상인 아파트
> 2. 「건축법 시행령」 별표 1 제2호라목의 기숙사 중 3층 이상의 기숙사

09   정답 ②

「소방기본법」 제21조의3(소방자동차 교통안전 분석 시스템 구축·운영)
① 소방청장 또는 소방본부장은 대통령령으로 정하는 소방자동차에 행정안전부령으로 정하는 기준에 적합한 운행기록장치(이하 이 조에서 "운행기록장치"라 한다)를 장착하고 운용하여야 한다.
② 소방청장은 소방자동차의 안전한 운행 및 교통사고 예방을 위하여 운행기록장치 데이터의 수집·저장·통합·분석 등의 업무를 전자적으로 처리하기 위한 시스템(이하 이 조에서 "소방자동차 교통안전 분석 시스템"이라 한다)을 구축·운영할 수 있다.
③ 소방청장, 소방본부장 및 소방서장은 소방자동차 교통안전 분석 시스템으로 처리된 자료(이하 이 조에서 "전산자료"라 한다)를 이용하여 소방자동차의 장비운용자 등에게 어떠한 불리한 제재나 처벌을 하여서는 아니 된다.
④ 소방자동차 교통안전 분석 시스템의 구축·운영, 운행기록장치 데이터 및 전산자료의 보관·활용 등에 필요한 사항은 행정안전부령으로 정한다.

10 정답 ①

「소방기본법 시행령」 제8조(소방활동구역의 출입자)

법 제23조제1항에서 "대통령령으로 정하는 사람"이란 다음 각 호의 사람을 말한다.

1. 소방활동구역 안에 있는 소방대상물의 소유자·관리자 또는 점유자
2. 전기·가스·수도·통신·교통의 업무에 종사하는 사람으로서 원활한 소방활동을 위하여 필요한 사람
3. 의사·간호사 그 밖의 구조·구급업무에 종사하는 사람
4. 취재인력 등 보도업무에 종사하는 사람
5. 수사업무에 종사하는 사람
6. 그 밖에 소방대장이 소방활동을 위하여 출입을 허가한 사람

11 정답 ③

「소방기본법」 제3조(소방기관의 설치 등)

① 시·도의 화재 예방·경계·진압 및 조사, 소방안전교육·홍보와 화재, 재난·재해, 그 밖의 위급한 상황에서의 구조·구급 등의 업무(이하 "소방업무"라 한다)를 수행하는 소방기관의 설치에 필요한 사항은 대통령령으로 정한다.
② 소방업무를 수행하는 소방본부장 또는 소방서장은 그 소재지를 관할하는 특별시장·광역시장·특별자치시장·도지사 또는 특별자치도지사(이하 "시·도지사"라 한다)의 지휘와 감독을 받는다.
③ 제2항에도 불구하고 소방청장은 화재 예방 및 대형 재난 등 필요한 경우 시·도 소방본부장 및 소방서장을 지휘·감독할 수 있다.
④ 시·도에서 소방업무를 수행하기 위하여 시·도지사 직속으로 소방본부를 둔다.

12 정답 ④

「소방기본법」 제4조(119종합상황실의 설치와 운영)

① 소방청장, 소방본부장 및 소방서장은 화재, 재난·재해, 그 밖에 구조·구급이 필요한 상황이 발생하였을 때에 신속한 소방활동(소방업무를 위한 모든 활동을 말한다. 이하 같다)을 위한 정보의 수집·분석과 판단·전파, 상황관리, 현장 지휘 및 조정·통제 등의 업무를 수행하기 위하여 119종합상황실을 설치·운영하여야 한다.

13 정답 ③

특수가연물 (화재예방법 시행령 [별표 2])

품명		수량
면화류		200킬로그램 이상
나무껍질 및 대팻밥		400킬로그램 이상
넝마 및 종이부스러기		1,000킬로그램 이상
사류(絲類)		1,000킬로그램 이상
볏짚류		1,000킬로그램 이상
가연성 고체류		3,000킬로그램 이상
석탄·목탄류		10,000킬로그램 이상
가연성 액체류		2세제곱미터 이상
목재가공품 및 나무부스러기		10세제곱미터 이상
고무류·플라스틱류	발포시킨 것	20세제곱미터 이상
	그 밖의 것	3,000킬로그램 이상

14 정답 ②

특급 소방안전관리대상물의 범위 (화재예방법 시행령 [별표 4])

「소방시설 설치 및 관리에 관한 법률 시행령」 [별표 2]의 특정소방대상물 중 다음의 어느 하나에 해당하는 것

1) 50층 이상(지하층은 제외)이거나 지상으로부터 높이가 200미터 이상인 아파트
2) 30층 이상(지하층을 포함)이거나 지상으로부터 높이가 120미터 이상인 특정소방대상물(아파트는 제외)
3) 2)에 해당하지 않는 특정소방대상물로서 연면적이 10만제곱미터 이상인 특정소방대상물(아파트는 제외)

15 정답 ③

화재예방법 제37조(소방안전관리대상물 근무자 및 거주자 등에 대한 소방훈련 등)

④ 소방본부장 또는 소방서장은 소방안전관리대상물 중 불특정 다수인이 이용하는 대통령령으로 정하는 특정소방대상물의 근무자등에게 불시에 소방훈련과 교육을 실시할 수 있다. 이 경우 소방본부장 또는 소방서장은 그 특정소방대상물 근무자등의 불편을 최소화하고 안전 등을 확보하는 대책을 마련하여야 하며, 소방훈련과 교육의 내용, 방법 및 절차 등은 행정안전부령으로 정하는 바에 따라 관계인에게 사전에 통지하여야 한다.

시행령 제39조(불시 소방훈련·교육의 대상)

법 제37조 제4항에서 "대통령령으로 정하는 특정소방대상물"이란 소방안전관리대상물 중 다음 각 호의 특정소방대상물을 말한다.

1. 「소방시설 설치 및 관리에 관한 법률 시행령」 별표 2 제7호에 따른 의료시설
2. 「소방시설 설치 및 관리에 관한 법률 시행령」 별표 2 제8호에 따른 교육연구시설
3. 「소방시설 설치 및 관리에 관한 법률 시행령」 별표 2 제9호에 따른 노유자 시설
4. 그 밖에 화재 발생 시 불특정 다수의 인명피해가 예상되어 소방본부장 또는 소방서장이 소방훈련·교육이 필요하다고 인정하는 특정소방대상물

16 정답 ①

화재예방법 시행령 제24조(화재안전취약자 지원 대상 및 방법 등)

① 법 제23조 제1항에 따른 어린이, 노인, 장애인 등 화재의 예방 및 안전관리에 취약한 자(이하 "화재안전취약자"라 한다)에 대한 지원의 대상은 다음 각 호와 같다.
  1. 「국민기초생활 보장법」 제2조 제2호에 따른 수급자

2. 「장애인복지법」 제6조에 따른 **중증**장애인
3. 「한부모가족지원법」 제5조에 따른 지원대상자
4. 「노인복지법」 제27조의2에 따른 **홀로 사는 노인**
5. 「다문화가족지원법」 제2조 제1호에 따른 **다문화가족의 구성원**
6. 그 밖에 화재안전에 취약하다고 소방관서장이 인정하는 사람

17 정답 ③

소방안전관리자 자격시험에 응시할 수 있는 사람의 자격 (화재예방법 시행령 [별표 6])

2. 1급 소방안전관리자
   가. 대학 또는 고등학교에서 소방안전관리학과를 전공하고 졸업한 사람(법령에 따라 이와 같은 수준의 학력이 있다고 인정되는 사람을 포함)으로서 해당 학과를 졸업한 후 2년 이상 2급 소방안전관리대상물 또는 3급 소방안전관리대상물의 소방안전관리자로 근무한 실무경력이 있는 사람
   나. 다음의 어느 하나에 해당하는 요건을 갖춘 후 3년 이상 2급 소방안전관리대상물 또는 3급 소방안전관리대상물의 소방안전관리자로 근무한 실무경력이 있는 사람
      1) 대학 또는 고등학교에서 소방안전 관련 교과목을 12학점 이상 이수하고 졸업한 사람
      2) 법령에 따라 1)에 해당하는 사람과 같은 수준의 학력이 있다고 인정되는 사람으로서 해당 학력 취득 과정에서 소방안전 관련 교과목을 12학점 이상 이수한 사람
      3) 대학 또는 고등학교에서 소방안전 관련 학과를 전공하고 졸업한 사람(법령에 따라 이와 같은 수준의 학력이 있다고 인정되는 사람을 포함)
   다. 소방행정학(소방학 및 소방방재학을 포함) 또는 소방안전공학(소방방재공학 및 안전공학을 포함) 분야에서 석사 이상 학위를 취득한 사람
   라. 5년 이상 2급 소방안전관리대상물의 소방안전관리자로 근무한 실무경력이 있는 사람
   마. 법 제34조 제1항 제1호에 따른 강습교육 중 이 영 제33조 제1호 및 제2호에 해당하는 사람을 대상으로 하는 강습교육을 수료한 사람
   바. 2급 소방안전관리대상물의 소방안전관리자로 선임될 수 있는 자격을 갖춘 후 특급 또는 1급 소방안전관리대상물의 소방안전관리보조자로 5년 이상 근무한 실무경력이 있는 사람
   사. 2급 소방안전관리대상물의 소방안전관리자로 선임될 수 있는 자격을 갖춘 후 2급 소방안전관리대상물의 소방안전관리보조자로 7년 이상 근무한 실무경력(특급 또는 1급 소방안전관리대상물의 소방안전관리보조자로 근무한 실무경력이 있는 경우에는 이를 포함하여 합산한다)이 있는 사람
   아. 산업안전기사 또는 산업안전산업기사의 자격을 취득한 후 2년 이상 2급 소방안전관리대상물 또는 3급 소방안전관리대상물의 소방안전관리자로 근무한 실무경력이 있는 사람
   자. 제1호에 따라 특급 소방안전관리대상물의 소방안전관리자 시험응시 자격이 인정되는 사람

18 정답 ③

「화재의 예방 및 안전관리에 관한 법률」 제2조(정의)

① 이 법에서 사용하는 용어의 뜻은 다음과 같다.
   3. "화재안전조사"란 소방청장, 소방본부장 또는 소방서장(이하 "소방관서장"이라 한다)이 소방대상물, 관계지역 또는 관계인에 대하여 소방시설등(「소방시설 설치 및 관리에 관한 법률」 제2조제1항제2호에 따른 소방시설등을 말한다. 이하 같다)이 소방 관계 법령에 적합하게 설치·관리되고 있는지, 소방대상물에 화재의 발생 위험이 있는지 등을 확인하기 위하여 실시하는 현장조사·문서열람·보고요구 등을 하는 활동을 말한다.

19 정답 ①

① (○) "성능위주설계"란 건축물 등의 재료, 공간, 이용자, 화재 특성 등을 종합적으로 고려하여 공학적 방법으로 화재 위험성을 평가하고 그 결과에 따라 화재안전성능이 확보될 수 있도록 특정소방대상물을 설계하는 것을 말한다.
② (×) "화재안전성능"이란 **화재를 예방**하고 **화재발생 시 피해를 최소화**하기 위하여 소방대상물의 재료, 공간 및 설비 등에 요구되는 안전성능을 말한다.
③ (×) "소방용품"이란 **소방시설등**을 구성하거나 소방용으로 사용되는 제품 또는 기기로서 대통령령으로 정하는 것을 말한다.
④ (×) "특정소방대상물"이란 건축물 등의 규모·용도 및 수용인원 등을 고려하여 소방시설을 설치하여야 하는 소방대상물로서 **대통령령**으로 정하는 것을 말한다.

20 정답 ④

① (×) **소방시설법 제22조(소방시설등의 자체점검)** ① 특정소방대상물의 관계인은 그 대상물에 설치되어 있는 소방시설등이 이 법이나 이 법에 따른 명령 등에 적합하게 설치·관리되고 있는지에 대하여 다음 각 호의 구분에 따른 기간 내에 스스로 점검하거나 제34조에 따른 점검능력 평가를 받은 관리업자 또는 행정안전부령으로 정하는 기술자격자(이하 "관리업자등"이라 한다)로 하여금 정기적으로 점검(이하 "자체점검"이라 한다)하게 하여야 한다. 이 경우 관리업자등이 점검한 경우에는 그 점검 결과를 행정안전부령으로 정하는 바에 따라 관계인에게 제출하여야 한다.
   1. 해당 특정소방대상물의 소방시설등이 신설된 경우: 「건축법」 제22조에 따라 건축물을 사용할 수 있게 된 날부터 **60일**
   2. 제1호 외의 경우: 행정안전부령으로 정하는 기간
② (×) **법 제22조(소방시설등의 자체점검)** ② 자체점검의 구분 및 대상, 점검인력의 배치기준, 점검자의 자격, 점검 장비, 점검 방법 및 횟수 등 자체점검 시 준수하여야 할 사항은 **행정안전부령**으로 정한다.
③ (×) **법 제23조(소방시설등의 자체점검 결과의 조치 등)** ③ 특정소방대상물의 관계인은 제22조제1항에 따라 자체점검을 한 경우에는 그 점검 결과를 행정안전부령으로 정하는 바에 따라 소방시설등에 대한 수리·교체·정비에 관한 이행계획(중대위반사항

에 대한 조치사항을 포함)을 첨부하여 **소방본부장 또는 소방서장**에게 보고하여야 한다. (이하 생략)
④ (○) **법 제22조(소방시설등의 자체점검)** ⑥ 관계인은 천재지변이나 그 밖에 대통령령으로 정하는 사유로 자체점검을 실시하기 곤란한 경우에는 대통령령으로 정하는 바에 따라 **소방본부장 또는 소방서장**에게 면제 또는 연기 신청을 할 수 있다. (이하 생략)

21   정답 ④

소방시설법 제18조(소방기술심의위원회)
① 다음 각 호의 사항을 심의하기 위하여 **소방청**에 중앙소방기술심의위원회(이하 "중앙위원회"라 한다)를 둔다.
  1. 화재안전기준에 관한 사항
  2. 소방시설의 구조 및 원리 등에서 공법이 특수한 설계 및 시공에 관한 사항
  3. **소방시설의 설계 및 공사감리의 방법**에 관한 사항
  4. **소방시설공사의 하자를 판단하는 기준**에 관한 사항
  5. 제8조 제5항 단서에 따라 신기술·신공법 등 검토·평가에 고도의 기술이 필요한 경우로서 중앙위원회에 심의를 요청한 사항
  6. 그 밖에 소방기술 등에 관하여 대통령령으로 정하는 사항
② 다음 각 호의 사항을 심의하기 위하여 **시·도**에 지방소방기술심의위원회(이하 "지방위원회"라 한다)를 둔다.
  1. 소방시설에 **하자가 있는지의 판단**에 관한 사항
  2. 그 밖에 소방기술 등에 관하여 대통령령으로 정하는 사항
③ 중앙위원회 및 지방위원회의 구성·운영 등에 필요한 사항은 대통령령으로 정한다.

22   정답 ②

특정소방대상물의 관계인이 특정소방대상물에 설치·관리해야 하는 소방시설의 종류 (소방시설법 시행령 [별표 4])
간이스프링클러설비를 설치해야 하는 특정소방대상물은 다음의 어느 하나에 해당하는 것으로 한다.
3) 의료시설 중 다음의 어느 하나에 해당하는 시설
  가) 종합병원, 병원, 치과병원, 한방병원 및 요양병원(의료재활시설은 제외)으로 사용되는 바닥면적의 합계가 600㎡ 미만인 시설
  나) 정신의료기관 또는 의료재활시설로 사용되는 바닥면적의 합계가 300㎡ 이상 600㎡ 미만인 시설
  다) 정신의료기관 또는 의료재활시설로 사용되는 바닥면적의 합계가 300㎡ 미만이고, 창살(철재·플라스틱 또는 목재 등으로 사람의 탈출 등을 막기 위하여 설치한 것을 말하며, 화재 시 자동으로 열리는 구조로 되어 있는 창살은 제외)이 설치된 시설

23   정답 ③

소방시설법 제13조(소방시설기준 적용의 특례)
① 소방본부장이나 소방서장은 제12조 제1항 전단에 따른 대통령령 또는 화재안전기준이 변경되어 그 기준이 강화되는 경우 기존의 특정소방대상물(건축물의 신축·개축·재축·이전 및 대수선 중인 특정소방대상물을 포함한다)의 소방시설에 대하여는 변경 전의 대통령령 또는 화재안전기준을 적용한다. 다만, 다음 각 호의 어느 하나에 해당하는 소방시설의 경우에는 대통령령 또는 화재안전기준의 변경으로 강화된 기준을 적용할 수 있다. (이하 생략)

시행령 제13조(강화된 소방시설기준의 적용대상) 법 제13조 제1항 제2호 각 목 외의 부분에서 "대통령령으로 정하는 것"이란 다음 각 호의 소방시설을 말한다.
1. 「국토의 계획 및 이용에 관한 법률」 제2조 제9호에 따른 공동구에 설치하는 소화기, 자동소화장치, 자동화재탐지설비, 통합감시시설, 유도등 및 연소방지설비
2. 전력 및 통신사업용 지하구에 설치하는 소화기, 자동소화장치, 자동화재탐지설비, 통합감시시설, 유도등 및 연소방지설비
3. 노유자 시설에 설치하는 간이스프링클러설비, 자동화재탐지설비 및 단독경보형 감지기
4. 의료시설에 설치하는 스프링클러설비, 간이스프링클러설비, 자동화재탐지설비 및 자동화재속보설비

24   정답 ③

「소방시설 설치 및 관리에 관한 법률」 제8조(성능위주설계)
① 연면적·높이·층수 등이 일정 규모 이상인 대통령령으로 정하는 특정소방대상물(신축하는 것만 해당한다)에 소방시설을 설치하려는 자는 성능위주설계를 하여야 한다.
② 제1항에 따라 소방시설을 설치하려는 자가 성능위주설계를 한 경우에는 「건축법」 제11조에 따른 건축허가를 신청하기 전에 해당 특정소방대상물의 시공지 또는 소재지를 관할하는 소방서장에게 신고하여야 한다. 해당 특정소방대상물의 연면적·높이·층수의 변경 등 행정안전부령으로 정하는 사유로 신고한 성능위주설계를 변경하려는 경우에도 또한 같다.

25   정답 ①

「소방시설 설치 및 관리에 관한 법률」 제10조(주택에 설치하는 소방시설)
① 다음 각 호의 주택의 소유자는 소화기 등 대통령령으로 정하는 소방시설(이하 "주택용소방시설"이라 한다)을 설치하여야 한다.
  1. 「건축법」 제2조제2항제1호의 단독주택
  2. 「건축법」 제2조제2항제2호의 공동주택(아파트 및 기숙사는 제외한다)
② 국가 및 지방자치단체는 주택용소방시설의 설치 및 국민의 자율적인 안전관리를 촉진하기 위하여 필요한 시책을 마련하여야 한다.

③ 주택용소방시설의 설치기준 및 자율적인 안전관리 등에 관한 사항은 특별시·광역시·특별자치시·도 또는 특별자치도(이하 "시·도"라 한다)의 조례로 정한다.

「소방시설 설치 및 관리에 관한 법률 시행령」 제10조(주택용소방시설)
법 제10조제1항 각 호 외의 부분에서 "소화기 등 대통령령으로 정하는 소방시설"이란 소화기 및 단독경보형 감지기를 말한다.

소방법령 Ⅲ (25문항)

01   정답 ④

제1류 위험물 및 지정수량

성질	위험등급	품명	지정수량
산화성 고체	Ⅰ	1. 아염소산염류, 2. 염소산염류, 3. 과염소산염류, 4. 무기과산화물	50킬로그램
	Ⅱ	5. 브로민산염류, 6. 질산염류, 7. 아이오딘산염류	300킬로그램
	Ⅲ	8. 과망가니즈산염류, 9. 다이크로뮴산염류	1,000킬로그램
	Ⅰ, Ⅱ, Ⅲ	10. 그 밖의 행정안전부령이 정하는 것 ① 과아이오딘산염류, ② 과아이오딘산, ③ 크로뮴, 납 또는 아이오딘의 산화물, ④ 아질산염류, ⑤ 차아염소산염류, ⑥ 염소화아이소사이아누르산, ⑦ 퍼옥소이황산염류, ⑧ 퍼옥소붕산염류	50킬로그램, 300킬로그램 또는 1,000킬로그램
		11. 제1호 내지 제10호의1에 해당하는 어느 하나 이상을 함유한 것	

①,②,③은 제6류 위험물 산화성 액체에 품명이다.

02   정답 ③

제조소등에서의 흡연 금지(제19조의2) → [개정2024.1.30. 시행 2024.7.31.]
① 누구든지 제조소등에서는 지정된 장소가 아닌 곳에서 흡연을 하여서는 아니 된다.
② 제조소등의 관계인은 해당 제조소등이 금연구역임을 알리는 표지를 설치하여야 한다.
③ 시·도지사는 제조소등의 관계인이 금연구역임을 알리는 표지를 설치하지 아니하거나 보완이 필요한 경우 일정한 기간을 정하여 그 시정을 명할 수 있다.
④ 흡연장소의 지정 기준·방법 등은 대통령령으로 정하고, 금연구역을 알리는 표지를 설치하는 기준·방법 등은 행정안전부령으로 정한다.

03   정답 ④

예방규정의 이행 실태 평가(시행규칙 제63조의2)
예방규정의 이행 실태 평가는 다음 각 호의 구분에 따라 실시한다.
1. 최초평가: 예방규정을 최초로 제출한 날부터 **3년**이 되는 날이 속하는 연도에 실시
2. 정기평가: 최초평가 또는 직전 정기평가를 실시한 날을 기준으로 **4년**마다 실시. 다만, 수시평가를 실시한 경우에는 수시평가를 실시한 날을 기준으로 **4년**마다 실시한다.

3. 수시평가: 위험물의 누출·화재·폭발 등의 사고가 발생한 경우 소방청장이 제조소등의 **관계인 또는 종업원**의 예방규정 준수 여부를 평가할 필요가 있다고 인정하는 경우에 실시

04   정답 ④

위험물 안전관리에 관한 협회(법 제29조의2)
제조소등의 관계인, 위험물운송자, 탱크시험자 및 안전관리자의 업무를 위탁받아 수행할 수 있는 안전관리대행기관으로 소방청장의 지정을 받은 자는 ① 위험물의 안전관리, ② 사고예방을 위한 안전기술 개발, ③ 그 밖에 위험물 안전관리의 건전한 발전을 도모하기 위하여 위험물 안전관리에 관한 협회(이하 "협회"라 한다)를 설립할 수 있다.
④의 선지는 소방기술과 안전관리에 관한 교육 및 조사·연구는 한국소방안전원의 업무에 해당한다.

05   정답 ④

안전관리대행기관 지정 등(시행규칙 제57조)
- 안전관리대행기관은 지정받은 사항의 변경이 있는 경우에는 그 사유가 있는 날부터 **14일 이내**에 위험물안전관리대행기관 변경신고서에 행정안전부령으로 정하는 서류를 첨부하여 **소방청장**에게 제출해야 한다.
- 안전관리대행기관은 휴업·재개업 또는 폐업을 하려는 경우에는 휴업·재개업 또는 폐업하려는 날 **1일 전**까지 위험물안전관리대행기관 휴업·재개업·폐업 신고서에 위험물안전관리대행기관지정서를 첨부하여 **소방청장**에게 제출해야 한다.

06   정답 ③

옥외탱크저장소의 보유공지
1. 옥외저장탱크(위험물을 이송하기 위한 배관 그 밖에 이에 준하는 공작물을 제외한다)의 주위에는 그 저장 또는 취급하는 위험물의 최대수량에 따라 옥외저장탱크의 측면으로부터 다음 표에 의한 너비의 공지를 보유하여야 한다.

저장 또는 취급하는 위험물의 최대수량	공지의 너비
지정수량의 500배 이하	3m 이상
지정수량의 500배 초과 1,000배 이하	5m 이상
지정수량의 1,000배 초과 2,000배 이하	9m 이상
지정수량의 2,000배 초과 3,000배 이하	12m 이상
지정수량의 3,000배 초과 4,000배 이하	15m 이상
지정수량의 4,000배 초과	해당 탱크의 수평단면의 최대지름(가로형인 경우에는 긴 변)과 높이 중 큰 것과 같은 거리 이상. 다만, 30m 초과의 경우에는 30m 이상으로 할 수 있고, 15m 미만의 경우에는 15m 이상으로 하여야 한다.

2. 제1호의 규정에도 불구하고 옥외저장탱크(이하 이호에서 "공지단축 옥외저장탱크"라 한다)에 기준에 적합한 물분무설비로 방호조치를 하는 경우에는 그 보유공지를 제1호에 따른 보유공지의 2분의 1 이상의 너비(최소 3m 이상)로 할 수 있다.
위 기준에 따라 저장 위험물의 최대수량
$= \dfrac{\text{저장 위험물의 최대수량}}{\text{지정수량}} = \dfrac{2{,}000{,}000\text{리터}}{1{,}000\text{리터}} = 2{,}000\text{배}$
위 표에서 저장용량 2,000배 이하의 보유공지는 9m 이나 공지단축 옥외저장탱크에 기준에 적합한 물분무등 소화설비로 방호조치한 경우로 9m의 2분의 1 이상의 너비로 할수 있으므로 4.5m 이상 보유공지를 두어야 한다

07   정답 ④

수납하는 위험물에 따라 다음에 따른 주의사항
- 제1류 위험물 중 알칼리금속의 과산화물 또는 이를 함유한 것에 있어서는 "화기·충격주의", "물기엄금" 및 "가연물접촉주의", 그 밖의 것에 있어서는 **"화기·충격주의" 및 "가연물접촉주의"**
- 제2류 위험물 중 철분·금속분·마그네슘 또는 이들중 어느 하나 이상을 함유한 것에 있어서는 "화기주의" 및 "물기엄금", 인화성고체에 있어서는 "화기엄금", 그 밖의 것에 있어서는 "화기주의"
- 제3류 위험물 중 자연발화성물질에 있어서는 "화기엄금" 및 "공기접촉엄금", 금수성물질에 있어서는 "물기엄금"
- 제4류 위험물에 있어서는 "화기엄금"
- 제5류 위험물에 있어서는 "화기엄금" 및 "충격주의"
- 제6류 위험물에 있어서는 "가연물접촉주의"

08   정답 ③

탱크시험자의 등록사항 중 중요사항 변경
- 영업소 소재지의 변경
- 기술능력의 변경
- 대표자의 변경
- 상호 또는 명칭의 변경

09   정답 ④

예방규정을 정해야하는 제조소등
1. 지정수량의 10배 이상의 위험물을 취급하는 제조소
2. 지정수량의 100배 이상의 위험물을 저장하는 옥외저장소
3. 지정수량의 150배 이상의 위험물을 저장하는 옥내저장소
4. 지정수량의 200배 이상의 위험물을 저장하는 옥외탱크저장소
5. 암반탱크저장소
6. 이송취급소
7. 지정수량의 10배 이상의 위험물을 취급하는 일반취급소. 다만, 제4류 위험물(특수인화물을 제외한다)만을 지정수량의 50배 이하로 취급하는 일반취급소(제1석유류·알코올류의 취급량이 지정수량의 10배 이하인 경우에 한한다)로서 다음 각목의 어느 하나에 해당하는 것을 제외한다.
   가. 보일러·버너 또는 이와 비슷한 것으로서 위험물을 소비하는 장치로 이루어진 일반취급소

나. 위험물을 용기에 옮겨 담거나 차량에 고정된 탱크에 주입하는 일반취급소

① 4,000 L의 알코올류를 취급하는 제조소
= $\dfrac{6000리터}{400리터}$ = 15배 =예방규정 작성 대상

② 30,000 kg의 황을 저장하는 옥외저장소
= $\dfrac{30,000킬로그램}{100킬로그램}$ = 300배 =예방규정 작성 대상

③ 15,000 kg의 염소산염류를 저장하는 옥내저장소
= $\dfrac{1500킬로그램}{50킬로그램}$ = 300배 =예방규정 작성대상

④ 150,000 L의 등유를 저장하는 옥외탱크저장소
= $\dfrac{150,000리터}{1,000리터}$ = 150배 = 해당없음

10 정답 ④

위험등급

등급 / 유별	I	II	III
제1류	아염소산염류, 염소산염류, 과염소산염류, 무기과산화물, 그 밖에 지정수량이 50kg인 위험물	브로민산염류, 질산염류, 아이오딘산염류, 그 밖에 지정수량이 300kg인 위험물	과망가니즈산염류, 다이크로뮴산염류
제2류		황화인, 적린, 황, 그 밖에 지정수량이 100kg인 위험물	철분, 금속분, 마그네슘, 인화성고체
제3류	칼륨, 나트륨, 알킬알루미늄, 알킬리튬, 황린, 그 밖에 지정수량이 10kg 또는 20kg인 위험물	알칼리금속(K 및 Na 제외) 및 알칼리토금속, 유기금속화합물 (알킬알루미늄 및 알킬리튬은 제외), 그 밖에 지정수량이 50kg인 위험물	금속의 수소화물, 금속의 인화물, 칼슘 또는 알루미늄탄화물
제4류	특수인화물	제1석유류 및 알코올류	제2석유류, 제3석유류, 제4석유류, 동식물유류
제5류	지정수량이 10kg인 위험물	지정수량이 10kg인 위험물이외의 것	
제6류	전 품명 (과산화수소, 과염소산, 질산, 할로젠간화합물)		

11 정답 ③

옥외저장소의 변경허가를 받아야 하는 경우
- 옥외저장소의 면적을 변경하는 경우
- 살수설비 등을 신설 또는 철거하는 경우
- 옥외소화전설비·스프링클러설비·물분무등소화설비를 신설·교체(배관·밸브·압력계·소화전본체·소화약제탱크·포헤드·포방출구 등의 교체는 제외한다) 또는 철거하는 경우

12 정답 ④

④ 환기설비의 급기구는 급기구가 설치된 바닥면적이 90 m² 일 경우 급기구의 크기는 **450 cm² 이상**으로 하여야 한다.

13 정답 ③

ㄱ 30일, ㄴ 14일, ㄷ 14일, ㄹ 14일

14 정답 ④

안전관리 기본계획과 집행계획에 포함할 사항

기본계획	집행계획
1. 다중이용업소의 안전 관리에 관한 기본 방향 2. 다중이용업소의 자율적인 안전 관리 촉진에 관한 사항 3. 다중이용업소의 화재 안전에 관한 정보체계의 구축 및 관리 4. 다중이용업소의 안전 관련 법령 정비 등 제도 개선에 관한 사항 5. 다중이용업소의 적정한 유지·관리에 필요한 교육과 기술 연구·개발 6. 다중이용업소의 화재 배상책임보험에 관한 기본 방향 7. 다중이용업소의 화재 배상책임보험 가입관리 전산망(이하 "책임보험전산망"이라 한다)의 구축·운영 8. 다중이용업소의 화재 배상책임보험 제도의 정비 및 개선에 관한 사항 9. 다중이용업소 화재위험평가의 연구·개발에 관한 사항 10. 그 밖에 다중이용업소의 안전 관리에 관하여 대통령령으로 정하는 사항 　① 안전관리 중·장기 기본계획에 관한 사항 　　㉠ 다중이용업소의 안전관리체제 　　㉡ 안전관리실태평가 및 개선계획 　② 시·도 안전관리기본계획에 관한 사항	1. 다중이용업소 밀집지역의 소방시설 설치, 유지·관리와 개선계획 2. 다중이용업주와 종업원에 대한 소방안전교육·훈련계획 3. 다중이용업주와 종업원에 대한 자체지도 계획 4. 다중이용업소의 화재위험평가의 실시 및 평가 5. 평가결과에 따른 조치계획(화재위험지역이나 건축물에 대한 안전관리와 시설 정비 등에 관한 사항을 포함한다)

암기TIP :
시설 교육 및 지도 후 평가하고 조치 함

15 정답 ②

① 최근 1년 이내에 2회의 업무정지처분을 받고 다시 업무정지처분 사유에 해당하는 행위를 한 경우에는 등록취소해야 한다.
② 다중이용업소 정기점검주기는 매 분기별 1회 이상 점검해야 한다.
③ 안전시설등의 작동·기능에 지장을 주지 않는 경미한 사항을 2회 이상 위반한 경우에는 100만 원의 과태료에 해당한다.
④ 소방청장, 소방본부장 또는 소방서장은 최초의 조치 명령을 한 날을 기준으로 매년 2회의 범위에서 그 조치 명령이 이행될 때까지 반복하여 이행강제금을 부과·징수할 수 있다.

16 정답 ①

다중이용업소에 설치하는 안전시설등

구분		시설명
소방시설	소화설비	• 소화기 또는 자동확산소화기 • 간이스프링클러설비(캐비닛형 포함)
	경보설비	• 비상벨설비 또는 자동화재탐지설비 • 가스누설경보기

	피난설비	• 피난기구
		  - 미끄럼대 - 피난사다리 - 구조대
		  - 완강기 - 다수인 피난장비
		  - 승강식 피난기
		• 피난유도선
		• 유도등, 유도표지 또는 비상조명등
		• 휴대용비상조명등

비상구		
영업장 내부 피난통로		
그 밖의 시설		• 영상음향차단장치 • 누전차단기 • 창문

17 정답 ④

화재배상책임보험 가입 의무 기간 경과에 따른 과태료 부과 기준

위반행위	과태료 금액
화재배상책임보험에 가입하지 않은 기간이 10일 이하인 경우	100만 원
화재배상책임보험에 가입하지 않은 기간이 10일 초과 30일 이하인 경우	100만 원에 11일째부터+만 원/일
화재배상책임보험에 가입하지 않은 기간이 30일 초과 60일 이하인 경우	120만 원에 31일째부터+2만 원/일
화재배상책임보험에 가입하지 않은 기간이 60일 초과인 경우	180만 원에 61일째부터+3만 원/일 최고 300만 원

18 정답 ③

가. 보험회사는 화재배상책임보험의 계약을 체결하고 있는 다중이용업주에게 그 계약 종료일의 75일 전부터 30일 전까지의 기간 및 30일 전부터 10일 전까지의 기간에 각각 그 계약이 끝난다는 사실을 알려야 한다.(법 제13조의3 제3항)
나. 소방본부장 또는 소방서장은 안전관리우수업소 표지를 발급한 날부터 2년이 되는 날 이후 30일 이내에 정기심사를 실시하여 안전관리우수업소 요건에 적합한 경우에는 안전관리우수업소 표지를 갱신해 주어야 한다.(시행규칙 제22조 제1항)
다. 보험기간이 1개월 이내인 계약의 경우의 경우 보험계약사실을 알리지 않아도 된다.(법 제13조의3 제3항)

19 정답 ③

2층 이상 4층 이하에 위치하는 영업장의 발코니 또는 부속실과 연결되는 비상구를 설치하는 경우의 기준
부속실을 설치하는 경우 부속실 입구의 문과 건물 외부로 나가는 문의 규격은 가로 75센티미터 이상, 세로 150센티미터 이상으로 할 것. 다만, 120센티미터 이상의 난간이 있는 경우에는 발판 등을 설치하고 건축물 외부로 나가는 문의 규격과 재질을 가로 75센티미터 이상, 세로 100센티미터 이상의 창호로 설치할 수 있다.

20 정답 ③

비상구와 주된 출입구의 문의 재질을 방화문이 아닌 불연재료로 할 수 있는 경우
① 주요 구조부(영업장의 벽, 천장 및 바닥을 말한다)가 내화구조가 아닌 경우
② 건물의 구조상 비상구 또는 주된 출입구의 문이 지표면과 접하는 경우로서 화재의 연소 확대 우려가 없는 경우
③ 비상구 또는 주 출입구의 문이 피난계단 또는 특별피난계단의 설치기준에 따라 설치하여야 하는 문이 아니거나 방화구획이 아닌 곳에 위치한 경우

21 정답 ④

안전시설등의 설치·유지 기준에서 비고란
1. "방화문(防火門)"이란 「건축법 시행령」 제64조에 따른 60분+ 방화문, 60분 방화문, 30분 방화문으로서 언제나 닫힌 상태를 유지하거나 화재로 인한 연기의 발생 또는 온도의 상승에 따라 자동적으로 닫히는 구조를 말한다. 다만, 자동으로 닫히는 구조 중 열에 의하여 녹는 퓨즈[도화선(導火線)을 말한다]타입 구조의 방화문은 제외한다.
2. 소방청장·소방본부장 또는 소방서장은 해당 영업장에 대해 화재위험평가를 실시한 결과 화재안전등급이 화재안전등급이 기준 이상인 업종에 대해서는 소방시설·비상구 또는 그 밖의 안전시설등의 설치를 면제한다.

3. 소방본부장 또는 소방서장은 비상구의 크기, 비상구의 설치 거리, 간이스프링클러설비의 배관 구경(口徑) 등 소방청장이 정하여 고시하는 안전시설등에 대해서는 소방청장이 고시하는 바에 따라 안전시설등의 설치·유지 기준의 일부를 적용하지 않을 수 있다.

22   정답 ③

평가대행자에 대한 행정처분의 기준

위반사항	행정처분기준			
	1차	2차	3차	4차 이상
(1) 1개월 이상 시험장비가 없는 경우	업무정지 6개월	등록 취소		
(2) 도급받은 화재위험평가 업무를 하도급한 경우	업무정지 6월	등록 취소		
(3) 화재위험평가서를 허위로 작성하거나 고의 또는 중대한 과실로 평가서를 부실하게 작성한 경우	업무정지 6월	등록 취소		

③ 최근 1년 이내에 2회의 업무정지처분을 받고 다시 업무정지처분 사유에 해당하는 행위를 한 경우 : 등록취소

23   정답 ③

화재위험평가 대상 등
(1) 실시 시기 : 해당하는 지역 또는 건축물에 대하여 화재를 예방하고 화재로 인한 생명·신체·재산상의 피해를 방지하기 위하여 필요하다고 인정되는 경우에는 화재위험평가를 실시할 수 있다.
(2) 실시권자 : 소방청장, 소방본부장 또는 소방서장
(3) 실시 대상 지역
  ① 2,000제곱미터 지역 안에 다중이용업소가 50개 이상 밀집하여 있는 경우
  ② 5층 이상인 건축물로서 다중이용업소가 10개 이상 있는 경우
  ③ 하나의 건축물에 다중이용업소로 사용하는 영업장 바닥면적의 합계가 1천제곱미터이상인 경우

24   정답 ④

간이스프링클러설비(캐비닛형 포함)설치 대상
- 지하층에 설치된 영업장
- 산후조리원업의 영업장(지상1층·지상과 직접 맞닿은 층은 제외)
- 고시원업의 영업장(지상1층·지상과 직접 맞닿은 층은 제외)
- 밀폐구조의 영업장
- 실내 권총사격장의 영업장

25   정답 ③

피난안내도 및 피난안내 영상물에 포함되어야 할 내용
- 화재 시 대피할 수 있는 비상구 위치
- 구획된 실 등에서 비상구 및 출입구까지의 피난 동선
- 소화기, 옥내소화전 등 소방시설의 위치 및 사용방법
- 피난 및 대처방법

소방전술 (25문항)

01   정답 ④

가스의 열 균형

① 가스의 열 균형은 가스가 온도에 따라 층을 형성하는 경향을 말한다.
② 가장 온도가 높은 가스는 최상층에 모이는 경향이 있고, 반면 낮은 층에는 보다 차가운 가스가 모이게 된다.
③ 공기, 가스 및 미립자의 가열된 혼합체인 연기는 상승한다.
④ 지붕 위에 구멍을 뚫으면 연기는 건물이나 방으로부터 상승하여 밖으로 배출된다. 이러한 열균형의 특성 때문에 소방대원들은 낮은 자세로 진입하여 활동하여야 한다.
⑤ 열 균형을 이루고 있는 가스층에 직접 방수를 한다면, 높은 곳에서 배연구(환기구) 밖으로 나가는 가장 뜨거운 가스층은 방해를 받을 수 있다.
⑥ 온도가 가장 높은 가스층에 물을 뿌리게 되면, 물은 수증기로 급속히 변화하여 구획실 내의 가스와 급속히 섞이게 된다.
⑦ 연기와 수증기의 소용돌이치는 혼합은 정상적인 열균형을 파괴하여 뜨거운 가스는 구획실 전체에 섞인다. 이 때문에 많은 소방대원들이 열 균형이 파괴되었을 때에 화상을 입게 된다.
⑧ 일단 정상적인 열균형이 파괴되면, 송풍기를 사용하는 것과 같은 강제배연방법으로 구획실 내의 가스를 배출시켜야 한다.
⑨ 이러한 상태에 대한 적절한 조치로는 구획실을 배연시켜 뜨거운 가스를 빠져나가게 하고, 뜨거운 가스층으로부터 아래쪽에 있는 화점에 방수를 하는 것이다.

02   정답 ④

구조대 요청	① 사고개요, 구조대상자의 숫자, 필요한 구조대의 수 및 장비 등을 조기에 판단하고 요청자를 명시하여 요청한다.
	② 요청 판단기준
	  ㉠ 구조대상자가 많거나 현장이 광범위하여 추가 인원이 필요한 경우
	  ㉡ 특수차량 또는 특수장비를 필요로 하는 경우
	  ㉢ 특수한 지식, 기술을 필요로 하는 경우
	  ㉣ 기타 행정적, 사회적 영향으로부터 필요하다고 생각되는 경우

구급대 요청	① 사고개요, 부상자수, 상태 및 정도를 부가하여 필요한 구급차 수를 요청한다. ② 필요한 구급차의 대수는 구급대 1대당 중증 또는 심각한 경우는 1인, 중증은 2인, 경증은 정원 내를 대략의 기준으로 한다.
지휘대 요청	① 사고양상이 2개대 이상의 구조대의 대처를 필요로 하는 경우 ② 다수의 사상자가 발생한 경우 ③ 구급대를 2대 이상 필요로 하는 경우 ④ 기타 관계기관과 연계하여 활동할 경우 ⑤ 사고양상의 광범위 등으로 정보수집에 곤란을 수반하는 경우 ⑥ 사고양상이 특이하고 고도의 판단을 필요로 하는 경우 ⑦ 경계구역 설정이 필요하다고 판단되는 경우 ⑧ 소방홍보상 필요하다고 판단되는 경우(사고의 특이성, 구조 활동의 형태, 기타 특별한 홍보상황이 있는 경우) ⑨ 소방대원, 의용소방대원, 일반인 및 관계자 등의 부상사고가 발생한 경우 ⑩ 제3자의 행위에 의한 중대한 활동장애 및 활동에 따르는 고통 등이 있는 경우 ⑪ 행정적, 사회적 영향이 예상되는 경우 ⑫ 기타 구조활동상 필요하다고 판단되는 경우

03   정답 ④

표준 매뉴얼	• 대부분의 화재대응에 공통적으로 적용하기 위해 작성되는 것 • 필수적인 처리절차와 임무, 기관별 처리사항을 규정하여 기관별 또는 부서별 실무매뉴얼을 수립하는데 활용한다. ※ 재난현장표준작전절차, 긴급구조대응계획, 소방방재 현장조치 행동매뉴얼, 다중밀집시설 대형사고 표준매뉴얼 등
실무 매뉴얼	• 표준매뉴얼에 규정된 필수적인 처리절차와 임무, 기관별 처리사항을 근거로 각 기관별 또는 부서별로 작성되는 것으로 화재대응분야별 현장조치 및 처리세부절차를 규정하고 있다. ※ 고층건물 화재진압 대응매뉴얼, 다중밀집시설 대형화재 실무매뉴얼, 원전(방사능)화재 등
특수화재 대응 매뉴얼	• 지하철화재 등과 같은 특수시설 및 특수유형화재에 대한 일반적 대응매뉴얼 • 화재특성에 따른 대응시 유의사항 등으로 이루어진 매뉴얼로 대상별 매뉴얼 작성과 화재진압대원의 전문성 향상을 목적으로 작성되었다.

대상별 대응 매뉴얼	• 화재진압활동은 신속, 정확하고 효과적이어야 한다. 이를 위하여 소방대의 현장행동을 통제하고 피해의 경감과 대원의 안전 확보를 위해 주요대상별 화재대응 매뉴얼의 필요성이 제기되었는데, 사회발전과 첨단복합건물의 등장으로 그 중요성이 커지고 있어 점차 작성대상이 확대되고 있다.
	※ 중요목조문화재나 고층건물, 지하연계복합건축물 등
	※ 주요작성 대상
	  ① 인적, 물적 피해가 매우 큰 대상물
	  ② 연소확대가 빠르고 처음부터 화재의 최성기를 예측하여 필요한 소방력을 투입하여야 할 대상물
	  ③ 문화재 등 사회적 영향이 크고 특별한 보호를 필요로 하는 대상물
	  ④ 폭발, 유독가스 등의 발생위험이 있어 소방대원의 안전확보상 필요한 대상물
	  ⑤ 특수한 장비, 특수한 소화수단을 필요로 하는 대상물
	  ⑥ 특이한 소방대 운용과 현장행동을 필요로 하는 대상물

04　　　　　　　　　　　　　　　　정답 ③

대류	열과 연기를 확산시켜 연소 범위를 확대시키는 가장 흔한 방식이다.
자동 노출	플래임 래핑(Flames lapping)과 같이 창문에서 창문으로 확산되는 방식으로 화재가 인접 건물로 확대되는 일반적 사례이며 이것은 넓은 의미에서 대류 확산의 한 사례에 해당된다. 대류나 자동노출 확산을 막기 위해서는 위층에 호스를 연결하여 방어해야 한다. ○ 플래임 래핑 : 소가 혓바닥으로 핥듯이 창문이나 열린 공간을 향해 화염이 확대되어 가는 것
복사	공간을 통해 열이 사방으로 전달되는 방식으로 화염을 사방으로 확대시키는 대형화재의 주범이다. 이 또한 인접 건물에 관창(호스)을 배치하고 방어하는 것이 필요하다.
전도	고체물질의 고온에서 저온으로 열이 전달되는 방식이며, 주로 기계적 시설이 작동되면서 마찰열에 의해 화재가 발생되는 기계적 화재원인의 주범이기도 하다.

05　　　　　　　　　　　　　　　　정답 ④

질소 마취	수중으로 깊이 내려갈수록 호흡하는 공기의 압력이 증가함에 따라 공기중의 질소 부분압도 증가하는데 이에 따라 고압의 질소가 인체에 마취작용을 일으킨다. 개인에 따라 차이는 있지만 일반적으로 수심 30m지점 이상으로 내려가면 질소마취의 가능성이 커진다.	
	증세	몸이 나른해지고 정신이 흐려져 올바른 판단을 내릴 수 없으며 술에 취한 것과 같은 기분이 들어 엉뚱한 행동을 하게 된다.
	치료법	질소마취는 후유증이 없기 때문에 질소마취에 걸렸다 하더라도 수심이 얕은 곳으로 올라오면 정신이 다시 맑아진다.
	예방법	스포츠 다이빙에서는 30m 이하까지 잠수하지 않는 것이 좋다.
산소 중독	산소는 사람이 생존하는 데 가장 중요한 요소이지만 지나치게 많은 산소를 함유한 공기를 호흡하게 되면 오히려 산소중독을 일으킨다. ⓐ 산소의 부분압이 0.6 대기압 이상인 공기를 장시간 호흡할 경우 중독되는데 부분압이 이보다 더 높으면 중독이 더 빨리된다. ⓑ 호흡 기체 속에 포함된 산소의 최소 한계량과 최대 허용량은 산소의 함유량(%)과는 관계가 없고 산소의 부분압과 관계가 있다. ⓒ 인체의 산소 사용 가능 범위는 약 0.16기압에서 1.6기압 범위이다. ⓓ 산소 부분압이 0.16기압 이하가 되면 저산소증이 발생하고 산소 분압이 1.4~1.6기압이 될 때 나타난다. ⓔ 1.4는 작업 시 분압이고 1.6은 정지 시 분압이라고 표현하는데 사실 1.6은 contingency pressure라고 해서 우발적으로라도 노출되어서는 안 되는 부분압이라는 의미이다.	

	증세	근육의 경련, 멀미, 현기증, 발작, 호흡곤란
	예방법	순수 산소를 사용하지 말고 반드시 공기를 사용하는 것
탄산 가스 중독	인체는 탄산가스를 배출하고 산소를 흡입해야 하는데 잠수 중에 탄산가스가 충분히 배출되지 않고 몸속에 축적되면 탄산가스 중독을 일으킨다. 탄산가스 중독의 원인은 다이빙 중에 공기를 아끼려고 숨을 참으면서 호흡한다든지 힘든 작업을 할 경우에 생긴다.	
	증세	호흡이 가빠지고 숨이 차며 안면 충혈과 심할 경우 실신하기도 한다.
	예방법	크고 깊은 호흡을 규칙적으로 하는 것
공기 색전증	압력이 높은 해저에서 압력이 낮은 수면으로 상승할 때 호흡을 멈추고 있으면 폐의증세 조직이 파괴되는데 이를 공기 색전증이라 한다.	
	증세	• 기침, 혈포(血泡), 의식불명 등
	치료법	• 재가압 요법을 사용
	예방법	• 부상할 때 절대로 호흡을 정지하지 말고 급속한 상승을 하지 않으며, • 해저에서는 공기가 없어질 때까지 있어서는 안 된다.
감압병	ⓐ 우리가 숨쉬는 공기는 인체의 혈액을 통해 각 조직으로 보내진다. 공기는 질소와 산소가 대부분인데 이 가운데 산소는 신진대사에서 일부 소모되지만 질소는 그대로 인체에 남아있다. ⓑ 다이빙을 해서 수압이 증가하면 질소의 부분압이 증가되어 몸속에 녹아 들어가는 질소의 양도 증가하는데, 만약 다이버가 오랜 잠수 후 갑자기 상승하면 외부 압력이 급격히 낮아지므로 몸속의 질소가 과포화된 상태가 되고 인체의 조직이나 혈액 속에 기포를 형성하는 감압병에 걸리게 된다. ⓒ 감압병 증세는 80% 정도가 잠수를 마친 후 1시간 이내에 나타나며 드물게는 12~24시간 이후에 나타나기도 한다.	
	증세	• 경미한 경우 피로감, 피부가려움증 정도 • 심한 경우 호흡곤란, 질식, 손발이나 신체 마비 등
	치료법	• 재가압(re-compression) 요법으로 다이버를 고압 챔버에 넣고 다시 압력을 가해서 몸속에 생긴 기포를 인체에 녹아들어가게 하고 천천히 감압하는 것이다. ※ 재가압을 위해서 다이버를 물속에 다시 들어가게 하는 것은 매우 위험하다.
	예방법	• 수심 30m 이상 잠수하지 않으며, 상승 시 1분당 9m의 상승 속도를 준수하는 것이다.

소방호스지지 요령
① 충수된 소방호스의 중량은 65mm가 약 80kg, 40mm가 50kg이다.
② 소방호스에 로프로 감아 매기를 하는 것이 효과적이며 원칙으로 1본에 1개소를 고정한다.
③ 소방호스의 지지점은 결합부의 바로 밑이 가장 효과적이다.
④ 4층 이하의 경우는 진입층에서 고정한다.
⑤ 5층 이상의 경우는 진입층 및 중간층에서 고정한다.
⑥ 지지, 고정은 송수되기 전에 임시고정을 하고 송수된 후 로프가 미끄러지지 않도록 고정한다.

06   정답 ①

사고예방대책의 기본원리 5단계

1단계 안전조직 (조직체계 확립)	경영자의 안전목표 설정, 안전관리자 선임, 안전라인 및 참모조직, 안전활동 방침 및 계획수립, 조직을 통한 안전활동 전개 등 안전관리에서 가장 기본적인 활동은 안전관리조직의 구성이다.
2단계 사실의 발견 (현황파악)	각종 사고 및 활동기록의 검토, 작업 분석, 안전점검 및 검사, 사고조사, 안전회의 및 토의, 근로자의 제안 및 여론 조사 등에 의하여 불안전 요소를 발견한다.
3단계 분석 평가 (원인 규명)	사고원인 및 경향성 분석, 사고기록 및 관계 자료 분석, 인적·물적 환경조건 분석, 작업공정 분석, 교육훈련 및 직장배치 분석, 안전수칙 및 방호장비의 적부 분석 등을 통하여 사고의 직접 및 간접 원인을 찾아낸다.
4단계 시정방법의 선정 (대책 선정)	기술적 개선, 배치조정, 교육훈련의 개선, 안전행정의 개선, 규정 및 수칙 등 제도의 개선, 안전운동의 전개 등 효과적인 개선방법을 선정한다.
5단계 시정책의 적용 (목표달성)	시정책은 3E, 즉 기술(Engineering), 교육(Education), 관리(Enforcement)를 완성함으로써 이루어진다.

07   정답 ③

비재호흡마스크
㉠ BVM과 자동식 인공호흡기를 제외하고 비재호흡마스크는 고농도의 산소를 제공할 수 있는 방법으로 구급대원에게 많이 사용된다.
㉡ 고농도의 산소를 공급하기 위해서는 마스크를 잘 밀착시켜야 하며 크기는 연령별로 성인용, 아동용, 소아용으로 나누어진다.
㉢ 저장낭은 마스크를 착용하기 전에 부풀려야 하며 저장낭을 부풀리기 위해서는 마스크와 저장낭을 손으로 연결하고 백을 부풀려야 한다.
㉣ 저장낭은 항상 충분한 산소를 갖고 있다가 환자가 깊게 들여 마실 때 1/3 이상 줄어들지 않게 해야 한다.
㉤ 적절한 산소량은 보통 10~15ℓ/분으로 환자의 날숨은 저장낭으로 다시 들어오지 않는다.
㉥ 이 마스크는 85~100%의 산소를 제공할 수 있다(85% 이상의 산소를 종종 고농도산소라고 불린다).

㉦ 압력조절기로 최소의 산소량을 보낼 수 있는 량은 8ℓ/분이고 최고량은 10~15ℓ/분이다.㉠ BVM과 자동식 인공호흡기를 제외하고 비재호흡마스크는 고농도의 산소를 제공할 수 있는 방법으로 구급대원에게 많이 사용된다.

■ **비재호흡마스크와 코삽입관의 비교**★★

기구	유량	산소(%)	적응증
비재호흡 마스크★	10~ 15ℓ/분	85~ 100%	호흡곤란, 청색증, 차고 축축한 피부, 가쁜 호흡, 가슴통증, 의식장애, 심각한 손상
코삽입관★	1~ 6ℓ/분	24~ 44%	마스크 거부환자, 약간의 호흡곤란을 호소하는 COPD 환자

08   정답 ①

출동 시 조치사항

출동지령을 통해 조치할 사항	① 사고발생 장소 ② 사고의 종류 및 개요 ③ 도로상황과 건물상황 ④ 구조대상자의 숫자와 상태 ⑤ 사고의 확대 등 위험요인과 구조활동 장애요인 여부 **TIP** 초기현장 출동 시 확인사항을 꼭! 기억하세요.
현장의 환경판단과 출동 전 조치사항★★	① 사고정보를 통하여 구출방법을 검토한다. ② 사용할 장비를 선정하고 필요한 장비가 있으면 추가로 적재한다. ③ 출동경로와 현장 진입로를 결정한다. ✪ 출동경로는 지도상의 최단거리가 아니라 현장에 도착하는 시간이 가장 적게 소요되는 경로이다. ④ 필요시 진입로 확보를 위한 조치를 요청한다. ✪ 유관기관의 교통·인파 통제 및 특수 장비의 지원요청 등
출동도중의 조치사항	
무선을 통한 확인사항★	① 사고발생 장소와 무선정보 등에 의한 출동지령 장소에 변경이 없는가를 확인 ② 추가 정보에 의해 파악된 사고개요 및 규모 등이 초기에 판단하였던 구출방법 및 임무분담 등 결정에 부합되는지를 재확인 ③ 선착대(사고 현장에 최초로 도착한 소방대)의 행동내용 및 사용기자재 등을 파악하여 후착대의 임무와 활동요령을 검토 ④ 관계기관 등에 연락을 취했는지에 따른 조치 상황을 확인한다.
정보의 재 검토 및 대응	출동지령 이후 장소의 변경이 있는 경우 또는 사고의 영향에 의한 교통폭주 등이 있는 경우에는 출동경로, 진입로 등을 재검토하여 조기에 현장에 도착하도록 한다. ① 출동 시 결정한 판단의 변경 또는 수정을 요하는 정보를 입수한 경우 즉시 전 대원에게 상황을 전파하여 주지토록 하고 이에 따라 구출방법, 사용기자재의 변경 등 필요한 조치를 취한다.

② 청취한 정보에서 관계기관 또는 의료진 등이 대응하고 있는 경우에는 해당 부서와의 연계 활동요령에 대하여 미리 대원에게 주지시킨다.
③ 도로나 교통사정 등으로 현장에 신속히 도착하기 곤란할 것으로 예상되면 유·무선통신망을 활용하여 상부에 보고하고 우회도로를 선택할 수 있도록 상황을 전파한다.
④ 선착대로부터 취득하는 정보는 가장 신뢰할 수 있는 최신 정보임을 인식하여 사고 개요, 규모 등을 확실히 청취하고 선착대의 행동내용 등으로부터 자기임무 등을 확인한 후 대원에게 필요한 임무를 부여한다.
⑤ 상황에 따라 후착대의 현장도착 예정시간 및 사용 가능한 기자재 보유상황 등 정보를 선착대에 제공한다.

②는 현장도착 시 조치사항임.

09 정답 ③

간접공격법의 요령
㉠ 연소물체 또는 옥내의 온도가 높은 상층부를 향하여 방수한다.
㉡ 고온에 가열된 증기의 증가에 의해서 대원이 피해를 받지 않는 위치를 선정한다.
㉢ 방수 시 개구부는 가능한 한 작게 하는 것이 위험성을 감소시킨다.
㉣ 가열증기가 몰아칠 염려가 있는 경우는 분무방수에 의한 고속분무로 화점실 천정 면에 충돌시켜 반사방수를 병행한다.
   ※ 외부에서 실내로 간접공격 시 물줄기의 형태는 직사방수하여, 분무방수 시 물줄기를 타고 화점실로 공급되는 공기의 양을 최소화 한다.
㉤ 옥내의 연소가 완만하여 열기가 적은 연기의 경우는 간접공격의 전법을 이용하는 것은 효과는 적으므로 유의한다.

10 정답 ④

지하화재 진압요령
① 지하실에는 불연성가스 등의 소화설비가 있는 경우가 많으므로 내부의 구획, 통로, 용도, 수용물 등을 파악한 후 행동한다.
② 진입개소가 2개소인 경우에는 급기, 배기방향을 결정한 후 급기측에서 분무방수 또는 배연기기 등을 이용하여 진입구를 설정한다.
③ 개구부가 2개소 이상일 때는 연기가 많이 분출되는 개구부를 배연구로 하고 반대쪽의 개구부를 진입구로 한다.
④ 소화는 분무, 직사 또는 포그방수로 한다. 또, 관창을 들고 진입하는 대원을 열기로부터 보호하기 위하여 필요한 경우에는 분무방수로 엄호 방수한다.
⑤ 급기측 계단에서 화학차를 활용하여 고발포를 방사(放射), 질식소화를 한다.
⑥ 고발포를 방사하는 경우에는 화세를 확대시키는 경우도 있기 때문에 상층에 경계관창의 배치를 소홀히 해서는 안 된다.
⑦ 대원이 내부 진입할 때에는 확인자를 지정하고, 출입자를 확실하게 파악, 관찰하여야 한다.
⑧ 짙은 연기 열기가 충만하여 진입이 곤란한 경우에는 상층부 바닥을 파괴하여 개구부를 만들고 직접 방수한다.

11 정답 ②

화재실 소화요령
① 진입구에서 실내에 충만한 짙은 연기를 통해 희미한 화점 또는 연소가 확인된 때 ➡ 화점에 직사방수 및 확산방수를 병행해서 실시한다.
② 화재 초기로 수용물 또는 벽면, 바닥면 혹은 천장 등이 부분적으로 연소하고 있을 때 ➡ 실내로 진입해 직사방수 또는 분무방수에 의해 소화한다.
③ 실내전체가 연소하고 있는 화재중기의 경우 ➡ 직사방수에 의해 진입구로부터 실내전체에 확산 방수한다.
④ 방수목표 ➡ ㉠ 천장 ㉡ 벽면 ㉢ 수용물 ㉣ 바닥면 등의 순서로 한다.
⑤ 칸막이 가구 및 가구집기류 등의 목조부분에 대해서는 직사방수 등에 의한 부분파괴하고 물의 침투를 조절해서 소화한다.
⑥ 조명기구를 활용해서 발밑을 주의하면서 서서히 진입한다.
⑦ 천장, 선반 위 등에서의 낙하물 및 가구류의 도괴에 주의하며 상황에 따라서 천장에서의 낙하물을 제거 후 진입한다.

8자연결매듭
㉠ 많은 힘을 받을 수 있고 힘이 가해진 경우에도 풀기가 쉬워 로프를 연결하거나 안전을 확보하기 위한 매듭으로 자주 사용된다.
㉡ 주 로프로 8자 형태의 매듭을 만든 다음 연결하는 로프를 반대 방향에서 역순으로 진입시켜 이중8자의 형태를 만든다.
㉢ 매듭이 이루어지면 양쪽 끝의 로프를 당겨 완전한 형태의 매듭을 완성하고 옭매듭으로 마무리한다.

12 정답 ①

구조의 4단계

적응 대상물	① 인화성 액체를 취급하는 장소 : 유류 탱크, 도료 반응기, 도장실, 도장 건조로, 자동차 주차장, 보일러실, 엔진룸, 주유소, 위험물 창고 등 ② 인화성 액체 또는 가스 등의 분출로 인한 화재 발생의 위험이 있는 장소 : 송유관, 반응탑, 가스 플랜트, LNG 방유제 내 등 ③ 전기화재가 일어날 수 있는 장소 : 변압기, 유입 차단기, 전기실 등 ④ 종이, 직물류 등의 일반 가연물로 표면 연소가 일어나는 경우
사용 제한	① 정밀한 전기·전자 장비가 설치되어 있는 장소(컴퓨터실, 전화 교환실 등) ❖ 화재안전기준의 소화기구의 설치적응성에 전기실 및 전산실의 적응성을 인정하고 있는 것은 전기실 및 전산실에서의 분말소화설비는 설치자의 선택사항임. ② 자체적으로 산소를 함유하고 있는 자기 반응성 물질 ③ 가연성 금속(Na, K, Mg, Al, Ti, Zr 등) ④ 소화약제가 도달될 수 없는 일반 가연물의 심부 화재

13   정답 ①

고층화재진압전술 일반

① 화점층 및 화점상층의 인명구조 및 피난유도를 최우선으로 한다. 선착대는 방재센터로 직접 가서 화점층의 구조대상자 유무, 소방설비의 작동상황, 자위소방대의 활동상황, 건물내부 구조 등 상황을 확인한다.
② 현장지휘관은 선착대장 및 관계자로부터 청취한 정보 등을 종합적으로 분석 판단하여 연소저지선, 제연수단 및 소화수단을 결정한다.
③ 다수의 피난자가 있는 경우에는 피난로 확보를 위해 소화활동을 일시 중지하고 방화문을 폐쇄하여 연기확산 방지조치를 취하고, 특별피난계단과 부속실내의 연기를 배출(크리어존, clear zone)한다. 피난시설의 활용은 옥내특별피난계단을 사용하고, 피난장소는 화재발생지역 위 아래로 2~3층 정도 떨어진 지역으로 거주인원을 이동시킨다.
④ 1차 경계범위는 당해 화재구역의 직상층으로 한다. 직상층이 돌파될 우려가 있는 경우는 그 구역 및 그 구역 직상층을 경계범위로 하고 순차적으로 경계범위를 넓힌다.
⑤ 화점층이 고층인 경우 소방대 진입은 엘리베이터 사용이 안전하다고 판명되는 경우 화재층을 기점으로 2층 이하까지 이용하고 화점층으로의 진입은 옥내특별피난계단을 활용한다.
⑥ 발화층이 3층 이상인 경우에는 원칙적으로 연결송수관을 활용한다. 건물에 설치되어 있는 연결송수관의 송수구 수에 따라 연결송수관 송수대, 스프링클러 송수대를 지정하고 필요한 경우에는 보조 펌프도 활용한다. 내부 호스 연장은 소방대 전용 방수구에서 2구 또는 분기하여 연장한다.
⑦ 배연수단을 신속하게 결정한다. 인명검색·화점검색에 있어서 제2차 안전구획으로의 연기오염방지 조치를 하고 피난 완료시까지 특별피난 계단의 연기오염 방지에 노력한다.
⑧ 방화구획, 개구부의 방화문 폐쇄상황을 확인한다.
⑨ 화점을 확인한 시점에서 전진 지휘소를 직하층에 설치하고 자원대기소를 전진지휘소 아래층에 설치하여 교대인력, 공기호흡 예비용기, 조명기구 등의 기자재를 집중시켜 관리한다.
⑩ 인명구조를 위해 사다리차 등의 특수차량도 효과적으로 활용하고, 외부공격은 지휘관의 통제에 따라 실시한다. 화점층 내부로 진입한 진압대는 소방전용 방수구를 점령하여 화재를 진압한다. 경계대는 화점의 직상층 계단 또는 직상층에 배치한다.
⑪ 진입대의 활동거점은 화점층의 특별피난계단 부속실에 확보하는 것을 원칙으로 한다.
⑫ 방수는 직사, 분무방수를 병행하며 과잉방수에 의한 수손피해 방지에 노력한다.
⑬ 초고층건물의 경우 소방설비의 규제가 엄격하므로 급격한 연소확대는 적다고 생각해도 좋다. 따라서 방수에 의한 소화활동을 함부로 성급하게 해서는 안 된다.
⑭ 활동은 지휘자의 지시에 따라서 하는 것을 원칙으로 한다. 특히, 연소상황을 변화시키는 창의 파괴나 도어의 개방은 신중하게 한다.
⑮ 옥상으로 피난한 사람은 상황에 따라 헬리콥터로 구출한다.

인간사슬 구조

ⓐ 물살이 세거나 수심이 얕아 보트 접근이 불가능한 장소에서 적합한 방법이다.
ⓑ 4~5명 또는 5~6명이 서로의 팔목을 잡아 쇠사슬 모양으로 길게 연결한다.
ⓒ 서로를 잡을 때는 손바닥이 아니라 각자의 손목 위를 잡아야 연결이 끊어지지 않는다.
 - 첫 번째 사람이 물이 넓적다리 부근에 오는 곳까지 입수하고
 - 구조대상자가 가장 가까이 접근하는 사람은 허리 정도의 깊이까지 들어가 구조한다.
 - 이때 체중이 가벼운 사람이 사슬의 끝부분에 위치하도록 한다.
ⓓ 물의 깊이가 얕더라도 유속이 빠르거나 깊이가 가슴 이상인 때에는 인간사슬로 구조할 수 있는지를 신중히 판단하여야 한다.
ⓔ 인간 사슬을 만든 상태에서 이동하여야 하는 경우에는 물속에서는 발을 들지 말고 발바닥을 끌면서 이동하여야 균형을 잃고 넘어지는 사태를 방지할 수 있다.

✪ 이 구조방법은 하천이나 호수에서도 응용할 수 있다.

14   정답 ②

물의 방수형태

봉 상	• 막대 모양의 굵은 물줄기를 가연물에 직접 주수하는 방법 • 소방용 방수노즐을 이용한 주수가 대부분 여기에 속한다. • 열용량이 큰 일반 고체 가연물의 대규모 화재에 유효한 주수 형태이다. • 감전의 위험이 있기 때문에 어느 정도의 안전거리를 유지하여야 한다.
적 상	• 스프링클러 소화설비 헤드의 주수 형태로 살수(撒水)라고도 한다. • 저압으로 방출되기 때문에 물방울의 평균 직경은 0.5~6mm 정도이다. • 일반적으로 실내 고체 가연물의 화재에 사용된다.
무 상	• 물분무 소화 설비의 헤드나 소방대의 분무 노즐에서 고압으로 방수할 때 나타나는 안개 형태의 주수로 물방울의 평균 직경은 0.1~1.0mm 정도이다. • 소화 효과의 측면에서 본 최저 입경은 열전달과 물방울의 최대 속도와의 관계로부터 이론적으로 유도해보면 0.35mm 정도이다. • 중질유 화재(중질의 연료유, 윤활유, 아스팔트 등과 같은 고비점유의 화재)의 경우에는 물을 무상으로 주수하면 급속한 증발에 의한 질식 효과와 에멀전 효과에 의해 소화가 가능하다. • 물을 사용하여 소화할 수 있는 유류화재는 유류의 인화점이 37.8℃(100°F) 이상인 경우이다. • 무상 주수는 다른 주수법에 비하면 전기 전도성이 좋지 않기 때문에 전기화재에도 유효하나 이때에는 일정한 거리를 유지하여 감전을 방지해야 한다. ※ 에멀전 효과란 물의 미립자가 기름의 연소면을 두드려서 표면을 물과 기름이 섞인 유화상으로 만들어 기름의 증발 능력을 떨어뜨려 연소성을 상실시키는 효과로, 에멀전 효과를 높이기 위해서는 유면에의 타격력을 증가시켜주어야 하므로 질식 효과를 기대할 때보다 입경을 약간 크게 해야 한다.

15 정답 ②

단계 1 (신속한 구조)	신속한 구조는 현장에 도착 당시 바로 눈에 뜨이는 사상자를 구조하는 즉각적인 대응이다. 이 구조작업은 위치가 분명하게 파악되고 구조방법을 신속히 결정할 수 있는 구조대상자에게만 적용된다.
단계 2 (정찰)	정찰은 건물이 튼튼하게 보호받을 수 있는 부분, 특히 비상대피시설, 계단 아래의 공간, 지하실, 지붕근처, 부분적으로 무너진 바닥아래의 공간, 파편에 의해 닫힌 비상구가 있는 방 등 어느 정도 안전을 보장받을 수 있는 곳에 갇혀있는 사람들이나 심각한 부상으로 자력탈출이 불가능한 구조대상자의 위치를 파악하는 수색단계이다. <u>수색작업은 절대로 생략할 수 없는 중요한 사항이며 3단계의 진행과 동시에 이루어져야 한다.</u>
단계 3 (부분 잔해 제거)	1단계와 2단계 과정에서 인명구조와 수색활동을 위해 일부의 잔해물은 제거되었지만 본격적인 구조작업을 위해서 제거하여야 할 잔해물을 신중히 선정하고 조심스럽게 작업을 시작한다. ㉠ 실종자가 마지막으로 파악된 위치 ㉡ 잔해물의 위치와 상태 ㉢ 건물의 붕괴과정에서 이동되었을 것으로 예상되는 지점 ㉣ 붕괴에 의해서 형성된 공간 ㉤ 구조대상자가 보내는 신호가 파악된 곳 ㉥ 구조대상자가 갇혀있을 곳으로 예상되는 위치
단계 4 (일반적인 잔해 제거)	㉠ <u>4단계의 잔해제거는 구조작업에 필요한 다른 모든 방법을 동원하고 나서 실시되는 최후 작업이다.</u> ㉡ 아직도 실종 중인 사람이 있거나 도저히 구조대상자에게 도달할 수 없는 경우 조직적으로 해당영역을 들어내는 방식으로 진행한다. ㉢ 이 작업은 극도로 주의하며 신속하게 진행해야 한다. ㉣ 구조대원은 특히 모든 형태의 파괴장비를 사용할 때 진동이나 붕괴 등에 의한 추가손상에 각별히 주의하여야 하며 적절한 사전경고를 통하여 불의의 사고를 예방하여야 한다.

16 정답 ②

캐비테이션 (Cavitation, 공동현상)	① 소방펌프 내부에서 흡입양정이 높거나, <u>유속의 급변 또는 와류의 발생, 유로에서의 장애</u> 등에 의해 압력이 국부적으로 포화증기압 이하로 내려가 기포가 발생되는 현상이 일어날 수 있는데, 이 현상을 공동현상(캐비테이션)이라 한다. ② 소방펌프 회전부 입구부분에서 발생하는 경향이 크고, 만들어진 기포가 액체의 흐름에 따라 이동하여 고압부에 이르러 급격히 붕괴하는 현상이 되풀이됨에 따라 소방펌프의 성능저하, 진동, 소음발생 등 불안정한 펌프 상태를 나타내며 나중에는 양수 감소 또는 불능이 된다. ※ 캐비테이션 발생 시 조치사항* 16년 소방장/ 21년 소방교 - 흡수관측의 손실을 가능한 작게 한다.
	- 소방펌프 흡수량을 높이고, 소방펌프의 회전수를 낮춘다. - 동일한 회전수와 방수량에서는 방수밸브를 조절한다. - 흡수관의 스트레이너 등에 이물질이 있는 경우 이를 제거한다.
수격현상 (Water hammer)	① 관내에 물이 가득 차서 흐르는 경우 그 관로의 끝에 있는 밸브를 갑자기 닫을 경우 물이 갖고 있는 운동에너지는 압력에너지로 변하고 큰 압력 상승이 일어나서 관을 넓히려고 한다. 이 압력상승은 압력파가 되어 관내를 왕복한다. 이런 현상을 수격작용이라고 한다. ② 압력파가 클 경우에 가장 약한 부분이 파손될 수 있어 원심펌프에서는 임펠러 파손을 막기 위해 역류방지밸브(논리턴밸브)를 설치하고 있다.
맥동현상 (Surging)	소방펌프 사용 중에 한 숨을 쉬는 것과 같은 상태가 되어, 소방펌프 조작판의 연성계와 압력계의 바늘이 흔들리고 동시에 방수량이 변화하는 현상이다. 마치 스프링에 충격을 가했을 때 발생하는 진동 즉 서어징(Surging)과 같다하여 붙여진 이름이다. ※ <u>맥동현상은 주로 수원이 부족할 때 흡수하여 방수하거나 중계 송수할 때 연성계의 수치를 확인하여 연성계 이상 압력으로 방수하지 않도록 주의해야 한다.</u>

17 정답 ③

(역류방지밸브)

㉠ <u>주 펌프 상부에 위치해 있으며 펌프에서 토출된 물이 다시 펌프로 유입되지 않도록 체크밸브 역할과 펌프의 효율을 높이고 방수라인에서 발생할 수 있는 수격작용으로부터 펌프를 보호하는 역할을 한다.</u>
㉡ <u>펌프 진공 시 토출 측 배관라인의 기밀을 유지하여, 펌프보다 아래에 있는 물을 펌프에 채우는 진공장치 보조기능도 하고 있다.</u>

(지수밸브)

지수밸브는 <u>주 펌프의 상부에 설치</u> 되어있다. 진공펌프가 작동되면 지수밸브 내부는 진공상태가 되어 다이아프램이 아래쪽으로 내려가서 진공펌프와 주펌프실이 연결된 작은 통로가 열린다. 이때 열린 통로로 주 펌프실 내부 공기가 진공펌프로 빨려나가면서 주펌프 내부의 진공상태가 가속화 되면서 흡수관을 통한 외부의 물이 주 펌프내부로 빨려 올라와 임패러 날개를 통해 방수라인으로 방출되게 된다. 흡수가 완료되면 양수된 주 펌프실은 압력이 발생하고 이 압력으로 지수밸브의 다이어프램이 밀려 올려지면서 진공펌프로 통하는 통로가 막히고 <u>주펌프 물이 진공펌프로 들어가게 되는 것을 막아준다.</u>

18 정답 ②

헬기탑승 시 주의사항	① 헬리콥터에 다가갈 때에는 <u>기체의 전면으로 접</u>근하며 기장 또는 기내 안전원의 신호에 따라 탑승한다. ② 꼬리날개(Tail rotor)는 고속으로 회전하여 매우 위험하므로 절대 <u>기체의 뒤쪽으로 접근하지 않도록</u> 한다.
하강 준비	① 헬기 하강을 위하여 공중에서 로프를 투하하는 경우에는 로터의 하향풍에 로프가 휘말릴 수 있기 때문에 반드시 로프백에 수납하여 투하한다. 이때 투하된 로프가 지면에 완전히 닿았는지를 반드시 확인해야 한다. ② 하강위치에 접근하면 기내 안전요원의 지시로 현수로프의 카라비너를 기체에 설치된 지지점에 건다. ③ 하강준비 신호에 의해 왼손은 현수점측 로프를 잡고, 오른손은 하강측 로프를 허리 위치까지 잡아 제동하며 현수로프에 서서히 체중을 실어 헬리콥터의 바깥으로 이동하여 하강자세를 한다. 헬기의 구조에 따라 스키드 또는 문턱에서 하강자세를 취한다. ④ 발을 헬기에 붙인 채 최대한 몸을 뒤로 기울여 하늘을 쳐다보는 자세를 취한 다음 안전원의 '하강개시' 신호에 따라 발바닥으로 헬기를 살짝 밀며 제동을 풀고 한번에 하강한다. ⑤ <u>착지점 약 10m 상공에서 서서히 제동을 걸기 시작 지상 약 3m 위치에서는 반드시 정지할 수 있는 스피드까지 낮추어 지상에 천천히 착지한다.</u> 이때 로프가 접지된 것을 반드시 재확인하여야 한다. ⑥ <u>착지 후 신속히 현수로프를 제거하고 안전원에게 이탈 완료 신호를 보낸다.</u>
헬기 유도	㉠ 헬기의 착륙을 유도하기 위해서는 수신호를 익혀두어야 한다. ㉡ 현장에서 헬기를 유도하는 요원은 헬멧을 착용하고 보호안경을 착용한다. ㉢ 착륙장소로부터 충분히 떨어져있고 헬기에서 잘 관측할 수 있는 곳을 택한다. ㉣ <u>유도시에는 바람을 등지고 서서 헬기가 정면에서 바람을 맞을 수 있도록 유도한다.</u> ㉤ 야간의 경우 조명은 필수적이다. 조명이 잘 갖추어져 있는 곳은 조종사의 지각을 도와준다. ㉥ 그러나 구조대원 개인적으로는 조명등 사용을 조심하여야 한다. 특히 강한 불빛을 헬기 진행방향의 왼쪽으로 비추거나 조종사에게 직접적으로 빛을 비추는 것은 금지해야 한다. ㉦ <u>현장에 자동차가 있는 경우 헤드라이트를 이용하여 착륙지점을 비추면 좋다.</u>

19 정답 ③

위험지역 (Hot Zone)	• <u>사고가 발생한 장소와 그 부근으로서 누출된 물질로 오염된 지역을 말하며 붉은색으로 표시한다.</u> • 구조와 오염제거활동에 직접 관계되는 인원 이외에는 출입을 엄격히 금지하고 구조대원도 위험지역에 머무는 시간을 최소화하여야 한다.
경고지역 (Worm Zone)	• 구조대상자를 구조하고 안전조치를 취하는 등 구조활동을 위한 공간으로 노란색으로 표시한다. • 이 지역 안에 구조활동에 필요한 각종 장비를 설치하고 필요한 지원을 수행한다. • <u>경고지역에는 제독·제염소를 설치하고 모든 인원은 이곳을 통하여 출입하도록 해야 한다.</u> • 제독·제염을 마치기 전에는 어떠한 인원이나 장비도 경고지역을 벗어나서는 안 된다.
안전지역 (Cold Zone)	• 지원인력과 장비가 머무를 수 있는 공간으로 녹색으로 표시한다. • 이곳에 대기하는 인원들도 오염의 확산에 대비하여 개인보호장구를 소지하고 풍향이나 상황의 변화를 주시하여야 한다.

20 정답 ④

아이 겔

용도 ★	튜브 형태의 성문위 기도기와 차별적으로 부드러운 젤 형태로 모양이 만들어진 기도기로 기존의 기도기 보다 <u>환자의 적용시간이 짧고 적용이 쉬우나 정확하게 환자에게 맞지 않을 수 있다.</u> ※ 병원 전 단계에서 성공적으로 활용되어지는 장비이다.
특징 ★	• 병원 전 심정지 환자나 외상환자(경추손상 등) 기도확보 시 유용 • 일반적인 성문위 기도기보다 삽입방법이 용이 • 일회용임
단점	• 기도확보 후 고정이 없는 경우 쉽게 빠지는 형태이므로 적용 후 바로 고정이 필요하다. • 공기를 주입하는 형태가 아닌 고형물로 사이즈 측정이 적당하지 않은 경우 기도의 완벽한 분리가 되지 않아 폐로 위 내용물을 흡인이 발생할 수 있다. • 사이즈가 작거나 큰 경우 밀착이 부정확한 경우 양압환기가 불충분해진다.

21 정답 ③

심폐소생술의 합병증

<u>심폐소생술이 시행된 환자의 약 25%에서는 심각한 합병증이 발생하며, 약 3%에서는 치명적인 손상이 발생한다.</u> 심폐소생술 중 발생하는 합병증은 주로 가슴압박에 의하여 유발된다. <u>가장 흔히 발생하는 합병증은 갈비뼈골절로서 약 40%에서 발생된다.</u>

가슴압박이 적절하여도 발생하는 합병증	• 갈비뼈골절 • 복장뼈 골절 • 심장좌상 • 허파좌상
부적절한 가슴압박으로 발생하는 합병증	• 상부 갈비뼈 또는 하부갈비뼈의 골절 • 기흉 • 간 또는 지라의 손상 • 심장파열 • 심장눌림증 • 대동맥손상 • 식도 또는 위점막의 파열
인공호흡에 의하여 발생하는 합병증	• 위 내용물의 역류 • 구토 • 허파흡인

제세동 사용 후에는 맥박확인이나 리듬분석을 시행하지 않고 곧바로 가슴압박을 실시하며, 5주기의 심폐소생술을 시행한 후에 다시 한 번 심전도를 분석하여 적응증이 되면 제세동을 반복한다.

22 정답 ④

개방성 가슴손상 ** 18년 소방장/ 22년 소방위
가슴벽에 관통, 천공 상처가 있는 것을 말하며 외부공기가 직접 흉강으로 들어온다는 것을 의미한다. 종종 '빨아들이는 소리'나 '상처부위 거품'을 볼 수 있다. 치명적인 손상으로 분류되며 공기는 가슴벽 안과 허파에 쌓이고 호흡곤란과 허파허탈을 초래한다.

> ✪ 응급처치
> 1. 개인 보호 장비를 착용한다.
>   공기 축적으로 인한 압력은 호흡 중 개방 상처부위로 피를 뿜어내므로 개인 보호 장비가 필요하다.
> 2. 고농도산소를 공급한다.
> 3. 상처 위에 폐쇄드레싱을 해준다.
>   공기의 유입을 막기 위한 목적이다. <u>드레싱은 상처부위보다 5cm 더 넓게 해야 하며 폐쇄해야 한다.</u>
> 4. 환자가 편안하게 느끼는 자세를 취해주도록 한다.(척추손상 환자 제외)
> 5. 신속하게 이송한다.
> • 경우에 따라 <u>폐쇄드레싱은 흉강내 공기가 빠져나가지 못해 흉강압력이 올라가 긴장성 기흉 상태가 나타날 수 있다. 만약 이송 중 환자가 의식저하, 호흡곤란 악화, 저혈압 징후를 보이면 흉강 내 공기가 빠져나오게 폐쇄드레싱을 제거하거나 삼면 드레싱을 해주어야 한다.</u>**

23 정답 ③

흡인요령
① 흡인하는 동안 감염예방에 주의해야 한다.
 - 보안경, 마스크, 장갑, 가운 착용
② <u>성인의 경우 한번에 15초 이상 흡인해서는 안 된다.</u>
 ㉠ 기도 유지와 흡인이 필요한 환자는 종종 의식이 없거나 호흡 또는 심정지환자이다. 이러한 환자는 호흡공급이 매우 중요

한데 흡인하는 동안은 산소를 공급할 수 없으므로 1회 15초 이상 실시하면 안 되며 흡인 후 인공호흡 또는 산소 공급이 제대로 이루어지는지 확인해야 한다. <u>15초 흡인하면 양압환기를 2분간 실시해야 한다.</u>
 ㉡ 흡인 전·후 환자를 과환기 시킬 수 있다. 이는 흡인으로 인한 산소 미공급을 보충하기 위해 흡인 전·후에 빠르게 양압환기를 제공할 때 생긴다.
③ 경성 흡인관을 사용할 때 크기를 잴 필요는 없으나 <u>연성 카테터를 사용할 때는 입인두도기 크기를 잴 때와 같은 방법으로 실시해야 한다.</u>
④ 흡인기는 조심스럽게 넣어 흡인해야 하며 <u>환자는 대개 측위를 취해 분비물이 입으로 잘 나오도록 해주어야 한다.</u>
⑤ <u>목 또는 척추손상 환자는 긴 척추 고정판에 고정시킨 후 흡인해 주어야 한다.</u>
⑥ 경성·연성 카테터는 강압적으로 넣어서는 안 되며 경성은 특히, 조직손상과 출혈을 일으킬 수 있다.

24 정답 ①

① <u>심정지의 대부분은 심실세동에 의해 유발되며, 심실세동에서 중요한 처치는 전기적 제세동이다.</u>
② 제세동 처치는 빨리 시행할수록 효과적이므로 현장에서 신속하게 시행되어야 한다.
③ <u>심실세동에서 제세동이 1분 지연될 때마다 제세동의 성공 가능성은 7~10%씩 감소한다.</u>
④ 자동심장충격기는 의료지식이 충분하지 않은 일반인이나 의료제공자들이 쉽게 사용할 수 있도록 환자의 심전도를 자동으로 분석하여 제세동이 필요한 심정지를 구분해주며, 사용자가 제세동할 수 있도록 유도하는 장비이다.
⑤ <u>심실세동과 무맥성 심실빈맥은 제세동으로 치료가 될 수 있다.</u>

심실세동 (V-Fib)	<u>심장마비 후 8분 안에 심장마비 환자의 약 1/2에서 나타난다.</u> 이는 심장의 많은 다른 부위에서 불규칙한 전기적 자극으로 일어나며 심장은 진동할 뿐 효과적으로 피를 뿜어내지 못한다. <u>초기에 제세동을 실시하면 매우 효과적일 수 있다.</u> 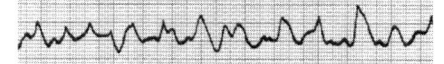
심실빈맥 (V-Tach)	리듬은 규칙적이나 매우 빠른 경우를 말한다. 너무 빨리 수축해서 피가 충분히 심장에 고이지 않아 심장과 뇌로 충분한 혈액을 공급할 수 없다. V-Tach은 심장마비 환자의 10%에서 나타나며 제세동은 반드시, 무맥 또는 무호흡 그리고 무의식 환자에게만 실시해야 한다. 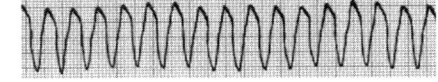

25   정답 ②

구 분	기대효과★★	자세유형
바로누운 자세	신체의 골격과 근육에 무리한 긴장을 주지 않는다.	
옆 누움 자세	외상환자들은 척추손상을 예방하기 위해서 바로누운자세를 취해주고 임부의 경우, 원활한 순환을 위해 이 자세를 취해준다.	
엎드린 자세	의식이 없거나 구토환자의 경우 질식방지에 효과적이다.	
트렌델렌버그 자세	쇼크 시에 사용하지만 장시간 사용시 호흡을 힘들게 할 수 있어 이 체위를 사용하지 않도록 권하고 있다.	
변형된 트렌델렌버그 자세	혈액이 심장으로 돌아오는 정맥환량을 증가시켜 심박출력을 강화하는 데 효과가 있기 때문에 쇼크자세로 사용된다.	
반 앉은 자세	흉곽을 넓히고 폐의 울혈완화 및 가스교환이 용이하여 호흡상태 악화를 방지한다.	

소방장 소방승진

제2회 모의고사 해설

문 항 수 : 75문항
응시시간 : 75분

과목	01	02	03	04	05	06	07	08	09	10	11	12	13	14	15	16	17	18	19	20	21	22	23	24	25
소방법령 II	②	④	③	③	④	④	④	①	②	②	④	①	③	③	③	①	①	③	②	④	②	①	①	②
소방법령 III	③	④	②	②	①	③	②	③	③	②	①	①	④	④	④	②	③	③	③	②	①	④	②	②
소방전술	④	②	③	③	③	③	①	③	①	①	③	③	③	③	③	①	③	③	③	③	①	③	④	①

소방법령 II (25문항)

01
정답 ②

② (×) 단전사고 시 비상전원 또는 조명의 공급활동은 생활안전활동에 속한다(소방기본법 제16조의3).

소방기본법 제16조의2(소방지원활동)
① 소방청장·소방본부장 또는 소방서장은 공공의 안녕질서 유지 또는 복리증진을 위하여 필요한 경우 소방활동 외에 다음 각 호의 활동(이하 "소방지원활동"이라 한다)을 하게 할 수 있다
  1. 산불에 대한 예방·진압 등 지원활동
  2. 자연재해에 따른 급수·배수 및 제설 등 지원활동
  3. 집회·공연 등 각종 행사 시 사고에 대비한 근접대기 등 지원활동
  4. 화재, 재난·재해로 인한 피해복구 지원활동
  5. 삭제
  6. 그 밖에 행정안전부령으로 정하는 활동
② 소방지원활동은 제16조의 소방활동 수행에 지장을 주지 아니하는 범위에서 할 수 있다.
③ 유관기관·단체 등의 요청에 따른 소방지원활동에 드는 비용은 <u>지원요청을 한 유관기관·단체 등에게 부담하게 할 수 있다.</u> 다만, 부담금액 및 부담방법에 관하여는 지원요청을 한 유관기관·단체 등과 협의하여 결정한다.

02
정답 ④

소방신호의 방법 (소방기본법 시행규칙 [별표 4])

신호방법 종별	타종신호	싸이렌신호
경계신호	1타와 연2타를 반복	5초 간격을 두고 30초씩 3회
발화신호	난타	5초 간격을 두고 5초씩 3회
해제신호	상당한 간격을 두고 1타씩 반복	1분간 1회
훈련신호	연3타 반복	10초 간격을 두고 1분씩 3회

■ 비고
1. 소방신호의 방법은 그 전부 또는 일부를 함께 사용할 수 있다.
2. 게시판을 철거하거나 통풍대 또는 기를 내리는 것으로 소방활동이 해제되었음을 알린다.
3. 소방대의 비상소집을 하는 경우에는 훈련신호를 사용할 수 있다.

03
정답 ③

① (×) 정당한 사유 없이 소방대의 생활안전활동을 방해한 자 ☞ 100만원 이하의 **벌금**
② (×) 강제처분을 방해한 자 또는 정당한 사유 없이 그 처분에 따르지 아니한 자 ☞ 300만원 이하의 **벌금**
③ (○) 전용구역에 차를 주차하거나 전용구역에의 진입을 가로막는 등의 방해행위를 한 자 ☞ 100만원 이하의 **과태료**
④ (×) 정당한 사유 없이 소방대가 현장에 도착할 때까지 사람을 구출하는 조치 또는 불을 끄거나 불이 번지지 아니하도록 하는 조치를 하지 아니한 사람 ☞ 100만원 이하의 **벌금**

04
정답 ③

「소방기본법」 제17조(소방교육·훈련)
② **소방청장, 소방본부장 또는 소방서장은 화재를 예방하고 화재 발생 시 인명과 재산피해를 최소화하기 위하여 다음 각 호에 해당하는 사람을 대상으로 행정안전부령으로 정하는 바에 따라 소방안전에 관한 교육과 훈련을 실시할 수 있다. 이 경우 소방청장, 소방본부장 또는 소방서장은 해당 어린이집·유치원·학교의 장 또는 장애인복지시설의 장과 교육일정 등에 관하여 협의하여야 한다.**
  1. 「영유아보육법」 제2조에 따른 어린이집의 영유아
  2. 「유아교육법」 제2조에 따른 유치원의 유아
  3. 「초·중등교육법」 제2조에 따른 학교의 학생
  4. 「장애인복지법」 제58조에 따른 장애인복지시설에 거주하거나 해당 시설을 이용하는 장애인
  5. 「아동복지법」 제52조에 따른 아동복지시설에 거주하거나 해당 시설을 이용하는 아동(2026.1.1. 시행)
  6. 「노인복지법」 제31조에 따른 노인복지시설에 거주하거나 해당 시설을 이용하는 노인(2026.1.1. 시행)

05 정답 ④

「소방기본법 시행규칙」 제3조(종합상황실의 실장의 업무 등)
② 종합상황실의 실장은 다음 각 호의 어느 하나에 해당하는 상황이 발생하는 때에는 그 사실을 지체 없이 별지 제1호서식에 따라 서면·팩스 또는 컴퓨터통신 등으로 소방서의 종합상황실의 경우는 소방본부의 종합상황실에, 소방본부의 종합상황실의 경우는 소방청의 종합상황실에 각각 보고해야 한다.
  1. 다음 각목의 1에 해당하는 화재
    가. 사망자가 5인 이상 발생하거나 사상자가 10인 이상 발생한 화재
    나. 이재민이 100인 이상 발생한 화재
    다. 재산피해액이 50억원 이상 발생한 화재
    라. 관공서·학교·정부미도정공장·문화재·지하철 또는 지하구의 화재
    마. 관광호텔, 층수(「건축법 시행령」 제119조제1항제9호의 규정에 의하여 산정한 층수를 말한다. 이하 이 목에서 같다)가 11층 이상인 건축물, 지하상가, 시장, 백화점, 「위험물안전관리법」 제2조제2항의 규정에 의한 지정수량의 3천배 이상의 위험물의 제조소·저장소·취급소, 층수가 5층 이상이거나 객실이 30실 이상인 숙박시설, 층수가 5층 이상이거나 병상이 30개 이상인 종합병원·정신병원·한방병원·요양소, 연면적 1만5천제곱미터 이상인 공장 또는 「화재의 예방 및 안전관리에 관한 법률」 제18조제1항 각 호에 따른 화재예방강화지구에서 발생한 화재
    바. 철도차량, 항구에 매어둔 총 톤수가 1천톤 이상인 선박, 항공기, 발전소 또는 변전소에서 발생한 화재
    사. 가스 및 화약류의 폭발에 의한 화재
    아. 「다중이용업소의 안전관리에 관한 특별법」 제2조에 따른 다중이용업소의 화재
  2. 「긴급구조대응활동 및 현장지휘에 관한 규칙」에 의한 통제단장의 현장지휘가 필요한 재난상황
  3. 언론에 보도된 재난상황
  4. 그 밖에 소방청장이 정하는 재난상황

06 정답 ④

「소방기본법 시행령」 제2조(국고보조 대상사업의 범위와 기준보조율)
① 법 제9조제2항에 따른 국고보조 대상사업의 범위는 다음 각 호와 같다.
  1. 다음 각 목의 소방활동장비와 설비의 구입 및 설치
    가. 소방자동차
    나. 소방헬리콥터 및 소방정
    다. 소방전용통신설비 및 전산설비
    라. 그 밖에 방화복 등 소방활동에 필요한 소방장비
  2. 소방관서용 청사의 건축(「건축법」 제2조제1항제8호에 따른 건축을 말한다)
② 제1항제1호에 따른 소방활동장비 및 설비의 종류와 규격은 행정안전부령으로 정한다.
③ 제1항에 따른 국고보조 대상사업의 기준보조율은 「보조금 관리에 관한 법률 시행령」에서 정하는 바에 따른다.

07 정답 ④

「소방기본법」 제24조(소방활동 종사 명령)
① 소방본부장, 소방서장 또는 소방대장은 화재, 재난·재해, 그 밖의 위급한 상황이 발생한 현장에서 소방활동을 위하여 필요할 때에는 그 관할구역에 사는 사람 또는 그 현장에 있는 사람으로 하여금 사람을 구출하는 일 또는 불을 끄거나 불이 번지지 아니하도록 하는 일을 하게 할 수 있다. 이 경우 소방본부장, 소방서장 또는 소방대장은 소방활동에 필요한 보호장구를 지급하는 등 안전을 위한 조치를 하여야 한다.
② 삭제 〈2017. 12. 26.〉
③ 제1항에 따른 명령에 따라 소방활동에 종사한 사람은 시·도지사로부터 소방활동의 비용을 지급받을 수 있다. 다만, 다음 각 호의 어느 하나에 해당하는 사람의 경우에는 그러하지 아니하다.
  1. 소방대상물에 화재, 재난·재해, 그 밖의 위급한 상황이 발생한 경우 그 관계인
  2. 고의 또는 과실로 화재 또는 구조·구급 활동이 필요한 상황을 발생시킨 사람
  3. 화재 또는 구조·구급 현장에서 물건을 가져간 사람

08 정답 ①

「소방기본법」 제40조(한국소방안전원의 설립 등)
① 소방기술과 안전관리기술의 향상 및 홍보, 그 밖의 교육·훈련 등 행정기관이 위탁하는 업무의 수행과 소방 관계 종사자의 기술 향상을 위하여 한국소방안전원(이하 "안전원"이라 한다)을 소방청장의 인가를 받아 설립한다.
② 제1항에 따라 설립되는 안전원은 법인으로 한다.
③ 안전원에 관하여 이 법에 규정된 것을 제외하고는 「민법」 중 재단법인에 관한 규정을 준용한다.

09 정답 ②

「소방기본법」 제8조(소방력의 기준 등)
① 소방기관이 소방업무를 수행하는 데에 필요한 인력과 장비 등[이하 "소방력"(消防力)이라 한다]에 관한 기준은 행정안전부령으로 정한다.
② 시·도지사는 제1항에 따른 소방력의 기준에 따라 관할구역의 소방력을 확충하기 위하여 필요한 계획을 수립하여 시행하여야 한다.
③ 소방자동차 등 소방장비의 분류·표준화와 그 관리 등에 필요한 사항은 따로 법률에서 정한다.

「소방기본법」 제9조(소방장비 등에 대한 국고보조)
① 국가는 소방장비의 구입 등 시·도의 소방업무에 필요한 경비의 일부를 보조한다.
② 제1항에 따른 보조 대상사업의 범위와 기준보조율은 대통령령으로 정한다.

10
정답 ②

「소방기본법」 제16조의3(생활안전활동)
① 소방청장·소방본부장 또는 소방서장은 신고가 접수된 생활안전 및 위험제거 활동(화재, 재난·재해, 그 밖의 위급한 상황에 해당하는 것은 제외한다)에 대응하기 위하여 소방대를 출동시켜 다음 각 호의 활동(이하 "생활안전활동"이라 한다)을 하게 하여야 한다.
  1. 붕괴, 낙하 등이 우려되는 고드름, 나무, 위험 구조물 등의 제거활동
  2. 위해동물, 벌 등의 포획 및 퇴치 활동
  3. 끼임, 고립 등에 따른 위험제거 및 구출 활동
  4. 단전사고 시 비상전원 또는 조명의 공급
  5. 그 밖에 방치하면 급박해질 우려가 있는 위험을 예방하기 위한 활동
② 누구든지 정당한 사유 없이 제1항에 따라 출동하는 소방대의 생활안전활동을 방해하여서는 아니 된다.

「소방기본법」 제16조의2(소방지원활동)
① 소방청장·소방본부장 또는 소방서장은 공공의 안녕질서 유지 또는 복리증진을 위하여 필요한 경우 소방활동 외에 다음 각 호의 활동(이하 "소방지원활동"이라 한다)을 하게 할 수 있다.
  1. 산불에 대한 예방·진압 등 지원활동
  2. 자연재해에 따른 급수·배수 및 제설 등 지원활동
  3. 집회·공연 등 각종 행사 시 사고에 대비한 근접대기 등 지원활동
  4. 화재, 재난·재해로 인한 피해복구 지원활동
  5. 삭제 〈2015. 7. 24.〉
  6. 그 밖에 행정안전부령으로 정하는 활동

「소방기본법 시행규칙」 제8조의4(소방지원활동)
법 제16조의2제1항제6호에서 "그 밖에 행정안전부령으로 정하는 활동"이란 다음 각 호의 어느 하나에 해당하는 활동을 말한다.
  1. 군·경찰 등 유관기관에서 실시하는 훈련지원 활동
  2. 소방시설 오작동 신고에 따른 조치활동
  3. 방송제작 또는 촬영 관련 지원활동

11
정답 ④

ㄱ, ㄷ, ㄹ, ㅁ의 4개이다.

화재예방법 제36조(피난계획의 수립 및 시행)
① 소방안전관리대상물의 관계인은 그 장소에 근무하거나 거주 또는 출입하는 사람들이 화재가 발생한 경우에 안전하게 피난할 수 있도록 피난계획을 수립·시행하여야 한다.

시행규칙 제34조(피난계획의 수립·시행)
① 법 제36조 제1항에 따른 피난계획에는 다음 각 호의 사항이 포함되어야 한다.
  1. 화재경보의 수단 및 방식
  2. 층별, 구역별 피난대상 인원의 연령별·성별 현황
  3. 피난약자의 현황
  4. 각 거실에서 옥외(옥상 또는 피난안전구역을 포함한다)로 이르는 피난경로
  5. 피난약자 및 피난약자를 동반한 사람의 피난동선과 피난방법
  6. 피난시설, 방화구획, 그 밖에 피난에 영향을 줄 수 있는 제반 사항

12
정답 ①

화재예방법 2조(정의)
① 이 법에서 사용하는 용어의 뜻은 다음과 같다.
  3. "화재안전조사"란 소방청장, 소방본부장 또는 소방서장(이하 "소방관서장"이라 한다)이 소방대상물, 관계지역 또는 관계인에 대하여 소방시설(「소방시설 설치 및 관리에 관한 법률」 제2조제1항제2호에 따른 소방시설을 말한다. 이하 같다)이 소방 관계 법령에 적합하게 설치·관리되고 있는지, 소방대상물에 화재의 발생 위험이 있는지 등을 확인하기 위하여 실시하는 현장조사·문서열람·보고요구 등을 하는 활동을 말한다.

13
정답 ②

② (×) 가연성 가스를 1천톤 이상 저장·취급하는 시설 ☞ 1급 소방안전관리대상물

화재예방법 제24조(특정소방대상물의 소방안전관리)
② 다른 안전관리자(다른 법령에 따라 전기·가스·위험물 등의 안전관리 업무에 종사하는 자를 말한다. 이하 같다)는 소방안전관리대상물 중 소방안전관리업무의 전담이 필요한 대통령령으로 정하는 소방안전관리대상물의 소방안전관리자를 겸할 수 없다. 다만, 다른 법령에 특별한 규정이 있는 경우에는 그러하지 아니하다.

시행령 제26조(소방안전관리업무 전담 대상물)
법 제24조 제2항 본문에서 "대통령령으로 정하는 소방안전관리대상물"이란 다음 각 호의 소방안전관리대상물을 말한다.
1. 별표 4 제1호에 따른 특급 소방안전관리대상물
2. 별표 4 제2호에 따른 1급 소방안전관리대상물

14
정답 ③

화재예방법 시행규칙 제29조(실무교육의 실시)
① 소방청장은 법 제34조 제1항 제2호에 따른 실무교육(이하 "실무교육"이라 한다)의 대상·일정·횟수 등을 포함한 실무교육의 실시 계획을 매년 수립·시행해야 한다.
② 소방청장은 실무교육을 실시하려는 경우에는 실무교육 실시 30일 전까지 일시·장소, 그 밖에 실무교육 실시에 필요한 사항을 인터넷 홈페이지에 공고하고 교육대상자에게 통보해야 한다.
③ 소방안전관리자는 소방안전관리자로 선임된 날부터 6개월 이내에 실무교육을 받아야 하며, 그 이후에는 2년마다(최초 실무교육을 받은 날을 기준일로 하여 매 2년이 되는 해의 기준일과 같은 날 전까지를 말한다) 1회 이상 실무교육을 받아야 한다. 다만, 소방안전관리 강습교육 또는 실무교육을 받은 후 1년 이내에 소방안전관리자로 선임된 사람은 해당 강습교육 또는 실무교육을 수료한 날을 실무교육을 받은 날로 본다.

④ 소방안전관리보조자는 그 선임된 날부터 6개월(영 별표 5 제2호마목에 따라 소방안전관리보조자로 지정된 사람의 경우 3개월을 말한다) 이내에 실무교육을 받아야 하며, 그 이후에는 2년마다(최초 실무교육을 받은 날을 기준일로 하여 매 2년이 되는 해의 기준일과 같은 날 전까지를 말한다) 1회 이상 실무교육을 받아야 한다. 다만, 소방안전관리자 강습교육 또는 실무교육이나 소방안전관리보조자 실무교육을 받은 후 1년 이내에 소방안전관리보조자로 선임된 사람은 해당 강습교육 또는 실무교육을 수료한 날을 실무교육을 받은 날로 본다.

15   정답 ③

ㄱ, ㄹ, ㅁ의 3개이다.

제18조(화재예방강화지구의 지정 등)
① 시·도지사는 다음 각 호의 어느 하나에 해당하는 지역을 화재예방강화지구로 지정하여 관리할 수 있다.
  1. 시장지역
  2. 공장·창고가 밀집한 지역
  3. 목조건물이 밀집한 지역
  4. 노후·불량건축물이 밀집한 지역
  5. 위험물의 저장 및 처리 시설이 밀집한 지역
  6. 석유화학제품을 생산하는 공장이 있는 지역
  7. 「산업입지 및 개발에 관한 법률」 제2조 제8호에 따른 산업단지
  8. 소방시설·소방용수시설 또는 소방출동로가 없는 지역
  9. 「물류시설의 개발 및 운영에 관한 법률」 제2조 제6호에 따른 물류단지
  10. 그 밖에 제1호부터 제9호까지에 준하는 지역으로서 소방관서장이 화재예방강화지구로 지정할 필요가 있다고 인정하는 지역

16   정답 ②

「화재의 예방 및 안전관리에 관한 법률 시행규칙」 제12조(소방안전관리업무 대행 기준) 법 제25조제2항에 따른 소방안전관리업무 대행인력의 배치기준·자격·방법 등 준수사항은 별표 1과 같다.

■ 화재의 예방 및 안전관리에 관한 법률 시행규칙 [별표 1]

소방안전관리업무 대행인력의 배치기준·자격 및 방법 등 준수사항 (제12조 관련)

1. 업무대행 인력의 배치기준
「소방시설 설치 및 관리에 관한 법률」 제29조에 따라 소방시설관리업을 등록한 소방시설관리업자가 법 제25조제1항에 따라 영 제28조제2항 각 호의 소방안전관리업무를 대행하는 경우에는 다음 각 목에 따른 소방안전관리업무 대행인력(이하 "대행인력"이라 한다)을 배치해야 한다.
가. 소방안전관리대상물의 등급 및 소방시설의 종류에 따른 대행인력의 배치기준

[표 1] 소방안전관리등급 및 설치된 소방시설에 따른 대행인력의 배치 등급

소방안전관리대상물의 등급	설치된 소방시설의 종류	대행인력의 기술등급
1급 또는 2급	스프링클러설비, 물분무등소화설비 또는 제연설비	중급점검자 이상 1명 이상
	옥내소화전설비 또는 옥외소화전설비	초급점검자 이상 1명 이상
3급	자동화재탐지설비 또는 간이스프링클러설비	초급점검자 이상 1명 이상

비고
1. 소방안전관리대상물의 등급은 영 별표 4에 따른 소방안전관리대상물의 등급을 말한다.
2. 대행인력의 기술등급은 「소방시설공사업법 시행규칙」 별표 4의2에 따른 소방기술자의 자격 등급에 따른다.
3. 연면적 5천제곱미터 미만으로서 스프링클러설비가 설치된 1급 또는 2급 소방안전관리대상물의 경우에는 초급점검자를 배치할 수 있다. 다만, 스프링클러설비 외에 제연설비 또는 물분무등소화설비가 설치된 경우에는 그렇지 않다
4. 스프링클러설비에는 화재조기진압용 스프링클러설비를 포함하고, 물분무등소화설비에는 호스릴(hose reel)방식은 제외한다.

17   정답 ①

「화재의 예방 및 안전관리에 관한 법률 시행령」 제31조(소방안전관리자 자격시험 응시자격)
법 제32조제1항에 따라 소방안전관리자 자격시험에 응시할 수 있는 사람의 자격은 별표 6과 같다.

■ 화재의 예방 및 안전관리에 관한 법률 시행령 [별표 6]

소방안전관리자 자격시험에 응시할 수 있는 사람의 자격(제31조 관련)

1. 특급 소방안전관리자
  가. 1급 소방안전관리대상물의 소방안전관리자로 5년(소방설비기사의 경우에는 자격 취득 후 2년, 소방설비산업기사의 경우에는 자격 취득 후 3년) 이상 근무한 실무경력(법 제24조제3항에 따라 소방안전관리자로 선임되어 근무한 경력은 제외한다. 이하 이 표에서 같다)이 있는 사람
  나. 1급 소방안전관리대상물의 소방안전관리자로 선임될 수 있는 자격을 갖춘 후 특급 또는 1급 소방안전관리대상물의 소방안전관리보조자로 7년 이상 근무한 실무경력이 있는 사람
  다. 소방공무원으로 10년 이상 근무한 경력이 있는 사람
  라. 「고등교육법」 제2조제1호부터 제6호까지 규정 중 어느 하나에 해당하는 학교(이하 "대학"이라 한다) 또는 「초·중등교육법 시행령」 제90조제1항제10호 및 제91조에 따른 고등학교(이하 "고등학교"라 한다)에서 소방안전관리학과(소방청장이 정하여 고시하는 학과를 말한다. 이하 이 표에서 같다)를 전공하고 졸업한 사람(법령에 따라 이와 같은 수준의 학력이 있다고 인정되는 사람을 포함한다)으로서 해당 학과를 졸업한 후 2년 이상 1급 소방안전관리대상물의 소방안전관리자로 근무한 실무경력이 있는 사람

마. 다음의 어느 하나에 해당하는 요건을 갖춘 후 3년 이상 1급 소방안전관리대상물의 소방안전관리자로 근무한 실무경력이 있는 사람
　　1) 대학 또는 고등학교에서 소방안전 관련 교과목(소방청장이 정하여 고시하는 교과목을 말한다. 이하 이 표에서 같다)을 12학점 이상 이수하고 졸업한 사람
　　2) 법령에 따라 1)에 해당하는 사람과 같은 수준의 학력이 있다고 인정되는 사람으로서 해당 학력 취득 과정에서 소방안전 관련 교과목을 12학점 이상 이수한 사람
　　3) 대학 또는 고등학교에서 소방안전 관련 학과(소방청장이 정하여 고시하는 학과를 말한다. 이하 이 표에서 같다)를 전공하고 졸업한 사람(법령에 따라 이와 같은 수준의 학력이 있다고 인정되는 사람을 포함한다)
바. 소방행정학(소방학 및 소방방재학을 포함한다) 또는 소방안전공학(소방방재공학 및 안전공학을 포함한다) 분야에서 석사 이상 학위를 취득한 후 2년 이상 1급 소방안전관리대상물의 소방안전관리자로 근무한 실무경력이 있는 사람
사. 특급 소방안전관리대상물의 소방안전관리보조자로 10년 이상 근무한 실무경력이 있는 사람
아. 법 제34조제1항제1호에 따른 강습교육 중 이 영 제33조제1호에 해당하는 사람을 대상으로 하는 강습교육을 수료한 사람
자. 「초고층 및 지하연계 복합건축물 재난관리에 관한 특별법」 제12조제1항 각 호 외의 부분 본문에 따라 총괄재난관리자로 지정되어 1년 이상 근무한 경력이 있는 사람

18　　　　　　　　　　　　　　　　　　　　　정답 ①

특정소방대상물 (소방시설법 시행령 [별표 2])
■ 비고
2. 둘 이상의 특정소방대상물이 다음 각 목의 어느 하나에 해당되는 구조의 복도 또는 통로(이하 이 표에서 "연결통로"로 연결된 경우에는 이를 하나의 특정소방대상물로 본다.
　가. 내화구조로 된 연결통로가 다음의 어느 하나에 해당하는 경우
　　1) 벽이 <u>없는</u> 구조로서 그 길이가 <u>6m</u> 이하인 경우
　　2) 벽이 <u>있는</u> 구조로서 그 길이가 <u>10m</u> 이하인 경우. 다만, 벽 높이가 바닥에서 천장까지의 높이의 2분의 1 이상인 경우에는 벽이 있는 구조로 보고, 벽 높이가 바닥에서 천장까지의 높이의 2분의 1 미만인 경우에는 벽이 없는 구조로 본다.
　나. 내화구조가 아닌 연결통로로 연결된 경우
　다. <u>컨베이어로 연결되거나 플랜트설비의 배관 등으로 연결되어 있는 경우</u>
　라. <u>지하보도, 지하상가, 지하가로 연결된 경우</u>
　마. <u>자동방화셔터 또는 60분+ 방화문이 설치되지 않은 피트(전기설비 또는 배관설비 등이 설치되는 공간을 말한다)로 연결된 경우</u>
　바. 지하구로 연결된 경우

19　　　　　　　　　　　　　　　　　　　　　정답 ③

특정소방대상물의 관계인이 특정소방대상물에 설치·관리해야 하는 소방시설의 종류 (소방시설법 시행령 [별표 4])
1. 소화설비
　라. 스프링클러설비를 설치해야 하는 특정소방대상물(위험물 저장 및 처리 시설 중 가스시설 및 지하구는 제외)은 다음의 어느 하나에 해당하는 것으로 한다.
　　4) 판매시설, 운수시설 및 창고시설(물류터미널로 한정)로서 바닥면적의 합계가 <u>5천㎡</u> 이상이거나 수용인원이 <u>500명</u> 이상인 경우에는 모든 층

20　　　　　　　　　　　　　　　　　　　　　정답 ②

소방시설법 제17조(소방용품의 내용연수 등)
① 특정소방대상물의 관계인은 내용연수가 경과한 소방용품을 교체하여야 한다. 이 경우 내용연수를 설정하여야 하는 소방용품의 종류 및 그 내용연수 연한에 필요한 사항은 대통령령으로 정한다

시행령 제19조(내용연수 설정대상 소방용품)
① 법 제17조 제1항 후단에 따라 내용연수를 설정해야 하는 소방용품은 <u>분말형태의 소화약제를 사용하는 소화기</u>로 한다.
② 제1항에 따른 소방용품의 내용연수는 <u>10년</u>으로 한다.

21　　　　　　　　　　　　　　　　　　　　　정답 ④

소방시설법 제7조(소방시설의 내진설계기준)
「지진·화산재해대책법」 제14조 제1항 각 호의 시설 중 대통령령으로 정하는 특정소방대상물에 대통령령으로 정하는 소방시설을 설치하려는 자는 지진이 발생할 경우 소방시설이 정상적으로 작동될 수 있도록 소방청장이 정하는 내진설계기준에 맞게 소방시설을 설치하여야 한다.

시행령 제8조(소방시설의 내진설계)
① 법 제7조에서 "대통령령으로 정하는 특정소방대상물"이란 「건축법」 제2조 제1항 제2호에 따른 건축물로서 「지진·화산재해대책법 시행령」 제10조 제1항 각 호에 해당하는 시설을 말한다.
② 법 제7조에서 "대통령령으로 정하는 소방시설"이란 소방시설 중 <u>옥내소화전설비, 스프링클러설비 및 물분무등소화설비</u>를 말한다.

22　　　　　　　　　　　　　　　　　　　　　정답 ②

소방시설법 제25조(소방시설관리사)
① 소방시설관리사(이하 "관리사"라 한다)가 되려는 사람은 <u>소방청장이 실시하는 관리사시험에 합격</u>하여야 한다.
② 제1항에 따른 관리사시험의 응시자격, 시험방법, 시험과목, 시험위원, 그 밖에 관리사시험에 필요한 사항은 대통령령으로 정한다.

③ 관리사시험의 최종 합격자 발표일을 기준으로 제27조의 결격사유에 해당하는 사람은 관리사 시험에 응시할 수 없다.
④ 소방기술사 등 대통령령으로 정하는 사람에 대하여는 대통령령으로 정하는 바에 따라 제2항에 따른 관리사시험 과목 가운데 일부를 면제할 수 있다.
⑤ 소방청장은 제1항에 따른 관리사시험에 합격한 사람에게는 행정안전부령으로 정하는 바에 따라 소방시설관리사증을 발급하여야 한다.
⑥ 제5항에 따라 소방시설관리사증을 발급받은 사람이 소방시설관리사증을 잃어버렸거나 못 쓰게 된 경우에는 행정안전부령으로 정하는 바에 따라 소방시설관리사증을 재발급받을 수 있다.
⑦ 관리사는 제5항 또는 제6항에 따라 발급 또는 재발급받은 소방시설관리사증을 다른 사람에게 빌려주거나 빌려서는 아니 되며, 이를 알선하여서도 아니 된다.
⑧ 관리사는 동시에 둘 이상의 업체에 취업하여서는 아니 된다.
⑨ 제22조 제1항에 따른 기술자격자 및 제29조 제2항에 따라 관리업의 기술인력으로 등록된 관리사는 이 법과 이 법에 따른 명령에 따라 성실하게 자체점검 업무를 수행하여야 한다.

23   정답 ①

「소방시설 설치 및 관리에 관한 법률 시행규칙」 제23조(소방시설등의 자체점검 결과의 조치 등)

① 관리업자 또는 소방안전관리자로 선임된 소방시설관리사 및 소방기술사(이하 "관리업자등"이라 한다)는 자체점검을 실시한 경우에는 법 제22조제1항 각 호 외의 부분 후단에 따라 그 점검이 끝난 날부터 10일 이내에 별지 제9호서식의 소방시설등 자체점검 실시결과 보고서(전자문서로 된 보고서를 포함한다)에 소방청장이 정하여 고시하는 소방시설등점검표를 첨부하여 관계인에게 제출해야 한다.
② 제1항에 따른 자체점검 실시결과 보고서를 제출받거나 스스로 자체점검을 실시한 관계인은 법 제23조제3항에 따라 자체점검이 끝난 날부터 15일 이내에 별지 제9호서식의 소방시설등 자체점검 실시결과 보고서(전자문서로 된 보고서를 포함한다)에 다음 각 호의 서류를 첨부하여 소방본부장 또는 소방서장에게 서면이나 소방청장이 지정하는 전산망을 통하여 보고해야 한다.

24   정답 ①

「소방시설 설치 및 관리에 관한 법률 시행령」 제14조(유사한 소방시설의 설치 면제의 기준)

법 제13조제2항에 따라 소방본부장 또는 소방서장은 특정소방대상물에 설치해야 하는 소방시설 가운데 기능과 성능이 유사한 소방시설의 설치를 면제하려는 경우에는 별표 5의 기준에 따른다.

■ 소방시설 설치 및 관리에 관한 법률 시행령 [별표 5]

특정소방대상물의 소방시설 설치의 면제 기준(제14조 관련)

설치가 면제되는 소방시설	설치가 면제되는 기준
17. 제연설비	가. 제연설비를 설치해야 하는 특정소방대상물[별표 4 제5호가목6)은 제외한다]에 다음의 어느 하나에 해당하는 설비를 설치한 경우에는 설치가 면제된다. 1) 공기조화설비를 화재안전기준의 제연설비기준에 적합하게 설치하고 공기조화설비가 화재 시 제연설비기능으로 자동전환되는 구조로 설치되어 있는 경우 2) 직접 외부 공기와 통하는 배출구의 면적의 합계가 해당 제연구역[제연경계(제연설비의 일부인 천장을 포함한다)에 의하여 구획된 건축물 내의 공간을 말한다] 바닥면적의 <u>100분의 1 이상</u>이고, 배출구부터 각 부분까지의 <u>수평거리가 30m</u> 이내이며, 공기유입구가 화재안전기준에 적합하게(외부 공기를 직접 자연유입할 경우에 유입구의 크기는 배출구의 크기 이상이어야 한다) 설치되어 있는 경우 나. 별표 4 제5호가목7)에 따라 제연설비를 설치해야 하는 특정소방대상물 중 노대(露臺)와 연결된 특별피난계단, 노대가 설치된 비상용 승강기의 승강장 또는 「건축법 시행령」 제91조제5호의 기준에 따라 배연설비가 설치된 피난용 승강기의 승강장에는 설치가 면제된다.

25 정답 ②

「소방시설 설치 및 관리에 관한 법률 시행령」제18조(화재위험작업 및 임시소방시설 등)

② 법 제15조제1항에 따른 임시소방시설(이하 "임시소방시설"이라 한다)의 종류와 임시소방시설을 설치해야 하는 공사의 종류 및 규모는 별표 8 제1호 및 제2호와 같다.

■ 소방시설 설치 및 관리에 관한 법률 시행령 [별표 8]
임시소방시설의 종류와 설치기준 등
(제18조제2항 및 제3항 관련)

2. 임시소방시설을 설치해야 하는 공사의 종류와 규모
   가. 소화기: 법 제6조제1항에 따라 소방본부장 또는 소방서장의 동의를 받아야 하는 특정소방대상물의 신축·증축·개축·재축·이전·용도변경 또는 대수선 등을 위한 공사 중 법 제15조제1항에 따른 화재위험작업의 현장(이하 이 표에서 "화재위험작업현장"이라 한다)에 설치한다.
   나. 간이소화장치: 다음의 어느 하나에 해당하는 공사의 화재위험작업현장에 설치한다.
      1) 연면적 3천㎡ 이상
      2) 지하층, 무창층 또는 4층 이상의 층. 이 경우 해당 층의 바닥면적이 600㎡ 이상인 경우만 해당한다.
   다. 비상경보장치: 다음의 어느 하나에 해당하는 공사의 화재위험작업현장에 설치한다.
      1) 연면적 400㎡ 이상
      2) 지하층 또는 무창층. 이 경우 해당 층의 바닥면적이 150㎡ 이상인 경우만 해당한다.
   라. 가스누설경보기: 바닥면적이 150㎡ 이상인 지하층 또는 무창층의 화재위험작업현장에 설치한다.
   마. 간이피난유도선: 바닥면적이 150㎡ 이상인 지하층 또는 무창층의 화재위험작업현장에 설치한다.
   바. 비상조명등: 바닥면적이 150㎡ 이상인 지하층 또는 무창층의 화재위험작업현장에 설치한다.
   사. 방화포: 용접·용단 작업이 진행되는 화재위험작업현장에 설치한다.

소방법령 III (25문항)

01 정답 ③

제2류 위험물 및 지정수량

성질	위험등급	품명	지정수량
가연성고체	II	1. 황화인, 2. 적린, 3. 황	100킬로그램
	III	4. 철분, 5. 금속분, 6. 마그네슘	500킬로그램
	III	9. 인화성고체	1,000킬로그램
	II 또는 III	7. 그 밖의 행정안전부령이 정하는 것	100킬로그램,
		8. 제1호 내지 제7호의1에 해당하는 어느 하나 이상을 함유한 것	500킬로그램

02 정답 ④

예방규정의 이행 실태 평가 대상(령 제15조제2항)
예방규정을 정하여하는 제조소등 가운데 저장 또는 취급하는 위험물의 최대수량의 합이 지정수량의 3천배 이상인 제조소등 (신설 2024.07.02., 시행 2024.07.04.)

03 정답 ②

셀프용주유 및 급유설비 기준
- 셀프용고정주유설비 1회의 연속주유량 및 주유시간의 상한을 미리 설정할 수 있는 구조일 것. 이 경우 주유량의 상한은 **휘발유는 100ℓ 이하, 경유는 600ℓ 이하**로 하며, 주유시간의 상한은 휘발유는 **4분 이하, 경유는 12분 이하**로 할 것
- 셀프용고정급유설비의 1회의 연속급유량 및 급유시간의 상한을 미리 설정할 수 있는 구조일 것 이 경우 급유량의 상한은 100ℓ 이하, 급유시간의 상한은 6분 이하로 할 것.

04 정답 ②

정기점검 대상(영 제16조)
① 관계인이 예방규정을 정해야 하는 제조소등
   지정수량 10배 이상의 위험물을 취급하는 제조소
   지정수량 150배 이상의 위험물을 저장하는 옥내저장소
   지정수량 100배 이상의 위험물을 저장하는 옥외저장소
   지정수량 200배 이상의 위험물을 저장하는 옥외탱크저장소
   암반탱크저장소
   이송취급소
   지정수량 10배 이상의 위험물을 취급하는 일반취급소

제4류 위험물(특수인화물을 제외한다)만을 지정수량의 **50배 이하**로 취급하는 일반취급소(제1석유류 · 알코올류의 취급량이 지정수량의 10배 이하인 경우에 한한다)로서 다음 각 목의 어느 하나에 해당하는 것을 제외한다.
- 보일러 · 버너 또는 이와 비슷한 것으로서 위험물을 소비하는 장치로 이루어진 일반취급소
- 위험물을 용기에 옮겨 담는 일반취급소
- 차량에 고정된 탱크에 주입하는 일반취급소

② 지하탱크저장소
③ 이동탱크저장소
④ 위험물을 취급하는 탱크로서 지하에 매설된 탱크가 있는 제조소, 주유취급소, 일반취급소

05 정답 ①

위험물의 유별 저장·취급의 공통기준(중요기준)
- 제1류 위험물은 가연물과의 접촉·혼합이나 분해를 촉진하는 물품과의 접근 또는 과열·충격·마찰 등을 피하는 한편, 알카리금속의 과산화물 및 이를 함유한 것에 있어서는 물과의 접촉을 피하여야 한다.
- 제2류 위험물은 산화제와의 접촉·혼합이나 불티·불꽃·고온체와의 접근 또는 과열을 피하는 한편, 철분·금속분·마그네슘 및 이를 함유한 것에 있어서는 물이나 산과의 접촉을 피하고 인화성 고체에 있어서는 함부로 증기를 발생시키지 아니하여야 한다.
- 제3류 위험물 중 자연발화성물질에 있어서는 불티·불꽃 또는 고온체와의 접근·과열 또는 공기와의 접촉을 피하고, 금수성물질에 있어서는 물과의 접촉을 피하여야 한다.
- 제4류 위험물은 불티·불꽃·고온체와의 접근 또는 과열을 피하고, 함부로 증기를 발생시키지 아니하여야 한다.
- 제5류 위험물은 불티·불꽃·고온체와의 접근이나 과열·충격 또는 마찰을 피하여야 한다.
- 제6류 위험물은 가연물과의 접촉·혼합이나 분해를 촉진하는 물품과의 접근 또는 과열을 피하여야 한다.

06 정답 ③

옥외탱크저장소의 위치·구조 및 설비의 기준
- 지정수량의 **950배**를 저장하는 옥외탱크저장소의 보유공지는 **5m 이상**이다.
- 펌프설비의 주위에는 **너비 3m 이상**의 공지를 보유해야 한다. 다만, 방화상 유효한 격벽을 설치하는 경우와 제6류 위험물 또는 지정수량의 **10배 이하** 위험물의 옥외저장탱크의 펌프설비에 있어서는 그러하지 아니하다.

07 정답 ②

소화시설의 설치대상이 되는 건축물 등 소요단위의 계산방법

구분	제조소등	건축물의 구조	1소요단위
건축물 그 밖의 공작물의 규모 또는 위험물의 소요단위 계산방법 기준단위	제조소 또는 취급소의 건축물	외벽이 내화구조인 것 (제조소등의 용도로 사용되는 부분 외의 부분이 있는 건축물은 제조소등에 사용되는 부분의 바닥면적의 합계를 말함)	연면적 100㎡
		외벽이 내화구조가 아닌 것	연면적 50㎡
	저장소의 건축물	외벽이 내화구조인 것	연면적 150㎡
		외벽이 내화구조가 아닌 것	연면적 75㎡
	제조소등의 옥외에 설치된 공작물	외벽을 내화구조로 간주 (공작물의 최대수평투영면적을 연면적으로 간주)	• 제조소 · 일반취급소 : 100㎡ • 저장소 : 150㎡
	위험물		지정수량 10배

08 정답 ③

운송책임자의 감독·지원을 받아 운송하여야 하는 위험물(영 제19조)
- 알킬알루미늄
- 알킬리튬
- 제1호 또는 제2호의 물질을 함유하는 위험물

09 정답 ③

화학소방자동차에 갖추어야 하는 소화능력 및 설비의 기준(규칙 별표 23)

화학소방자동차의 구분	소화능력 및 설비의 기준
포수용액 방사차	포수용액의 방사능력이 **매분 2,000L 이상**일 것
	소화약액탱크 및 소화약액혼합장치를 비치할 것
	10만L 이상의 포수용액을 방사할 수 있는 양의 소화약제를 비치할 것
분말 방사차	분말의 방사능력이 **매초 35kg 이상**일 것
	분말탱크 및 가압용가스설비를 비치할 것
	1,400kg 이상의 분말을 비치할 것
할로젠화합물 방사차	할로젠화합물의 방사능력이 **매초 40kg 이상**일 것
	할로젠화합물탱크 및 가압용가스설비를 비치할 것
	1,000kg 이상의 할로젠화합물을 비치할 것
이산화탄소 방사차	이산화탄소의 방사능력이 **매초 40kg 이상**일 것
	이산화탄소저장용기를 비치할 것
	3,000kg 이상의 이산화탄소를 비치할 것
제독차	가성소다 및 규조토를 각각 50kg 이상 비치할 것

10 정답 ②

정기검사 핵심정리

점검구분	검사대상	점검자의 자격	점검내용	횟수 등
정밀 정기 검사	액체위험물을 저장 또는 취급하는 50만 리터 이상의 옥외탱크저장소	소방본부장 또는 소방서장 → 한국소방산업기술원에 위탁	제조소등 관계인이 위험물시설에 대한 적정 유지·관리 여부를 확인	• 완공검사합격확인증을 발급 받은 날부터 **12년 이내**에 1회 이상 • 최근의 정밀정기검사를 받은 날부터 **11년 이내**에 1회 이상
중간 정기 검사				• 완공검사합격확인증을 발급 받은 날부터 **4년 이내**에 1회 이상 • 최근의 정밀정기검사 또는 중간정기검사를 받은 날부터 **4년 이내**에 1회 이상

11 정답 ①

위험물 제조소등의 각종 턱높이 정리

제조소	옥외탱크저장소		옥내탱크저장소				주유취급소		판매취급소
옥외설비 바닥 둘레의 턱높이	펌프실 바닥 주위의 턱높이	펌프실 외의 장소에 설치하는 펌프설비주위의 턱높이	전용실이 있는 건축물 외에 펌프설비 설치		전용실이 있는 건축물에 펌프설비 설치한 경우		사무실 그 밖의 화기를 사용하는 곳의 출입구 또는 사이통로 문턱 높이	펌프실 출입구의 턱높이	배합실 문턱의 높이
			펌프실 바닥의 주위턱	펌프실 외의 펌프설비 바닥주위의 턱	전용실 외 펌프설비 설치하는 펌프실 주위의 턱	전용실에 설치하는 펌프설비			
0.15m 이상	0.2m 이상	0.15m 이상	0.2m 이상	0.15m 이상	0.2m 이상	문턱 높이 이상	0.15m 이상	0.1m 이상	0.1m 이상

12 정답 ①

권한의 위탁

위탁자 → 수탁자		위임 또는 위탁 업무
시·도지사 → 기술원	탱크 안전 성능 검사	• 용량이 100만리터 이상인 액체위험물을 저장하는 탱크 • 암반탱크 • 지하탱크저장소의 액체위험물을 저장하는 탱크 중 이중벽탱크
	완공 검사	• 지정수량의 1천배 이상의 위험물을 취급하는 제조소 또는 일반취급소의 설치 또는 변경(사용 중인 제조소 또는 일반취급소의 보수 또는 부분적인 증설은 제외)에 따른 완공검사 • 저장용량 50만리터 이상의 옥외탱크저장소의 설치 또는 변경에 따른 완공검사 • 암반탱크저장소의 설치 또는 변경에 따른 완공검사
	기타	위험물 운반용기 검사
소방본부장 또는 서장 → 기술원		50만 리터 이상의 옥외탱저장소의 정기검사
소방청장 → 안전원		• 위험물운반자 또는 위험물운송자 자격을 갖추려는 사람 • 위험물취급자 자격을 갖추려는 사람. • 위험물안전관리자, 위험물 운송자 또는 위험물 운반자로 종사하는 사람의 안전교육
소방청장 → 기술원		탱크시험자의 기술인력으로 종사하는 사람에 대한 안전교육

13 정답 ④

판매취급소의 배합실에 배합하거나 옮겨 담는 작업을 할 수 있는 위험물
① 도료류
② 제1류 위험물 중 염소산염류 및 염소산염류만을 함유한 것
③ 황
④ 인화점이 38℃ 이상인 제4류 위험물

14 정답 ④

2층 이상 4층 이하에 위치하는 영업장의 발코니 또는 부속실과 연결되는 비상구를 설치하는 경우의 기준에서 추락 등의 방지를 위하여 다음 사항을 갖추도록 할 것

가) 발코니 및 부속실 입구의 문을 개방하면 경보음이 울리도록 경보음 발생 장치를 설치하고, 추락위험을 알리는 표지를 문(부속실의 경우 외부로 나가는 문도 포함한다)에 부착할 것

나) 부속실에서 건물 외부로 나가는 문 안쪽에는 기둥·바닥·벽 등의 견고한 부분에 탈착이 가능한 쇠사슬 또는 안전로프 등을 바닥에서부터 120센티미터 이상의 높이에 가로로 설치할 것. 다만, 120센티미터 이상의 난간이 설치된 경우에는 쇠사슬 또는 안전로프 등을 설치하지 않을 수 있다.

15　정답 ④

영업장의 내부구획(법 제10조의2)
다중이용업소의 영업장 내부를 구획하고자 할 때에는 불연재료로 구획하여야 한다. 이 경우 다음 각 호의 어느 하나에 해당하는 다중이용업소의 영업장은 천장(반자속)까지 구획하여야 한다.
① 단란주점 및 유흥주점 영업
② 노래연습장업

16　정답 ④

소방청장, 소방본부장 또는 소방서장은 다중이용업주의 **휴업·폐업 또는 사업자등록 말소 사실**을 확인하기 위하여 필요한 경우에는 **사업자등록번호**를 기재하여 관할 세무 관서의 장에게 다음 각 호의 사항에 대한 과세정보 제공을 요청할 수 있다. 이 경우 요청을 받은 세무 관서의 장은 정당한 사유가 없으면 그 요청에 따라야 한다.(법 제7조의제3항)
① 대표자 성명 및 주민등록번호, 사업장 소재지
② 휴업·폐업한 사업자의 성명 및 주민등록번호, 휴업일·폐업일

17　정답 ②

화재안전조사 결과 공개

구분	규정내용
공개할 사유	소방청장, 소방본부장 또는 소방서장은 다중이용업소에 대한 화재안전조사를 실시한 경우 다음 각호의 공개할 사항을 인터넷 등에 공개할 수 있다.
공개할 사항	• 다중이용업소의 상호 및 주소 • 안전시설등 설치 및 유지·관리 현황 • 피난시설, 방화구획 및 방화시설 설치 및 유지·관리 현황 • 그 밖에 대통령령으로 정하는 사항 　-소방안전교육 이수 현황 　-안전시설등에 대한 정기점검 결과 　-화재배상책임보험 가입 현황
필요한 사항	소방안전조사 결과를 공개하는 경우 그 내용·기간 및 방법 등에 필요한 사항은 대통령령으로 정한다.
공개시기	화재안전조사를 실시한 날부터 **30일 이내**
공개방법	소방청, 시·도 소방본부 또는 소방서의 인터넷 홈페이지
공개기간	**60일 이내**의 기간 동안 게시
제3자의 법익	화재안전조사 결과의 공개가 제3자의 법익을 침해할 우려가 있는 경우에는 제3자와 관련된 사실을 공개해서는 안 된다.

18　정답 ③

화재배상책임보험의 보험요율 차등 적용 등(영 제9조의4 제2항)
소방청장은 보험회사가 보험요율을 차등 적용하는 데 활용할 수 있도록 다음 각 호의 자료를 매년 1월 31일까지 보험요율 산출기관에 제공해야 한다.

1. 화재위험평가 결과
2. 법령위반업소 현황
3. 안전관리우수업소 현황

19　정답 ③

다중이용업소의 집행계획에 포함해야할 사항
• 다중이용업소 밀집 지역의 소방시설 설치, 유지·관리와 개선계획
• 다중이용업주와 종업원에 대한 소방안전교육·훈련계획
• 다중이용업주와 종업원에 대한 자체지도 계획
• 다중이용업소의 화재위험평가의 실시 및 평가
• 평가결과에 따른 조치계획(화재위험지역이나 건축물에 대한 안전관리와 시설정비 등에 관한 사항을 포함한다)
③ 다중이용업소의 화재위험평가의 연구·개발에 관한 사항은 → 안전관리기본계획에 포함해야할 사항에 해당함

20　정답 ③

이행강제금 개별기준
• 다중이용업소의 공사의 정지 또는 중지 명령을 위반한 경우 : 200만 원
• 안전시설등을 고장상태로 방치하여 대하여 보완 등 필요한 조치명령을 위반한 경우 : 600만 원
• 실내장식물에 대한 교체 또는 제거 등 필요한 조치 명령을 위반한 경우: 1,000만 원
• 영업장의 내부구획에 대한 보완 등 필요한 조치 명령을 위반한 경우: 1,000만 원

21　정답 ②

안전시설등 완공 신고서를 접수한 경우 소방본부장 또는 소방서장은 고시원업·전화방업·화상대화방업, 수면방업, 콜라텍업, 키즈카페업, 만화카페업, 방탈출카페업에 해당하는 경우 행정정보의 공동이용을 통하여 전기안전점검확인서를 확인해야 한다.(시행규칙 제11조제1항)

22　정답 ①

이 법에서 정하는 보관 또는 보존 기준
가. 다중이용업주는 다중이용업소의 안전관리를 위하여 정기적으로 안전시설등을 점검하고 그 점검결과서를 작성하여 **1년간 보관**하여야 한다.(법 제13조제1항)
나. 평가대행자가 준수해야 할 사항으로 화재위험평가결과보고서를 소방청장·소방본부장 또는 소방서장 등에게 제출한 날부터 **2년간**을 보존해야 한다.(시행규칙 제18조)
다. 안전관리우수업소의 요건의 일부에서 자체계획을 수립하여 종업원의 소방교육 또는 소방훈련을 정기적으로 실시하고 공표일 기준으로 **최근 3년 동안** 그 기록을 보관하고 있어야 한다.(영 제19조)

23 정답 ④

이 법에 따른 규격(크기)

구분	규 격
화재배상책임보험 가입 영업소 표지	지름 120㎜
안전관리우수업소 표지	가로 450밀리미터 × 세로 300밀리미터
비상구의 규격	가로 75센티미터 이상, 세로 150센티미터 이상
고시원업의 창문	가로 50센티미터 이상 × 세로 센티미터 이상

24 정답 ②

소방청장, 소방본부장 또는 소방서장은 화재위험평가 결과 그 다중이용업소에 부여된 등급(이하 "화재안전등급"이라 한다)이 대통령령으로 정하는 기준 미만인 경우에는 해당 다중이용업주 또는 관계인에게 그 업소의 개수(改修)·이전·제거, 사용의 금지 또는 제한, 사용폐쇄, 공사의 정지 또는 중지, 그 밖의 필요한 조치를 명할 수 있다.(제15조 제3항)

25 정답 ②

정기점검자의 자격
① 해당 영업장의 다중이용업주
② 다중이용업소가 위치한 특정소방대상물의 소방안전관리자(소방안전관리자가 선임된 경우 한함)
③ 해당 업소의 종업원 중 소방안전관리자 자격을 취득한 자,
④ 해당 업소의 종업원 중 소방기술사·소방설비기사 또는 소방설비산업기사 자격을 취득한 자
⑤ 소방시설관리업자

소방전술 (25문항)

01 정답 ④

백드래프트를 예방하거나 발생 가능성을 줄일 수 있는 3가지 전술

배연법 (지붕환기)	• 연소 중인 건물 지붕 채광창을 개방하여 환기시키는 것은 백드래프트의 위험으로부터 소방관을 보호할 수 있는 가장 효과적인 방법 중 하나이다. • 상황이 허락된다면, 지붕에 개구부를 만들어 환기한다. • 백드래프트에 의한 폭발이 일어나더라도, 대부분의 폭발력이 위로 분산될 것이다.
급냉법 (담금질)	• 화재가 발생된 밀폐 공간의 출입구에 완벽한 보호 장비를 갖춘 집중 방수팀을 배치하고 출입구를 개방하는 즉시 바로 방수함으로써 폭발 직전의 기류를 급냉시키는 방법이다. • 집중방수의 부가적인 효과는 일산화탄소 증기운의 농도를 폭발하한계 이하로 떨어뜨리는 것이다. • 배연법만큼 효과적이지 않지만, 이것이 유일한 방안인 경우가 많다.
측면 공격법	이것은 화재가 발생된 밀폐 공간의 개구부(출입구, 또는 창문) 인근에서 이용 가능한 벽 뒤에 숨어 있다가 출입구가 개방되자마자 개구부입구를 측면 공격하고, 화재 공간에 집중 방수함으로써 백드래프트 현상을 방지하는 방법이다.

02 정답 ②

구획별 관창배치
• 인접 건물로 비화위험이 있는 화재는 연소위험이 있는 방향에 배치하고 기타 관창은 필요에 따라 배치한다.
• 도로에 면하는 화재는 도로의 접하지 않는 쪽을 우선하여 배치하고 풍횡측, 풍상측의 순으로 포위한다.
• 구획 중앙부 화재는 풍하측을 우선으로 하고 풍횡측, 풍상측의 순으로 포위한다.

03 정답 ③

필요성 인식 – 문제식별 – 문제정의 – 자료수집 – 자료분석 – 가설개발(귀납적 추론) – 가설검증(연역적 추론) – 최종 가설 선택
최성기

04 정답 ③

압축공기포 방식
㉠ 물과 폼 원액을 가압된 공기 또는 질소와 조합하여 기존의 폼과는 완전히 다른 형태의 부착성이 매우 뛰어난 균일한 형태의 포를 형성하는 시스템
㉡ 압축공기포는 소화 효과가 매우 뛰어나고 부착성 우수할 뿐 만 아니라 높은 분사 속도로 원거리 방수가 가능하며 또한 물 사용량을 1/7 이상으로 줄여 수손 피해를 최소화 할 수 있다.

05 정답 ③

사다리를 이용한 연장
㉠ 사다리등반에 의한 소방호스연장 방법은 3층 이하의 경우에 실시한다.
㉡ 관창은 지상에서 결합한다.
㉢ 등반자는 사다리의 안전 확보를 확인하고 등반한다.
㉣ 사다리 등반 시는 사다리 위로 소방호스를 연장하고, 진입 후에는 소방호스를 사다리에서 반드시 분리한다.
㉤ 옥내진입용의 여유소방호스는 지상에서 확보하여 진입 후 당겨 올린다.
㉥ 진입 및 소방호스결합을 확인하고 나서 송수한다.

06 정답 ③

저층 건물에서, 짙은연기의 흐름을 좌우하는 요소는 화재로 인한 열, ① 대류의 흐름 ② 연소 압력 ③ 창문 등 개구부 개방을 통한 외부 공기에 의해 결정된다. 고층건물에서 짙은 연기는 이러한 요소에 더하여 ① 굴뚝효과(Stack Effect, 연돌효과라고도 함)와 ② 공조시스템(HVAC System)의 영향을 받는다.

07 정답 ①

중속분무방수요령
① 노즐압력 0.3Mpa 이상, 노즐 전개각도는 30도 이상으로 한다.
② 관창의 개폐는 서서히 조작한다.
③ 소화, 배연, 차열, 엄호, 배열 등 방수 목적을 명확히 하여 실시한다.
④ 옥내 또는 풍상에서 활용하는 것이 효과적이다.
⑤ 고온이 되고 있는 부분 또는 연소실체에 직접 소화수가 도달하는 위치에 방수한다. 또한 냉각방수의 경우는 간접 방수해도 좋지만 수손 방지에 충분히 고려한다.
⑥ 화면이 적은 경우는 전체를 덮도록 한다.
⑦ 소규모 유류화재를 소화할 경우는 표면을 덮도록 고압 방수한다.
⑧ 소구획 실내의 배연을 목적으로 한 방수는 개구부 전체를 덮도록 한다.

방수특성
① 방수범위가 넓다. 따라서 연소실체에의 방수가 가능하다.
② 분무수막에 의한 냉각효과가 크다.
③ 검색 진입대원의 신체보호에 유효하다.
④ 소구획실 내에서의 소화 방수에 유효하다.
⑤ 파괴를 필요로 할 때는 충격력이 약해 부적당하다.
⑥ 전개각도에 의해 시야가 가려 전방의 상황파악이 어렵다.
⑦ 반동력이 적다.
⑧ 사정거리가 짧으므로 화열이 강한 경우는 연소실체에 직접 방수는 곤란하다.
⑨ 바람과 상승기류의 영향을 받는다.
⑩ 용기, 작은탱크의 냉각에 유효하다.
⑪ 소규모 유류화재, 가스화재의 소화에 유효하다.
⑫ 방수에 의한 감전위험은 비교적 적다.

08 정답 ④

고층건물화재 진압활동에서 가장 중요한 성공요인은 소방시설을 포함한 건물설비시스템이다. 건물 설비시스템의 어느 것이라도 제대로 작동되지 않거나 존재하지 않는다면, 정상적인 소방 활동은 기대하기 어렵다.

09 정답 ③

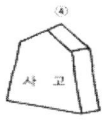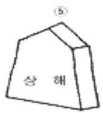

10 정답 ①

물탱크에 물 보수 방법
㉠ 급수탑을 이용하여 물을 받을 때 → 물탱크 상부 뚜껑 개방 후 직접 받는다.
㉡ 흡수구, 중계구를 통해 소화전 또는 소방자동차로부터 나오는 물을 물탱크로 보수할 경우 → 자체급수밸브를 개방하여 직접 받는다.
㉢ 보수구를 통해 소화전 또는 소방자동차로부터 나오는 물을 물탱크로 보수할 경우 → 보수구밸브를 개방하여 직접 받는다.

11 정답 ①

소방용수시설 설치기준

소화전	상수도와 연결하여 지하식 또는 지상식의 구조로 하고, 소방용 호스와 연결하는 소화전의 연결금속구의 구경은 65밀리미터로 한다.
급수탑	급수배관의 구경은 100밀리미터 이상으로 하고, 개폐밸브는 지상에서 1.5미터 이상 1.7미터 이하의 위치에 설치한다.
저수조	① 지면으로부터 낙차가 4.5미터 이하 ② 흡수부분의 수심은 0.5미터 이상 ③ 흡수관의 투입구가 사각형의 경우에는 한 변의 길이가 60센티미터 이상, 원형의 경우에는 지름이 60센티미터 이상일 것 ④ 소방차가 쉽게 접근하고 저수조에 물을 공급하는 방법은 상수도에 연결하여 자동으로 급수되는 구조일 것 ⑤ 흡수에 지장이 없도록 토사, 쓰레기 등을 제거할 수 있는 설비를 갖춰야 한다.

12 정답 ③

각 Placard의 색상이 가지는 의미
① 빨간색 : 가연성(Flammable)
② 오렌지 : 폭발성(Explosive)
③ 노란색 : 산화성(Oxidizer)
④ 녹 색 : 불연성(Non-Flammable)
⑤ 파란색 : 금수성(Not Wet)
⑥ 백 색 : 중독성(Inhalation)

13 정답 ③

③ 폭발에는 BLEVE와 같은 물리적 폭발과 연소폭발과 같은 화학적 폭발로 구분할 수 있으며, 백드래프트(Backdraft)는 화학적 폭발에 해당한다.
④ 연소폭발과 같이 백드래프트에서도 가연물, 산소(산화제), 열(점화원)이 기본적으로 필요하다.
⑤ 백드래프트가 발생하는 연소폭발과정에서, 공기와 혼합된 일산화탄소(폭발범위 : 12%~74%)가 가연물로써의 역할을 담당한다.
⑥ 백드래프트(Backdraft)의 발생시점은 성장기와 감퇴기에서 주로 발생된다.

- GM관, 비례계수관, 무기섬광체를 많이 사용한다.
- 방사선 측정기는 연 1회 이상 교정하여 사용하여야 한다.

14 정답 ③

구조 활동의 순서
① 현장활동에 방해되는 각종 장해요인을 제거한다.
② 2차 재해의 발생위험을 제거한다.
③ 구조대상자의 구명에 필요한 조치를 취한다.
④ 구조대상자의 상태 악화 방지에 필요한 조치를 취한다.
⑤ 구출활동을 개시한다.

15 정답 ③

위반행위	근거법조문	과태료 금액(단위 : 만원)		
		1회 위반	2회 위반	3회 이상 위반
법 제4조제3항을 위반하여 구조·구급활동이 필요한 위급상황을 거짓으로 알린 경우	법 제30조 제1항	200	400	500

16 정답 ①

아이디 하강기	다기능 핸들을 사용하여 하강 조절 및 작업 현장에서 위치잡기가 용이하며, 고소작업 및 로프엑세스 작업용으로 제작된 개인 하강용 장비이다. 

17 정답 ③

침착*	㉠ 자제력을 잃는 것은 곧 그 대원이 정상적인 판단을 하지 못하는 상황을 유발하고 흥분과 공포감으로 공기 소모를 정상치 이상으로 급격히 상승시킬 수 있다. ㉡ 가능한 한 처음 검색을 시작했던 방향을 기억해 내어 돌아가야 한다. 그것이 불가능 하면 건물의 출구를 찾거나 적어도 화재현장을 벗어날 출구만큼은 찾아내야 한다.
도움 요청*	㉠ 근처에 있을지 모를 다른 대원이 들을 수 있도록 큰 소리로 도움을 청해야 한다. ㉡ 출구를 찾을 수 없다면 비교적 안전하다고 생각되는 장소로 대피해서 인명구조경보기(PASS)를 작동시킨다. ㉢ 창문이 있다면 창턱에 걸터앉아서 인명구조경보기를 틀거나 손전등을 사용하거나 팔을 흔들어서 지원을 요청하는 신호를 보낼 수 있다. ㉣ 창문 밖으로 물건을 던져서 구조를 요청하는 신호를 보낼 수 있지만 방화복이나 헬멧 등 보호장비를 던져서는 안 된다.
이동이 불가능 한 경우*	㉠ 붕괴된 건물에 갇히거나 주변으로 이동할 수 없을 만큼 부상을 입었다면 생명에 지장이 없는 장비들을 포기하여야 한다. ㉡ 즉각적으로 인명구조경보기를 작동시키고 냉정을 유지하면서 산소공급량을 극대화시켜야 한다.
위험한 현장에서 탈출하기*	㉠ 다른 대원의 도움을 받지 못하고 혼자서 탈출해야 하는 경우 가장 손쉬운 방법은 호스를 따라서 나가는 것이다. 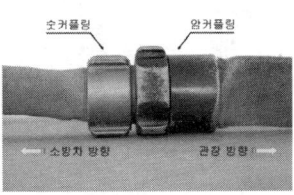 (화점방향은 암카프링) ㉡ 다른 대원이 위치를 알 수 있도록 큰 소리를 외치고 커플링의 결합부위를 찾아서 숫 커플링이 향하는 쪽으로 기어 나간다. ㉢ 암 커플링이 향하는 방향은 관창 쪽이 되어 화점으로 향하게 된다. ㉣ 호스를 찾지 못한 경우에는 • 한쪽 벽에 도달할 때까지 똑바로 기어나간다. • 그 다음 벽을 따라서 한 방향으로 진행하며 도중에 방향을 바꾸지 않도록 한다. 가능하면 벽이나 창문을 파괴한다.

ⓑ 지쳐서 더 이상 움직일 수 없게 되거나 의식이 흐려지면
- 랜턴이 천장을 비추도록 놓고 출입문 가운데나 벽에 누워서 발견되기 쉽게 한다.
- 구조대원은 벽을 따라서 진입하기 때문에 벽 주변에 있으면 발견이 용이하고
- 벽이 음향을 반사하여 인명구조경보기의 가청효과를 극대화시킨다.
- 천정을 비추는 전등 빛은 다른 구조대원들이 용이하게 발견할 수 있다.

18 정답 ③

관계자 배려
① 구조작업에 대한 회의나 브리핑은 가족이 없는 곳에서 진행하고 전담요원이 그 결과만을 설명해주는 것이 좋다.
② 일몰이나 기상악화 등으로 일시 구조작업을 중단하게 되는 경우에도 가족들은 사고현장을 떠나지 않으려는 반응을 보이므로 언제부터 구조작업이 재개된다는 것을 명확히 알려줄 필요가 있다.
③ 또한 구조작업을 재개할 때에는 가급적 예정된 시간보다 조금 빨리 시작하는 것이 조바심을 달래줄 수 있는 방법이 된다.
④ 가족들의 심리상태는 매우 불안정하기 때문에 매우 공손하고 협조적이던 태도가 특별한 이유도 없이 극단적으로 비판적이 되거나 심지어 적대적으로까지 돌변할 수 있다. 이런 태도는 대부분 수색 2일째에 나타난다.
⑤ 구조대원과의 개별적인 접촉은 피로해진 상태에서 충돌할 수 있으므로 유의한다.
⑥ 특히 구조현장에서 소리 내어 웃거나 자극적인 농담을 하는 것은 절대로 삼가야 한다. 희생자의 유족이나 친지들의 감정에 신경 쓰지 않는 대원은 구조팀에서 제외시키도록 한다.

19 정답 ②

엔진시동	이륙	공중정지	상승
오른손을 들어 돌린다.	오른손을 뒤로 하고 왼손가락으로 이륙방향 표시	주먹을 쥐고 팔을 머리로 올린다.	손바닥을 위로 팔을 뻗고 위로 움직임을 반복

20 정답 ③

산화성가스, 산화성액체, 산화성고체	

21 정답 ③

APGAR 점수(출생 후 1분, 5분 후 재평가 실시)

평가내용	점수		
	0	1	2
피부색 : 일반적 외형	청색증	몸은 핑크, 손과 팔다리는 청색	손과 발까지 핑크색
심장 박동수	없음	100회 이하	100회 이상
반사흥분도 : 찡그림	없음	자극 시 최소의 반응/얼굴을 찡그림	코 안쪽 자극에 울고 기침, 재채기 반응
근육의 강도 : 움직임	흐늘거림/부진함	팔과 다리에 약간의 굴곡 제한된 움직임	적극적으로 움직임
호흡 : 쉼 쉬는 노력	없음	약하고/느림/불규칙	우렁참

※ 8~10점 : 정상출산으로 기본적인 신생아 관리
　3~7점 : 경증의 질식 상태, 호흡을 보조함, 부드럽게 자극, 입-코 흡인
　0~2점 : 심한 질식 상태, 기관 내 삽관, 산소공급, CPR

22 정답 ①

내장 통증	- 배내 장기는 많은 신경섬유를 갖고 있지 않아 종종 둔하고 아픈 듯 또는 간헐적으로 통증이 나타나 정확한 위치를 알아내기 힘들다. - 간헐적이고 마치 분만통증과 같은 복통은 흔히 배내 속이 빈 장기로 인해 나타난다. 그리고 둔하고 지속적인 통증은 종종 고형체의 장기로 인해 나타난다.
벽쪽 통증	- 복강을 따라 벽쪽 복막에서 나타나는 통증이다. 넓게 분포하고 신경섬유로 인해 벽쪽 복막으로부터 유발된 통증은 내장 통증보다 더 쉽게 부위를 알 수 있으며 묘사할 수 있다. - 벽측 통증은 복막의 부분 자극으로 직접 나타난다. 이러한 통증은 내부출혈로 인한 자극 또는 감염·염증에 의해 나타날 수도 있다. 또한 날카롭거나 지속적이며 국소적인 경향을 나타낸다.

	• SAMPLE력을 조사할 때 환자는 이러한 통증을 무릎을 굽힌 자세 또는 움직이지 않으면 나아지고 움직이면 다시 아프다고 표현하기도 한다.
쥐어뜯는 듯한 통증	• 복통으로는 흔하지 않은 유형으로 대동맥을 제외한 대부분의 배내 장기는 이러한 통증을 느끼는 감각을 갖고 있지 않다. • 배대동맥류 (abdominal aortic aneurysm)의 경우 대동맥 내층이 손상 받아 혈액이 외층으로 유출될 때 등쪽에서 이러한 통증이 나타난다. • 유출된 혈액이 모여 마치 풍선과 같은 유형을 나타내기도 한다.
연관 통증	• 통증 유발부위가 아닌 다른 부위에서 느끼는 통증으로 예를 들어 방광에 문제가 있을 때 오른 어깨뼈에 통증이 나타나는 것을 말한다. • 방광으로부터 나온 신경이 어깨부위 통증을 감지하는 신경과 같이 경로를 나눠 쓰는 척수로 돌아오기 때문이다.

※ 주의 사항
심근경색으로 인한 통증은 배의 불편감(마치 소화가 안 되는 듯한)으로 나타나기도 한다. 이러한 통증은 보통 윗배에 나타나므로 주의해야 한다.

23 정답 ③

성인의 중증도 분류표

중증 Critical burn	① 흡인화상이나 골절을 동반한 화상 ② 손, 발, 회음부, 얼굴화상 ③ 체표면적 10% 이상의 3도 화상인 모든 환자 ④ 체표면적 25% 이상의 2도 화상인 10세 이상 50세 이하의 환자 ⑤ 체표면적 20% 이상의 2도 화상인 10세 미만 50세 이후의 환자 ⑥ 영아, 노인, 과거력이 있는 화상환자 ⑦ 원통형 화상, 전기화상
중등도 Moderate burn	① 체표면적 2% 이상 - 10% 미만의 3도 화상인 모든 화상 ② 체표면적 15% 이상, 25% 미만의 2도 화상인 10세 이상 50세 이하의 환자 ③ 체표면적 10% 이상, 20% 미만의 2도 화상인 10세 미만 50세 이후의 환자
경증 Minor burn	① 체표면적 2% 미만의 3도 화상인 모든 환자 ② 체표면적 15% 미만의 2도 화상인 10세 이상 50세 이하의 환자 ③ 체표면적 10% 미만의 2도 화상인 10세 미만 50세 이후의 환자

24 정답 ④

일반적인 부목사용 방법
① 부목 외에 다른 불필요한 것은 제거한다.
② 손상부위에 따라 가장 적합한 부목을 사용해라.
③ 뼈 손상 여부가 의심될 경우에는 손상됐다고 가정하고 부목으로 고정한다.
④ 근골격계 손상환자가 쇼크 징후 등을 보이면 즉각적으로 이송해야 하며, 부목에 앞서 신속한 이송이 필요한 경우는 긴 척추고정판을 이용해 환자를 고정해야 한다.
⑤ 심각한 손상 환자는 부목으로 고정하기 위해 시간을 지연해서는 안 되며 신속하게 이송해야 한다.
⑥ 부목 고정 전에 한 명의 대원은 손상부위 양 쪽을 각각 잡아 손상부위를 고정시킨다. 이는 부목으로 완전히 고정될 때까지 잡고 있어야 한다.
⑦ 부목 고정 전에 팔·다리 손상 먼쪽의 맥박, 운동기능 그리고 감각을 평가해야 한다. 부목 고정 후에도 다시 한 번 평가한다. 항상 부목 고정 전·후에 대해 기록해야 한다.
⑧ 손상부위의 의복은 잘라 내어 개방시킨 후 평가해야 한다.
⑨ 개방 상처는 멸균거즈로 드레싱한 후에 부목으로 고정해야 한다.
⑩ 팔다리의 심각한 변형이나 먼쪽의 청색증 또는 맥박이 촉지 되지 않는다면 부드럽게 손으로 견인하여 정상 해부학적 위치로 맞춘 후 부목으로 고정시킨다.
⑪ 뼈가 손상 부위 밖으로 나와 있다면 다시 원래 위치로 넣으려고 해서는 안 된다.
⑫ 불편감과 압박을 예방하기 위해 패드를 대준다.
⑬ 가능하다면 환자와 부목사이 빈 공간에 패드를 대준다.
⑭ 가능하다면 환자를 움직이기 전에 부목을 대준다. 위급한 상황이나 치명적인 상태인 경우에는 제외이다.
⑮ 손상부위 위·아래에 있는 관절을 고정시켜야 한다. 예를 들면 아래팔골절에는 팔목과 팔꿈관절을 고정시켜야 한다.
⑯ 관절부위 손상에는 위·아래 뼈를 고정시켜야 한다. 예를 들면 팔꿈치골절에는 위팔과 아래팔을 고정시켜야 한다.
⑰ 손과 다리를 포함한 먼쪽 팔다리손상에서 부목을 대줄 때는 순환상태를 평가하기 위해 손끝과 발끝은 보이게 해야 한다.
⑱ 팔, 손목, 손, 손가락 부목 전에는 팔찌, 시계, 반지 등을 제거해야 한다. 부종으로 인해 순환에 장애를 줄 수 있기 때문이다.

견인부목을 사용해서는 안 되는 경우
㉠ 엉덩이나 골반 손상, 무릎이나 무릎 인접부분 손상, 발목 손상, 종아리 손상
㉡ 부분 절상이나 견인기구 적용부위의 결출상

25   정답 ①

㉮ 남아 있는 환자 중에서 우선순위를 분류

의식 장애가 있는 환자를 우선으로 START분류법을 이용해 신속하게 분류해야 한다. 분류하는 도중에는 환자 상태에 따라 아래의 3가지 처치만을 제공하고 다른 환자를 분류해야 한다.

㉠ 기도 개방 및 입인두 기도기 삽관
㉡ 직접 압박
㉢ 환자 상태에 따른 팔다리 거상

호흡 확인	호흡이 없는 환자가 기도개방처치로 호흡을 한다면 긴급환자, 그래도 호흡이 없다면 지연환자로 분류한다. 호흡수가 분당 30회 이상이면 긴급환자, 30회 이하라면 응급환자로 분류한다.
맥박 확인	환자 상태가 무의식, 무호흡, 무맥이라면 지연환자로 분류하고 호흡은 없고 맥박이 있다면 긴급환자로 분류한다. 호흡과 맥박이 모두 있는 환자라면 다음 환자로 넘어가야 한다.
의식수준	의식이 명료하다면 응급환자로 의식장애가 있다면 긴급환자로 분류한다.
지정된 장소에 모인 환자	걸을 수 있다고 해서 모두 비 응급 환자라 분류해서는 안 되며 그 중에서도 의식장애, 출혈, 쇼크 전구 증상 있는 환자가 있을 수 있다. 따라서 START분류법에 의해 호흡, 맥박, 의식 수준을 평가해 재분류해야 한다.

소방장 소방승진

제3회 모의고사 해설

문 항 수 : 75문항
응시시간 : 75분

과목	01	02	03	04	05	06	07	08	09	10	11	12	13	14	15	16	17	18	19	20	21	22	23	24	25
소방법령 II	①	④	②	①	④	③	④	②	②	③	②	②	②	①	②	④	②	③	②	④	③	①	②	②	③
소방법령 III	②	④	③	①	①	②	④	②	④	②	①	④	①	④	③	②	③	②	①	②	③	③	③	④	③
소방전술	①	③	④	②	④	④	②	④	③	③	④	④	③	④	①	③	④	④	②	④	②	①	③		

소방법령 II (25문항)

01
정답 ①

제7조(소방용수시설 및 지리조사)
① 소방본부장 또는 소방서장은 원활한 소방활동을 위하여 다음 각 호의 조사를 월 1회 이상 실시하여야 한다.
  1. 법 제10조의 규정에 의하여 설치된 소방용수시설에 대한 조사
  2. 소방대상물에 인접한 도로의 폭·교통상황, 도로주변의 토지의 고저·건축물의 개황 그 밖의 소방활동에 필요한 지리에 대한 조사
② 제1항의 조사결과는 전자적 처리가 불가능한 특별한 사유가 없으면 전자적 처리가 가능한 방법으로 작성·관리하여야 한다.
③ 제1항 제1호의 조사는 별지 제2호 서식에 의하고, 제1항 제2호의 조사는 별지 제3호서식에 의하되, 그 조사결과를 2년간 보관하여야 한다.

02
정답 ④

소방차 전용구역의 설치 방법 (소방기본법 시행령 [별표 2의5])
■ 비고
1. 전용구역 노면표지의 외곽선은 빗금무늬로 표시하되, 빗금은 두께를 30센티미터로 하여 50센티미터 간격으로 표시한다.
2. 전용구역 노면표지 **도료의 색채는 황색**을 기본으로 하되, **문자(P, 소방차 전용)는 백색**으로 표시한다.

03
정답 ②

소방기본법 제57조(과태료)
① 제19조 제2항에 따른 신고를 하지 아니하여 소방자동차를 출동하게 한 자에게는 20만원 이하의 과태료를 부과한다.
② 제1항에 따른 과태료는 조례로 정하는 바에 따라 관할 소방본부장 또는 소방서장이 부과·징수한다.

04
정답 ①

소방기본법 시행규칙 제6조(소방용수시설 및 비상소화장치의 설치기준)
① **특별시장·광역시장·특별자치시장·도지사 또는 특별자치도지사**(이하 "시·도지사"라 한다)는 법 제10조 제1항의 규정에 의하여 설치된 소방용수시설에 대하여 별표 2의 소방용수표지를 보기 쉬운 곳에 설치하여야 한다.
③ 법 제10조 제2항에 따른 비상소화장치의 설치기준은 다음 각 호와 같다.
  1. 비상소화장치는 비상소화장치함, 소화전, 소방호스(소화전의 방수구에 연결하여 소화용수를 방수하기 위한 도관으로서 호스와 연결금속구로 구성되어 있는 소방용릴호스 또는 소방용고무내장호스를 말한다), 관창(소방호스용 연결금속구 또는 중간연결금속구 등의 끝에 연결하여 소화용수를 방수하기 위한 나사식 또는 차입식 토출기구를 말한다)을 포함하여 구성할 것
  2. 소방호스 및 관창은 「소방시설 설치 및 관리에 관한 법률」 제37조 제5항에 따라 소방청장이 정하여 고시하는 형식승인 및 제품검사의 기술기준에 적합한 것으로 설치할 것
  3. 비상소화장치함은 「소방시설 설치 및 관리에 관한 법률」 제40조 제4항에 따라 소방청장이 정하여 고시하는 성능인증 및 제품검사의 기술기준에 적합한 것으로 설치할 것
④ 제3항에서 규정한 사항 외에 비상소화장치의 설치기준에 관한 세부 사항은 소방청장이 정한다.

05
정답 ④

「소방기본법」 제7조(소방의 날 제정과 운영 등)
① 국민의 안전의식과 화재에 대한 경각심을 높이고 안전문화를 정착시키기 위하여 매년 11월 9일을 소방의 날로 정하여 기념행사를 한다.
② 소방의 날 행사에 관하여 필요한 사항은 소방청장 또는 시·도지사가 따로 정하여 시행할 수 있다.
③ 소방청장은 다음 각 호에 해당하는 사람을 명예직 소방대원으로 위촉할 수 있다.
  1. 「의사상자 등 예우 및 지원에 관한 법률」 제2조에 따른 의사상자(義死傷者)로서 같은 법 제3조제3호 또는 제4호에 해당

하는 사람
2. 소방행정 발전에 공로가 있다고 인정되는 사람

06 정답 ③

「소방기본법」 제2조(정의) 이 법에서 사용하는 용어의 뜻은 다음과 같다.
5. "소방대"(消防隊)란 화재를 진압하고 화재, 재난·재해, 그 밖의 위급한 상황에서 구조·구급 활동 등을 하기 위하여 다음 각 목의 사람으로 구성된 조직체를 말한다.
  가. 「소방공무원법」에 따른 소방공무원
  나. 「의무소방대설치법」 제3조에 따라 임용된 의무소방원(義務消防員)
  다. 「의용소방대 설치 및 운영에 관한 법률」에 따른 의용소방대원(義勇消防隊員)

07 정답 ④

「소방기본법」 제6조(소방업무에 관한 종합계획의 수립·시행 등)
① 소방청장은 화재, 재난·재해, 그 밖의 위급한 상황으로부터 국민의 생명·신체 및 재산을 보호하기 위하여 소방업무에 관한 종합계획(이하 이 조에서 "종합계획"이라 한다)을 5년마다 수립·시행하여야 하고, 이에 필요한 재원을 확보하도록 노력하여야 한다.
② 종합계획에는 다음 각 호의 사항이 포함되어야 한다.
  1. 소방서비스의 질 향상을 위한 정책의 기본방향
  2. 소방업무에 필요한 체계의 구축, 소방기술의 연구·개발 및 보급
  3. 소방업무에 필요한 장비의 구비
  4. 소방전문인력 양성
  5. 소방업무에 필요한 기반조성
  6. 소방업무의 교육 및 홍보(제21조에 따른 소방자동차의 우선 통행 등에 관한 홍보를 포함한다)
  7. 그 밖에 소방업무의 효율적 수행을 위하여 필요한 사항으로서 대통령령으로 정하는 사항

08 정답 ②

「소방기본법 시행령」 제7조의3(시험방법)
① 소방안전교육사시험은 제1차 시험 및 제2차 시험으로 구분하여 시행한다.
② 제1차 시험은 선택형을, 제2차 시험은 논술형을 원칙으로 한다. 다만, 제2차 시험에는 주관식 단답형 또는 기입형을 포함할 수 있다.
③ 제1차 시험에 합격한 사람에 대해서는 다음 회의 시험에 한정하여 제1차 시험을 면제한다.

「소방기본법 시행령」 제7조의4(시험과목)
① 소방안전교육사시험의 제1차 시험 및 제2차 시험 과목은 다음 각 호와 같다.
  1. 제1차 시험: 소방학개론, 구급·응급처치론, 재난관리론 및 교육학개론 중 응시자가 선택하는 3과목

  2. 제2차 시험: 국민안전교육 실무
② 제1항에 따른 시험 과목별 출제범위는 행정안전부령으로 정한다.

「소방기본법 시행령」 제7조의5(시험위원 등)
① 소방청장은 소방안전교육사시험 응시자격심사, 출제 및 채점을 위하여 다음 각 호의 어느 하나에 해당하는 사람을 응시자격심사위원 및 시험위원으로 임명 또는 위촉하여야 한다.
  1. 소방 관련 학과, 교육학과 또는 응급구조학과 박사학위 취득자
  2. 「고등교육법」 제2조제1호부터 제6호까지의 규정 중 어느 하나에 해당하는 학교에서 소방 관련 학과, 교육학과 또는 응급구조학과에서 조교수 이상으로 2년 이상 재직한 자
  3. 소방위 이상의 소방공무원
  4. 소방안전교육사 자격을 취득한 자
② 제1항에 따른 응시자격심사위원 및 시험위원의 수는 다음 각 호와 같다.
  1. 응시자격심사위원: 3명
  2. 시험위원 중 출제위원: 시험과목별 3명
  3. 시험위원 중 채점위원: 5명
  4. 삭제〈2016. 6. 30.〉
③ 제1항에 따라 응시자격심사위원 및 시험위원으로 임명 또는 위촉된 자는 소방청장이 정하는 시험문제 등의 작성시 유의사항 및 서약서 등에 따른 준수사항을 성실히 이행해야 한다.
④ 제1항에 따라 임명 또는 위촉된 응시자격심사위원 및 시험위원과 시험감독업무에 종사하는 자에 대하여는 예산의 범위에서 수당 및 여비를 지급할 수 있다.

09 정답 ②

「소방기본법 시행규칙」 제10조(소방신호의 종류 및 방법)
① 법 제18조의 규정에 의한 소방신호의 종류는 다음 각 호와 같다.
  1. 경계신호 : 화재예방상 필요하다고 인정되거나 「화재의 예방 및 안전관리에 관한 법률」 제20조의 규정에 의한 화재위험경보시 발령
  2. 발화신호 : 화재가 발생한 때 발령
  3. 해제신호 : 소화활동이 필요없다고 인정되는 때 발령
  4. 훈련신호 : 훈련상 필요하다고 인정되는 때 발령
② 제1항의 규정에 의한 소방신호의 종류별 소방신호의 방법은 별표 4와 같다.

■ 소방기본법 시행규칙 [별표 4]

소방신호의 방법(제10조제2항관련)

신호방법 종별	타종신호	싸이렌신호	그밖의 신호	
경계신호	1타와 연2타를 반복	5초 간격을 두고 30초씩 3회	"통풍대"	"게시판" 화재경보발령중
발화신호	난타	5초 간격을 두고 5초씩 3회		
해제신호	상당한 간격을 두고 1타씩 반복	1분간 1회	"기"	

| 훈련신호 | 연3타반복 | 10초 간격을 두고 1분씩 3회 | 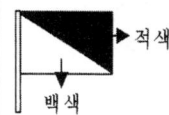 적색 / 백색 |

비고
1. 소방신호의 방법은 그 전부 또는 일부를 함께 사용할 수 있다.
2. 게시판을 철거하거나 통풍대 또는 기를 내리는 것으로 소방활동이 해제되었음을 알린다.
3. 소방대의 비상소집을 하는 경우에는 훈련신호를 사용할 수 있다.

10 정답 ③

「소방기본법」 제19조(화재 등의 통지)
① 화재 현장 또는 구조·구급이 필요한 사고 현장을 발견한 사람은 그 현장의 상황을 소방본부, 소방서 또는 관계 행정기관에 지체 없이 알려야 한다.
② 다음 각 호의 어느 하나에 해당하는 지역 또는 장소에서 화재로 오인할 만한 우려가 있는 불을 피우거나 연막(煙幕) 소독을 하려는 자는 시·도의 조례로 정하는 바에 따라 관할 소방본부장 또는 소방서장에게 신고하여야 한다.
  1. 시장지역
  2. 공장·창고가 밀집한 지역
  3. 목조건물이 밀집한 지역
  4. 위험물의 저장 및 처리시설이 밀집한 지역
  5. 석유화학제품을 생산하는 공장이 있는 지역
  6. 그 밖에 시·도의 조례로 정하는 지역 또는 장소

11 정답 ②

「소방기본법」 제25조(강제처분 등)
① 소방본부장, 소방서장 또는 소방대장은 사람을 구출하거나 불이 번지는 것을 막기 위하여 필요할 때에는 화재가 발생하거나 불이 번질 우려가 있는 소방대상물 및 토지를 일시적으로 사용하거나 그 사용의 제한 또는 소방활동에 필요한 처분을 할 수 있다.
② 소방본부장, 소방서장 또는 소방대장은 사람을 구출하거나 불이 번지는 것을 막기 위하여 긴급하다고 인정할 때에는 제1항에 따른 소방대상물 또는 토지 외의 소방대상물과 토지에 대하여 제1항에 따른 처분을 할 수 있다.
③ 소방본부장, 소방서장 또는 소방대장은 소방활동을 위하여 긴급하게 출동할 때에는 소방자동차의 통행과 소방활동에 방해가 되는 주차 또는 정차된 차량 및 물건 등을 제거하거나 이동시킬 수 있다.
④ 소방본부장, 소방서장 또는 소방대장은 제3항에 따른 소방활동에 방해가 되는 주차 또는 정차된 차량의 제거나 이동을 위하여 관할 지방자치단체 등 관련 기관에 견인차량과 인력 등에 대한 지원을 요청할 수 있고, 요청을 받은 관련 기관의 장은 정당한 사유가 없으면 이에 협조하여야 한다.
⑤ 시·도지사는 제4항에 따라 견인차량과 인력 등을 지원한 자에게 시·도의 조례로 정하는 바에 따라 비용을 지급할 수 있다.

「소방기본법」 제52조(벌칙) 다음 각 호의 어느 하나에 해당하는 자는 300만원 이하의 벌금에 처한다.
1. 제25조제2항 및 제3항에 따른 처분을 방해한 자 또는 정당한 사유 없이 그 처분에 따르지 아니한 자

12 정답 ②

「소방기본법」 제1조(목적) 이 법은 화재를 예방·경계하거나 진압하고 화재, 재난·재해, 그 밖의 위급한 상황에서의 구조·구급 활동 등을 통하여 국민의 생명·신체 및 재산을 보호함으로써 공공의 안녕 및 질서 유지와 복리증진에 이바지함을 목적으로 한다.

13 정답 ②

② (×) 「전통시장 및 상점가 육성을 위한 특별법」 제2조 제1호의 전통시장(* 자연발생적으로 또는 사회적·경제적 필요에 의하여 조성되고, 상품이나 용역의 거래가 상호신뢰에 기초하여 주로 전통적 방식으로 이루어지는 장소)으로서 대통령령으로 정하는 전통시장(* 점포가 500개 이상)

14 정답 ①

화재예방법 제6조(통계의 작성 및 관리)
① 소방청장은 화재의 예방 및 안전관리에 관한 통계를 **매년** 작성·관리하여야 한다.
② 소방청장은 제1항의 통계자료를 작성·관리하기 위하여 관계 중앙행정기관의 장, 지방자치단체의 장, 공공기관의 장 또는 관계인 등에게 필요한 자료와 정보의 제공을 요청할 수 있다. 이 경우 자료와 정보의 제공을 요청받은 자는 특별한 사정이 없으면 이에 따라야 한다.

시행령 제6조(통계의 작성·관리)
③ 소방청장은 제2항에 따른 전산시스템을 구축·운영하는 경우 빅데이터(대용량의 정형 또는 비정형의 데이터 세트를 말한다. 이하 같다)를 활용하여 화재발생 동향 분석 및 전망 등을 할 수 있다.

시행규칙 제3조(통계의 작성·관리)
소방청장은 법 제6조 제3항에 따라 다음 각 호의 기관으로 하여금 통계자료의 작성·관리에 관한 업무를 수행하게 할 수 있다.
1. 「소방기본법」 제40조 제1항에 따라 설립된 한국소방안전원
2. 「정부출연연구기관 등의 설립·운영 및 육성에 관한 법률」 제8조에 따라 설립된 정부출연연구기관
3. 「통계법」 제15조에 따라 지정된 통계작성지정기관

15 정답 ②

화재예방법 시행령 제17조(옮긴 물건 등의 보관기간 및 보관기간 경과 후 처리)

① 소방관서장은 법 제17조 제2항 각 호 외의 부분 단서에 따라 옮긴 물건 등(이하 "옮긴물건등"이라 한다)을 보관하는 경우에는 그날부터 **14일** 동안 해당 소방관서의 인터넷 홈페이지에 그 사실을 공고해야 한다.
② 옮긴물건등의 보관기간은 제1항에 따른 공고기간의 종료일 다음 날부터 **7일**까지로 한다.
③ 소방관서장은 제2항에 따른 보관기간이 종료된 때에는 보관하고 있는 옮긴물건등을 **매각해야 한다.** 다만, 보관하고 있는 옮긴물건등이 부패·파손 또는 이와 유사한 사유로 정해진 용도로 계속 사용할 수 없는 경우에는 **폐기할 수 있다.**
④ 소방관서장은 보관하던 옮긴물건등을 제3항 본문에 따라 매각한 경우에는 지체 없이 「국가재정법」에 따라 세입조치를 해야 한다.
⑤ 소방관서장은 제3항에 따라 매각되거나 폐기된 옮긴물건등의 소유자가 보상을 요구하는 경우에는 보상금액에 대하여 소유자와의 협의를 거쳐 이를 보상해야 한다.

16 정답 ④

화재예방법 시행령 제28조(소방안전관리 업무의 대행 대상 및 업무)

① 법 제25조 제1항 전단에서 "대통령령으로 정하는 소방안전관리대상물"이란 다음 각 호의 소방안전관리대상물을 말한다.
  1. 별표 4 제2호 가목3)에 따른 지상층의 층수가 11층 이상인 1급 소방안전관리대상물(연면적 1만5천제곱미터 이상인 특정소방대상물과 아파트는 제외한다)
  2. 별표 4 제3호에 따른 2급 소방안전관리대상물
  3. 별표 4 제4호에 따른 3급 소방안전관리대상물
② 법 제25조 제1항 전단에서 "대통령령으로 정하는 업무"란 다음 각 호의 업무를 말한다.
  1. 법 제24조 제5항 제3호에 따른 피난시설, 방화구획 및 방화시설의 관리
  2. 법 제24조 제5항 제4호에 따른 소방시설이나 그 밖의 소방 관련 시설의 관리

17 정답 ②

「화재의 예방 및 안전관리에 관한 법률」 제6조(통계의 작성 및 관리)

① 소방청장은 화재의 예방 및 안전관리에 관한 통계를 매년 작성·관리하여야 한다.
② 소방청장은 제1항의 통계자료를 작성·관리하기 위하여 관계 중앙행정기관의 장, 지방자치단체의 장, 공공기관의 장 또는 관계인 등에게 필요한 자료와 정보의 제공을 요청할 수 있다. 이 경우 자료와 정보의 제공을 요청받은 자는 특별한 사정이 없으면 이에 따라야 한다.
③ 소방청장은 제1항에 따른 통계자료의 작성·관리에 관한 업무의 전부 또는 일부를 행정안전부령으로 정하는 바에 따라 전문성이 있는 기관을 지정하여 수행하게 할 수 있다.
④ 제1항에 따른 통계의 작성·관리 등에 필요한 사항은 대통령령으로 정한다.

「화재의 예방 및 안전관리에 관한 법률 시행규칙」 제3조(통계의 작성·관리)

소방청장은 법 제6조제3항에 따라 다음 각 호의 기관으로 하여금 통계자료의 작성·관리에 관한 업무를 수행하게 할 수 있다.
1. 「소방기본법」 제40조제1항에 따라 설립된 한국소방안전원(이하 "안전원"이라 한다)
2. 「정부출연연구기관 등의 설립·운영 및 육성에 관한 법률」 제8조에 따라 설립된 정부출연연구기관
3. 「통계법」 제15조에 따라 지정된 통계작성지정기관

18 정답 ③

「화재의 예방 및 안전관리에 관한 법률」 제4조(화재의 예방 및 안전관리 기본계획 등의 수립·시행)

① 소방청장은 화재예방정책을 체계적·효율적으로 추진하고 이에 필요한 기반 확충을 위하여 화재의 예방 및 안전관리에 관한 기본계획(이하 "기본계획"이라 한다)을 5년마다 수립·시행하여야 한다.
② 기본계획은 대통령령으로 정하는 바에 따라 소방청장이 관계 중앙행정기관의 장과 협의하여 수립한다.
③ 기본계획에는 다음 각 호의 사항이 포함되어야 한다.
  1. 화재예방정책의 기본목표 및 추진방향
  2. 화재의 예방과 안전관리를 위한 법령·제도의 마련 등 기반 조성
  3. 화재의 예방과 안전관리를 위한 대국민 교육·홍보
  4. 화재의 예방과 안전관리 관련 기술의 개발·보급
  5. 화재의 예방과 안전관리 관련 전문인력의 육성·지원 및 관리
  6. 화재의 예방과 안전관리 관련 산업의 국제경쟁력 향상
  7. 그 밖에 대통령령으로 정하는 화재의 예방과 안전관리에 필요한 사항

「화재의 예방 및 안전관리에 관한 법률 시행령」 제3조(기본계획의 내용)

법 제4조제3항제7호에서 "대통령령으로 정하는 화재의 예방과 안전관리에 필요한 사항"이란 다음 각 호의 사항을 말한다.
1. 화재발생 현황
2. 소방대상물의 환경 및 화재위험특성 변화 추세 등 화재예방정책의 여건 변화에 관한 사항
3. 소방시설의 설치·관리 및 화재안전기준의 개선에 관한 사항
4. 계절별·시기별·소방대상물별 화재예방대책의 추진 및 평가 등에 관한 사항
5. 그 밖에 화재의 예방 및 안전관리와 관련하여 소방청장이 필요하다고 인정하는 사항

19   정답 ②

소방시설을 설치하지 않을 수 있는 특정소방대상물 및 소방시설의 범위 (소방시설법 시행령 [별표 6])

구분	특정소방대상물	설치하지 않을 수 있는 소방시설
1. 화재 위험도가 낮은 특정소방대상물	석재, 불연성금속, 불연성 건축재료 등의 가공공장·기계조립공장 또는 불연성 물품을 저장하는 창고	옥외소화전 및 연결살수설비
2. 화재안전기준을 적용하기 어려운 특정소방대상물	펄프공장의 작업장, 음료수 공장의 세정 또는 충전을 하는 작업장, 그 밖에 이와 비슷한 용도로 사용하는 것	스프링클러설비, 상수도소화용수설비 및 연결살수설비
	정수장, 수영장, 목욕장, 농예·축산·어류양식용 시설, 그 밖에 이와 비슷한 용도로 사용되는 것	자동화재탐지설비, 상수도소화용수설비 및 연결살수설비
3. 화재안전기준을 달리 적용해야 하는 특수한 용도 또는 구조를 가진 특정소방대상물	원자력발전소, 중·저준위방사성폐기물의 저장시설	연결송수관설비 및 연결살수설비
4. 「위험물 안전관리법」 제19조에 따른 자체소방대가 설치된 특정소방대상물	자체소방대가 설치된 제조소등에 부속된 사무실	옥내소화전설비, 소화용수설비, 연결살수설비 및 연결송수관설비

20   정답 ④

소방시설법 제14조(특정소방대상물별로 설치하여야 하는 소방시설의 정비 등)

① 제12조 제1항에 따라 대통령령으로 소방시설을 정할 때에는 특정소방대상물의 규모·용도·수용인원 및 이용자 특성 등을 고려하여야 한다.
② 소방청장은 건축 환경 및 화재위험특성 변화사항을 효과적으로 반영할 수 있도록 제1항에 따른 소방시설 규정을 <u>3년에 1회 이상</u> 정비하여야 한다. (이하 생략)

21   정답 ③

소방시설법 제2조(정의)

이 영에서 사용하는 용어의 뜻은 다음과 같다.
1. "무창층"(無窓層)이란 지상층 중 다음 각 목의 요건을 모두 갖춘 개구부(건축물에서 채광·환기·통풍 또는 출입 등을 위하여 만든 창·출입구, 그 밖에 이와 비슷한 것을 말한다. 이하 같다)의 면적의 합계가 해당 층의 <u>바닥면적</u>(「건축법 시행령」 제119조 제1항 제3호에 따라 산정된 면적을 말한다. 이하 같다)<u>의 30분의 1 이하가 되는 층</u>을 말한다.
   가. 크기는 지름 50센티미터 이상의 원이 통과할 수 있을 것
   나. 해당 층의 바닥면으로부터 개구부 밑부분까지의 높이가 <u>1.2미터 이내</u>일 것
   다. 도로 또는 차량이 진입할 수 있는 빈터를 향할 것
   라. 화재 시 건축물로부터 쉽게 피난할 수 있도록 창살이나 그 밖의 장애물이 설치되지 않을 것
   마. 내부 또는 외부에서 쉽게 부수거나 열 수 있을 것
2. "피난층"이란 <u>곧바로 지상으로 갈 수 있는 출입구가 있는 층</u>을 말한다.

22   정답 ①

특정소방대상물의 관계인이 특정소방대상물에 설치·관리해야 하는 소방시설의 종류 (소방시설법 시행령 [별표 4])

1. 소화설비
   다. 옥내소화전설비를 설치해야 하는 특정소방대상물은 다음의 어느 하나에 해당하는 것으로 한다. 다만, 위험물 저장 및 처리 시설 중 가스시설, 지하구 및 업무시설 중 무인변전소(방재실 등에서 스프링클러설비 또는 물분무등소화설비를 원격으로 조정할 수 있는 무인변전소로 한정한다)은 제외한다.
      1) 다음의 어느 하나에 해당하는 경우에는 모든 층
         가) 연면적 <u>3천㎡</u> 이상인 것(터널은 제외한다)
         나) 지하층·무창층(축사는 제외한다)으로서 바닥면적이 <u>600㎡</u> 이상인 층이 있는 것
         다) 층수가 4층 이상인 것 중 바닥면적이 <u>600㎡</u> 이상인 층이 있는 것
      2)~5) 생략

23   정답 ②

소방시설법 시행령 제9조(성능위주설계를 해야 하는 특정소방대상물의 범위)

법 제8조 제1항에서 "대통령령으로 정하는 특정소방대상물"이란 다음 각 호의 어느 하나에 해당하는 특정소방대상물(신축하는 것만 해당한다)을 말한다.

1. 연면적 20만제곱미터 이상인 특정소방대상물. 다만, 별표 2 제1호 가목에 따른 아파트등(이하 "아파트등"이라 한다)은 제외한다.
2. <u>50층 이상(지하층은 제외한다)이거나 지상으로부터 높이가 200미터 이상인 아파트등</u>
3. 30층 이상(지하층을 포함한다)이거나 지상으로부터 높이가 120미터 이상인 특정소방대상물(아파트등은 제외한다)
4. 연면적 3만제곱미터 이상인 특정소방대상물로서 다음 각 목의 어느 하나에 해당하는 특정소방대상물
   가. 별표 2 제6호 나목의 철도 및 도시철도 시설
   나. 별표 2 제6호 다목의 공항시설
5. 별표 2 제16호의 창고시설 중 연면적 10만제곱미터 이상인 것 또는 지하층의 층수가 2개 층 이상이고 지하층의 바닥면적의 합계가 3만제곱미터 이상인 것
6. 하나의 건축물에 「영화 및 비디오물의 진흥에 관한 법률」 제2조

제10호에 따른 영화상영관이 10개 이상인 특정소방대상물
7. 「초고층 및 지하연계 복합건축물 재난관리에 관한 특별법」 제2조 제2호에 따른 지하연계 복합건축물에 해당하는 특정소방대상물
8. 별표 2 제27호의 터널 중 수저(水底)터널 또는 길이가 **5천미터** 이상인 것

1. 납세자의 인적사항
2. 과세정보의 사용 목적
3. 과징금의 부과 기준이 되는 매출액

24   정답 ②

「소방시설 설치 및 관리에 관한 법률 시행규칙」 제34조(등록사항의 변경신고 등)

① 관리업자는 등록사항 중 제33조 각 호의 사항이 변경됐을 때에는 법 제31조에 따라 변경일부터 30일 이내에 별지 제26호서식의 소방시설관리업 등록사항 변경신고서(전자문서로 된 신고서를 포함한다)에 그 변경사항별로 다음 각 호의 구분에 따른 서류(전자문서를 포함한다)를 첨부하여 시·도지사에게 제출해야 한다.
  1. 명칭·상호 또는 영업소 소재지가 변경된 경우: 소방시설관리업 등록증 및 등록수첩
  2. 대표자가 변경된 경우: 소방시설관리업 등록증 및 등록수첩
  3. 기술인력이 변경된 경우
    가. 소방시설관리업 등록수첩
    나. 변경된 기술인력의 기술자격증(경력수첩을 포함한다)
    다. 별지 제21호서식의 소방기술인력대장
② 제1항에 따라 신고서를 제출받은 담당 공무원은 「전자정부법」 제36조제1항에 따라 법인등기부 등본(법인인 경우만 해당한다), 사업자등록증(개인인 경우만 해당한다) 및 국가기술자격증을 확인해야 한다. 다만, 신고인이 확인에 동의하지 않는 경우에는 이를 첨부하도록 해야 한다.
③ 시·도지사는 제1항에 따라 변경신고를 받은 경우 5일 이내에 소방시설관리업 등록증 및 등록수첩을 새로 발급하거나 제1항에 따라 제출된 소방시설관리업 등록증 및 등록수첩과 기술인력의 기술자격증(경력수첩을 포함한다)에 그 변경된 사항을 적은 후 내주어야 한다. 이 경우 별지 제24호서식의 소방시설관리업 등록대장에 변경사항을 기록하고 관리해야 한다.

25   정답 ③

「소방시설 설치 및 관리에 관한 법률」 제36조(과징금처분)

① 시·도지사는 제35조제1항에 따라 영업정지를 명하는 경우로서 그 영업정지가 이용자에게 불편을 주거나 그 밖에 공익을 해칠 우려가 있을 때에는 영업정지처분을 갈음하여 3천만원 이하의 과징금을 부과할 수 있다.
② 제1항에 따른 과징금을 부과하는 위반행위의 종류와 위반 정도 등에 따른 과징금의 금액, 그 밖에 필요한 사항은 행정안전부령으로 정한다.
③ 시·도지사는 제1항에 따른 과징금을 내야 하는 자가 납부기한까지 내지 아니하면 「지방행정제재·부과금의 징수 등에 관한 법률」에 따라 징수한다.
④ 시·도지사는 제1항에 따른 과징금의 부과를 위하여 필요한 경우에는 다음 각 호의 사항을 적은 문서로 관할 세무서의 장에게 「국세기본법」 제81조의13에 따른 과세정보의 제공을 요청할 수 있다.

소방법령 III (25문항)

01 정답 ②

제3류 위험물 및 지정수량

성질	위험등급	품명	지정수량
자연발화성 물질 및 금수성 물질	I	1. 칼륨, 2. 나트륨, 3. 알킬알루미늄, 4. 알킬리튬	10킬로그램
		5. 황린	20킬로그램
	II	6. 알칼리금속 및 알칼리토금속, 7. 유기금속화합물	50킬로그램
	III	8. 금속의 수소화물, 9. 금속의 인화물, 10. 칼슘 또는 알루미늄의 탄화물	300킬로그램
	I, II 또는 III	11. **그 밖의 행정안전부령이 정하는 것** : 염소화규소화합물 12. 제1호 내지 제11호의1에 해당하는 어느 하나 이상을 함유한 것	10킬로그램, 20킬로그램, 50킬로그램 또는 300킬로그램

02 정답 ④

이동저장탱크로부터 직접 위험물을 자동차의 연료탱크에 주입할 수 있는 기준(개정 2024.05.20.)

① 건설공사를 하는 장소에서 주입설비를 부착한 이동탱크저장소로부터 해당 건설공사와 관련된 건설기계 중 덤프트럭과 콘크리트믹서트럭의 연료탱크에 인화점 40℃ 이상의 위험물을 주입하는 경우
② 재난이 발생한 장소에서 주입설비를 부착한 이동탱크저장소로부터 「소방장비관리법」 제8조에 따른 소방자동차의 연료탱크에 인화점 40℃ 이상의 위험물을 주입하는 경우
③ 재난이 발생한 장소에서 주입설비를 부착한 이동탱크저장소로부터 긴급구조지원기관 소속의 자동차의 연료탱크에 인화점 40℃ 이상의 위험물을 주입하는 경우
④ 그 밖에 재난에 긴급히 대응할 필요가 있는 경우로서 소방대장 및 긴급구조지원기관의 장이 지정하는 자동차

03 정답 ③

위험물 안전관리에 관한 협회의 설립인가 절차 등(법 제20조의2)

위험물 안전관리에 관한 협회(이하 "협회"라 한다)를 설립하려면 다음 각 호의 자 10명 이상이 발기인이 되어 정관을 작성한 후 창립총회의 의결을 거쳐 소방청장에게 인가를 신청해야 한다.
1. 제조소등의 관계인
2. 위험물운송자
3. 탱크시험자
4. 안전관리자의 업무를 위탁받아 수행할 수 있는 안전관리대행기관으로 소방청장의 지정을 받은 자

04 정답 ①

위험물제조소 내의 위험물을 취급하는 배관은 다음 각 호의 구분에 따른 압력으로 내압시험을 실시하여 누설 그 밖의 이상이 없는 것으로 해야 한다.
가. 불연성 기체를 이용하는 경우에는 최대상용압력의 1.1배 이상
나. 불연성 액체를 이용하는 경우에는 최대상용압력의 1.5배 이상

05 정답 ①

일반취급소의 소화난이도 I 등급

제조소등의 구분	제조소등의 규모, 저장 또는 취급하는 위험물의 품명 및 최대수량 등
제조소 일반취급소	• 연면적 1,000㎡ 이상인 것 • 지정수량의 100배 이상인 것 (고인화점위험물만을 100℃ 미만의 온도에서 취급하는 것은 제외) • 지반면으로부터 6m 이상의 높이에 위험물 취급설비가 있는 것 (고인화점위험물만을 100℃ 미만의 온도에서 취급하는 것은 제외) • 일반취급소로 사용되는 부분 외의 부분을 갖는 건축물에 설치된 것
옥내저장소	• 지정수량의 150배 이상인 것 • 연면적 150㎡를 초과하는 것 • 처마높이가 6m 이상인 단층건물의 것 • 옥내저장소로 사용되는 부분 외의 부분이 있는 건축물에 설치된 것
옥외탱크저장소	• 액표면적이 40㎡ 이상인 것 • 지반면으로부터 탱크 옆판의 상단까지 높이가 6m 이상인 것 • 지중탱크 또는 해상탱크로서 지정수량의 100배 이상인 것 • 고체위험물을 저장하는 것으로서 지정수량의 100배 이상인 것
암반탱크저장소	• 액표면적이 40㎡ 이상인 것 • 고체위험물만을 저장하는 것으로서 지정수량의 100배 이상인 것

06 정답 ②

제2류 위험물인 가연성 고체의 판정

고체로서 화염에 의한 **발화의 위험성 또는 인화의 위험성**을 판단하기 위하여 시험에서 고시로 정하는 성질과 상태를 나타내는 것

품명	용어내용
황	순도가 60중량퍼센트 이상인 것 (순도측정에 있어서 불순물은 활석 등 불연성 물질과 수분에 한함)
철분	철의 분말로서 53마이크로미터의 표준체를 통과하는 것이 50중량퍼센트 미만인 것을 제외

금속분	알칼리금속·알칼리토류금속·철 및 마그네슘 외의 금속의 분말을 말하며, 구리분·니켈분 및 150마이크로미터의 체를 통과하는 것이 50중량퍼센트 미만인 것은 제외한다.
마그네슘 및 마그네슘을 함유한 것	다음에 해당하는 것은 제외한다. • 2밀리미터의 체를 통과하지 아니하는 덩어리 상태의 것 • 지름 2밀리미터 이상의 막대 모양의 것
황화인·적린·황 및 철분	가연성 고체의 성상이 있는 것으로 봄
인화성 고체	고형알코올 그 밖에 1기압에서 **인화점이 섭씨 40도 미만**인 고체

07   정답 ④

소화난이도 Ⅲ등급의 제조소등에 설치하는 소화설비

제조소등의 구분	소화설비	설치기준	
이동탱크 저장소	자동차용 소화기	무상의 강화액 **8L 이상**	2개 이상
		이산화탄소 **3.2kg 이상**	
		브로모클로로다이플루오로메탄(CF_2ClBr) 2L 이상	
		브로모트라이플루오로메탄(CF_3Br) 2L 이상	
		다이브로모테트라플루오로에탄($C_2F_4Br_2$) 1L 이상	
		소화분말 3.3kg 이상	
	마른모래 및 팽창질석 또는 팽창진주암	마른모래 **150L 이상**(1.5단위)	
		팽창질석 또는 팽창진주암 **640L 이상** (4단위)	

08   정답 ②

제3류 자연발화성물질외의 물품에 있어서는 파라핀·경유·등유 등의 보호액으로 채워 밀봉하거나 불활성 기체를 봉입하여 밀봉하는 등 수분과 접하지 아니하도록 할 것

09   정답 ④

위험물운송자는 장거리(고속국도에 있어서는 340㎞ 이상, 그 밖의 도로에 있어서는 200㎞ 이상을 말한다)에 걸치는 운송을 하는 때에는 2명 이상의 운전자로 할 것. 다만, 다음의 어느 하나에 해당하는 경우에는 그러하지 아니하다.
① 운송책임자를 동승시킨 경우
② 운송하는 위험물이 제2류 위험물·제3류 위험물(칼슘 또는 알루미늄의 탄화물과 이것만을 함유한 것에 한한다)또는 제4류 위험물(특수인화물을 제외한다)인 경우
③ 운송도중에 2시간 이내마다 20분 이상씩 휴식하는 경우

10   정답 ②

주유취급소 담 또는 벽의 일부분에 방화상 유효한 구조의 유리를 부착할 수 있는 기준

• 유리를 부착하는 위치 : 주입구, 고정주유설비 및 고정급유설비로부터 4m 이상 거리를 둘 것
• 유리를 부착하는 방법 : 다음의 기준에 모두 적합할 것
  - 주유취급소 내의 지반면으로부터 70㎝를 초과하는 부분에 한하여 유리를 부착할 것
  - 하나의 유리판의 가로의 길이는 2m 이내일 것
  - 유리판의 테두리를 금속제의 구조물에 견고하게 고정하고 해당 구조물을 담 또는 벽에 견고하게 부착할 것
  - 유리의 구조: 접합유리(두장의 유리를 두께 0.76㎜ 이상의 폴리비닐부티랄 필름으로 접합한 구조를 말한다)로 하되,「유리구획 부분의 내화시험방법(KS F 2845)」에 따라 시험하여 비차열 30분 이상의 방화성능이 인정될 것
• 유리를 부착하는 범위: 전체의 담 또는 벽의 길이의 10분의 2를 초과하지 아니할 것

11   정답 ①

권한의 위임·위탁

위임자→수임자		위임 또는 위탁 업무
시·도지사 → 소방서장	허가 협의	1) 제조소등의 설치허가 또는 변경허가 2) 군사목적 또는 군부대시설을 위한 제조소등을 설치하거나 위치·구조 또는 설비의 변경에 관한 군부대의 장과의 협의
	검사	3) 탱크안전성능검사(기술원 위탁 제외) 4) 위험물제조등의 완공검사(기술원 위탁 제외)
	신고 등 수리	5) 제조소등의 설치자의 지위승계 신고의 수리 6) 제조소등의 용도폐지 신고의 수리 7) 제조소등의 사용 중지 신고 또는 재개 신고의 수리 8) 위험물의 품명·수량 또는 지정수량 배수의 변경 신고의 수리 9) 정기점검 결과의 수리
	행정 처분	10) 예방규정의 수리·반려 및 변경명령 11) 제조소등 사용중지 대상에 대한 안전조치의 이행명령 12) 제조소등의 설치 허가의 취소와 사용정지, 13) 과징금 처분 14) 제조소등의 관계인이 금연구역임을 알리는 표지를 설치하지 아니하거나 보완이 필요한 경우 일정한 기간을 정하여 그 시정을 명할 수 있는 권한

① 용량이 100만 리터 이상인 액체 위험물을 저장하는 탱크안전성능검사는 시·도지사 권한을 기술원에 위탁

12 정답 ④

다수의 제조소등을 설치한 자가 1인의 안전관리자를 중복하여 선임할 수 있는 경우(령 제12조)

위치·거리	제조소등 구분		개 수	인적조건
동일구 내에	보일러, 버너 등으로서 위험물을 소비하는 일반취급소와	그 일반취급소에 공급하기 위한 위험물을 저장하는 저장소를	7개 이하	동일인이 설치한 경우
동일구 내에 (일반취급소 간 보행거리 300m 이내)	충전하는 일반취급소와	일반취급소에 공급하기 위한 위험물을 저장하는 저장소를	5개 이하	
	옮겨담는 일반취급소와			
동일구 내에 있거나 상호 보행거리 100미터 이내의 거리에 있는 저장소로서	옥외탱크저장소		30개 이하	
	옥내저장소		10개 이하	
	옥외저장소			
	암반탱크저장소			
	지하탱크저장소		제한없음	
	옥내탱크저장소			
	간이탱크저장소			
• 동일구 내에 위치하거나 상호 보행거리 100미터 이내의 거리에 있고 • 각 제조소등에서 저장 또는 취급하는 위험물의 최대수량이 지정수량의 3천배 미만인 제조소등			5개 이하	
선박주유취급소의 고정주유설비에 공급하기 위한 위험물을 저장하는 저장소와 해당 선박주유취급소			제한없음	

13 정답 ①

사고조사위원회의 구성 등

구 분		규정 내용
목 적		위험물의 누출·화재·폭발 등의 사고가 발생한 경우 사고의 원인 및 피해 등의 조사를 위함
구성권자		소방청장(중앙119구조본부장 및 그 소속 기관의 장을 포함), 소방본부장 또는 소방서장
구 성		위원장 1명을 포함하여 7명 이내의 위원(위원장을 제외)
임명 또는 위촉	위원장	위원 중에서 소방청장, 소방본부장 또는 소방서장이 임명 또는 위촉
	위 원	소방청장, 소방본부장 또는 소방서장이 임명 또는 위촉
위원의 자격		1) 소속 소방공무원 2) 기술원의 임직원 중 위험물 안전관리 관련 업무에 5년 이상 종사한 사람 3) 한국소방안전원의 임직원 중 위험물 안전관리 관련 업무에 5년 이상 종사한 사람
		4) 위험물로 인한 사고의 원인·피해 조사 및 위험물 안전관리 관련 업무 등에 관한 학식과경험이 풍부한 사람
임 기		2년, 단 한차례 연임 가능
수당, 여비		위원회에 출석한 위원에게는 예산의 범위에서 수당, 여비, 그 밖에 필요한 경비를 지급할 수 있다. 다만, 공무원인 위원이 그 소관 업무와 직접적으로 관련되어 위원회에 출석하는 경우에는 지급하지 않는다.

14 정답 ④

화재위험평가 대행자의 준수사항(법 제16조제3항)
① 평가서를 거짓으로 작성하지 아니할 것
② 다른 평가서의 내용을 복제(複製)하지 아니할 것
③ 평가서를 소방청장·소방본부장 또는 소방서장 등에게 제출한 날부터 2년간 보존할 것
④ 등록증이나 명의를 다른 사람에게 대여하거나 도급받은 화재위험평가 업무를 하도급하지 아니할 것

15 정답 ③

그 밖에 다중이용업소의 안전관리에 관하여 대통령령으로 정하는 사항(법 제5조제2항제7호)
① 안전관리 중·장기 기본계획에 관한 사항
  ㉠ 다중이용업소의 안전관리체제
  ㉡ 안전관리실태평가 및 개선계획
② 시·도 안전관리기본계획에 관한 사항
※ 안전관리정보의 전달·관리체계 구축은 기본계획 수립지침에 포함해야 할 사항이다.

16 정답 ②

안전시설등 중 그 밖의 안전시설
• 영상음향차단장치
• 누전차단기
• 창문

17 정답 ③

가. 소방청장, 소방본부장 또는 소방서장은 다중이용업주가 안전시설등의 보완 및 화재위험평가결과에 따른 조치 명령을 2회 이상 받고도 이행하지 아니하였을 때에는 그 조치 내용(그 위반사항에 대하여 수사기관에 고발된 경우에는 그 고발된 사실을 포함한다)을 인터넷 등에 공개할 수 있다.(법 제20조제1항)
나. 다중이용업주 및 종업원은 신규 교육 또는 직전의 보수 교육을 받은 날이 속하는 달의 마지막 날부터 2년 이내에 **1회 이상** 보수 교육을 받아야 한다.(시행규칙 제5조제3항)

18 정답 ②

다중이용업소의 비상구 추락방지 등

구분	조문 내용
다중이용업소의 비상구 추락방지 (법 제9조의2)	다중이용업주 및 다중이용업을 하려는 자는 제9조제1항에 따라 설치·유지하는 안전시설등 중 **행정안전부령으로 정하는 비상구**에 추락위험을 알리는 표지 등 추락 등의 방지를 위한 장치를 행정안전부령으로 정하는 기준에 따라 갖추어야 한다.
다중이용업소의 비상구 추락방지 기준(시행규칙 제11조의2)	① 법 제9조의2에서 "행정안전부령으로 정하는 비상구"란 영업장의 위치가 **2층 이상 4층 이하(지하층인 경우는 제외)인 경우 그 영업장에 설치하는 비상구**를 말한다. ② 제1항에 따른 비상구의 설치 기준과 법 제9조의2에 따른 추락 등의 방지를 위한 장치의 설치 기준은 별표 2 제2호다목과 같다.

19 정답 ③

평가대행자의 결격사유(제15조의2)

법 제16조제2항제3호에서 "심신상실자, 알코올 중독자 등 대통령령으로 정하는 정신적 제약이 있는 자"란 다음 각 호의 사람을 말한다.

① 심신상실자
② 알코올·마약·대마 또는 향정신성의약품 관련 장애로 평가대행자의 업무를 정상적으로 수행할 수 없다고 해당 분야의 전문의가 인정하는 사람
③ 「치매관리법」 제2조제1호에 따른 치매, **조현병**·조현 정동장애·양극성 정동장애(조울병)·**재발성 우울장애** 등의 정신질환이나 **정신 발육지연, 뇌전증**으로 평가대행자의 업무를 정상적으로 수행할 수 없다고 해당 분야의 전문의가 인정하는 사람

20 정답 ①

소방안전교육의 대상자 등(시행규칙 제5조)

교육대상자는 다음 각 호의 구분에 따른 시기에 소방안전교육을 받아야 한다. 다만, 교육대상자가 **국외에 체류**하고 있거나, 질병·부상 등으로 **입원**해 있는 등 정해진 기간 안에 소방안전교육을 받을 수 없는 사유가 있는 때에는 소방청장이 정하는 바에 따라 **3개월의 범위**에서 소방안전교육을 **연기**할 수 있다.

교육 종류	교육시기

신규 교육	• 다중이용업을 하려는 자 : **다중이용업을 시작하기 전**
	  - 다른 법률에 따라 다중이용업주의 변경신고 또는 다중이용업주의 지위승계 신고를 하는 경우: 허가관청이 해당 신고를 수리하기 전까지
	  - 안전시설등의 설치 신고 또는 영업장 내부구조 변경신고를 한 경우: 완공신고를 하기 전까지
	• 교육대상 종업원: **다중이용업에 종사하기 전**

수시 교육	다음 각호의 하나 이상을 위반한 다중이용업주와 교육대상 종업원은 위반행위가 **적발된 날부터 3개월 이내**
	• 신규 소방안전교육을 받지 아니한 다중이용업주 및 종업원
	• 종업원이 신규 소방안전교육을 받도록 하지 않은 경우
	• 안전시설등 설치·유지 의무 위반(과태료 부과 대상이 되는 위반행위에 한함)
	• 실내장식물의 설치기준에 따라 설치하지 않은 경우
	• 피난시설, 방화구획 및 방화시설의 유지·관리의무 위반
	• 피난안내도의 비치 또는 피난 안내 영상물의 상영의무 위반
	• 정기점검과 관련하여 다음의 의무를 위반한 경우
	  - 안전시설등을 점검(위탁하여 실시하는 경우를 포함한다)하지 아니한 경우
	  - 정기점검결과서를 작성하지 아니하거나 거짓으로 작성한 경우
	  - 정기점검결과서를 보관하지 아니한 경우
	• 소방안전관리업무를 하지 아니한 경우

보수 교육	신규교육 또는 직전의 보수교육을 받은 날이 속하는 달의 마지막 날부터 **2년 이내에 1회 이상**
교육 시간	**4시간 이내**

21 정답 ②

안전관리우수업소(시행령 제19조)

안전관리우수업소의 요건은 다음 각 호와 같다.

1. 공표일 기준으로 최근 3년 동안 「**소방시설 설치 및 관리에 관한 법률 시행령**」 제16조제1항 각 호의 위반행위가 없을 것

> 소방시설 설치 및 관리에 관한 법률 제16조(피난시설, 방화구획 및 방화시설의 관리)
> ① 특정소방대상물의 관계인은 「건축법」 제49조에 따른 피난시설, 방화구획 및 방화시설에 대하여 정당한 사유가 없는 한 다음 각 호의 행위를 하여서는 아니 된다.
>   1. 피난시설, 방화구획 및 방화시설을 폐쇄하거나 훼손하는 등의 행위
>   2. 피난시설, 방화구획 및 방화시설의 주위에 물건을 쌓아두거나 장애물을 설치하는 행위
>   3. 피난시설, 방화구획 및 방화시설의 용도에 장애를 주거나 「소방기본법」 제16조에 따른 소방활동에 지장을 주는 행위
>   4. 그 밖에 피난시설, 방화구획 및 방화시설을 변경하는 행위

2. 공표일 기준으로 최근 3년 동안 소방·건축·전기 및 가스 관련 법령 위반 사실이 없을 것
3. 공표일 기준으로 최근 3년 동안 화재 발생 사실이 없을 것
4. 자체계획을 수립하여 종업원의 소방교육 또는 소방훈련을 정기적으로 실시하고 공표일 기준으로 최근 3년 동안 그 기록을 보관하고 있을 것

22 정답 ③

고시원의 창문 설치 기준
가. 영업장 층별로 가로 **50센티미터** 이상, 세로 **50센티미터** 이상 열리는 창문을 1개 이상 설치할 것
나. 영업장 내부 피난통로 또는 복도에 **바깥** 공기와 접하는 부분에 설치할 것(구획된 실에 설치하는 것을 제외한다)

23 정답 ③

다중이용업의 실내장식물(제10조)
① 다중이용업소에 설치하거나 교체하는 실내장식물(반자돌림대 등의 너비가 10센티미터 이하인 것은 제외한다)은 불연재료(不燃材料) 또는 준불연재료로 설치하여야 한다.
② 합판 또는 목재로 실내장식물을 설치하는 경우로서 그 면적이 영업장 천장과 벽을 합한 면적의 10분의 3(스프링클러설비 또는 간이스프링클러설비가 설치된 경우에는 10분의 5) 이하인 부분은 「소방시설 설치 및 관리에 관한 법률」 제12조제3항에 따른 방염성능기준 이상의 것으로 설치할 수 있다.
따라서 600제곱미터 × 3/10 = 180제곱미터

24 정답 ④

가. 다른 법률에 따라 다중이용업의 허가·인가·등록·신고수리(이하 "허가등"이라 한다)를 하는 행정기관(이하 "허가관청"이라 한다)은 허가등을 한 날부터 **14일 이내**에 행정안전부령으로 정하는 바에 따라 다중이용업소의 소재지를 관할하는 소방본부장 또는 소방서장에게 다중이용업주의 성명 및 주소, 다중이용업소의 상호 및 주소 및 다중이용업의 업종 및 영업장 면적을 통보하여야 한다.(법 제7조 제1항)
나. 보험회사는 화재배상책임보험의 보험금 청구를 받은 때에는 지체 없이 지급할 보험금을 결정하고 보험금 결정 후 **14일 이내**에 피해자에게 보험금을 지급하여야 한다.(법 제13조의4)

25 정답 ③

안전시설등의 설치신고(제11조제4항)
다중이용업주는 다음 각 호의 어느 하나에 해당하여 발급받은 안전시설등 완비증명서를 재발급받으려는 경우에는 안전시설등 완비증명서 재발급 신청서에 이전에 발급받은 안전시설등 완비증명서를 첨부(제1호의 경우는 제외한다)하여 소방본부장 또는 소방서장에게 제출해야 한다.
1. 안전시설등 완비증명서를 잃어버린 경우
2. 안전시설등 완비증명서가 헐어서 쓸 수 없게 된 경우
3. 안전시설등 및 영업장 내부구조 변경 등이 없이 다음 각목의 어느 하나에 해당하는 경우
   가. 실내장식물을 변경하는 경우
   나. 다중이용업주의 변경 또는 다중이용업주 주소의 변경, 다중이용업소 상호 또는 주소의 변경하는 경우
4. 안전시설등을 추가하지 아니하는 업종으로 업종 변경을 한 경우. 다만, 내부구조 변경 등이 있거나 업종 변경에 따라 강화된 기준을 적용받는 경우는 제외한다.

소방전술 (25문항)

01   정답 ①

- 발화기 : 발화기는 화재의 4요소들이 서로 결합하여 연소가 시작될 때의 시기를 말하며, 발화의 물리적 현상은 스파크나 불꽃에 의해 유도되거나 자연발화처럼 어떤 물질이 자체의 열에 의해 발화점에 도달한다.
- 성장기 : 발화가 일어난 직후, 연소하는 가연물 위로 화염이 형성되기 시작하며, 화염이 커짐에 따라 주위 공간으로부터 화염이 상승하는 공간으로 공기를 끌어들이기 시작한다.
- 성장기의 초기는 야외 개방된 곳에서의 화재와 유사하지만 개방된 곳에서의 화재와는 달리, 구획실 화염은 공간 내의 벽과 천장에 의해 급속히 영향을 받는다.

02   정답 ③

㉠ (인화점) : 가연성 액체 또는 고체로부터 발생한 인화성 증기의 농도가 점화원에 의해 착화 될 수 있는 최저온도를 말한다.
㉡ (발화점) : 외부의 직접적인 점화원이 없이 가열된 열의 축적으로 연소가 되는 최저온도이다.
㉢ (융점) : 대기압(1atm)하에서 고체가 녹아 액체가 되는 온도이다.
㉣ (잠열) : 어떤 물질에 열의 출입이 있더라도 물질의 온도는 변하지 않고 상태변화에만 사용된다.

03   정답 ④

열은 따뜻한 물체에서 상대적으로 차가운 물체로 움직인다. 열이 전달되는 비율은 물체들 간의 온도의 차이와 연관된다. 물체들 간에 온도의 격차가 크면 클수록, 전달율은 더욱 커지게 된다.
① 열은 따뜻한 물체에서 상대적으로 차가운 물체로 움직인다.
② 물체들 간에 온도의 격차가 클수록 전달 율은 더욱 커지게 된다.
③ 윗층으로 창문을 통해서 연소가 확대되는 것을 대류현상이라 한다.
④ 모든 화재의 초기단계에 있어서 열의 전달은 전적으로 전도에 기인한다.

04   정답 ②

알람 밸브가 작동될 때 그 원인을 찾는 5단계 활동

1단계	수신기 상에 표시된 층을 확인하고 이 구역을 검색한다.
2단계	스프링클러 시스템을 리세팅(resetting) 한 후 경보가 다시 발생하는지 확인한다. 경보가 다시 울리면 화재이거나 배관 누수일 가능성이 크다.
3단계	건물 위층부터 검색을 시작한다. 검색분대는 꼭대기 층에서부터 계단을 내려오면서 각 층 입구에서 물소리나 연기 냄새가 나는지 확인해야 한다.
4단계	가압송수장치의 펌프를 확인하여 고장 등을 확인한다.(3단계와 동시에 시작할 수 있다.)
5단계	소방시설관리업체로 하여금 소방시설에 대한 전반적인 점검과 보수를 하도록 조치한다.

05   정답 ④

① 정면 공격	• 정면공격은 고층건물 화재에서 가장 흔하고 성공적으로 사용되는 전략으로 화점층 진입통로를 따라 호스를 전개하여 직접적으로 진압하는 공격적 전략에 해당한다. • 고층화재 사례 중 95% 정도는 이와 같은 정면공격전략에 의해 진압된다.
② 측면 공격	• 고층건물 화재에서 두 번째로 흔한 전략이다. • 정면공격이 실패한 경우 적용할 수 있는 유용한 공격 전략으로 보고 있다. ※ 굴뚝효과(Stack Effect)나 창문을 통한 배연작업이 개시될 때 발생하는 강한 바람에 화염이 휩쓸려 정면 공격팀을 덮치거나 덮칠 우려가 있을 때 유용하다. • 측면공격은 정면공격이 시행되고 있는 동안 보조적 수단으로도 실행될 수 있다. ※ 이때에는 상호 교차방수에 의한 부상이나 안전사고가 발생하지 않도록 두 팀 상호간의 긴밀한 의사소통이나 Teamwork 유지를 위한 지휘조정이 필수적이다. • 1차 정면공격 시 문이 열리거나 창문이 깨질 때 굴뚝효과와 창문을 통해 들어오는 급속한 공기의 유입으로 터널효과가 발생되고 유입된 공기에 휩쓸린 화염이 1차 정면 진입한 대원들을 덮칠 수 있다. • 이러한 터널효과가 일단 형성되고 나면 대게 처음 형성된 방향이 그대로 유지된다. 터널효과에 따른 화염의 위협은 측면공격을 시작하기 위해 다른 문이나 창문을 개방할 때마다 문제가 될 수 있으므로 항상 터널효과를 고려한 공격과 후퇴준비가 필수적이다. • 측면공격은 인명검색을 하고 있는 대원이 비교적 열과 연기로부터 자유로운 두 번째 접근통로를 발견했을 때 선택적으로 사용할 수 있다. • 개방형 층계 구조로 된 오피스텔용 고층건물과 각 층의 모든 지점을 두 방향에서 접근할 수 있는 주거용 고층건물화재에도 측면공격전략이 이용될 수 있다. ※ 단일 접근통로의 주거전용 고층건물의 경우 측면공격은 거의 사용할 수 없다.
③ 방어적 공격	• 고층건물 화재 시 스프링클러에 의한 진압이 실패하고 정면공격과 측면공격 모두 실패했다면 제3의 선택 전략은 방어적 공격 전략을 취하는 것이다. • 화재진압보다 확산방지에 주력하는 전략을 의미하며 출동대는 화재발생 층에 있는 모든 가연물이 소진될 동안 계단을 통제하는 것이 핵심사항이다. ※ 각 층 연소물이 소진되는 시간은 가연물의 양에 따라 대게 1~2시간 이상 걸린다. • 방어적 공격에 있어, 상층부로의 확산은 내화건축자재의 종류에 따라 달라진다. • 계단실에 일반관창을 호스에서 분리하여 휴대용 일제방사관창(deluge nozzle)으로 화재확산을 막는 데 주력할 수 있다. ※ 휴대용 일제방사관창은 화염에의 접근성을 높이고 소수의 인력으로 운용할 수 있는 장점이 있으나 일반관창을 사용할 때 보다 더 높은 압력을 유지해야

	한다. • 공격적 방어 전략에서 성공여부는 건물 자체의 내화성에 달려있다. 공조시스템과 같은 통로가 폐쇄되어 있다면 화재는 상층부로 확대되지 않을 수도 있다.
④ 공격 유보 (Non attack)	• 공격유보 전략은 심각한 화재상황이 진행 중이며 화재가 통제될 수 없다는 판단이 내려질 때 이용되는 전략이다. ※ 화점층 위에서 아래층으로 대피하고 있는 동안 화점층에 진입 경우 문틈으로 연기와 열이 계단실로 일시에 유입되는 상황이라면 무리한 진입공격이 이루어지면 안되고, 인명검색팀이 화점층을 검색할 필요가 있을 경우에는 검색팀이 진입한 즉시 출입문을 닫아야 한다. 진입공격이 가능하다면 다른 층계를 이용하여 화재를 진압하거나 모든 대피자들이 나올 때까지 기다려야 한다.
⑤ 외부 공격	• 고층화재에 대한 통계적 조사에 따르면 화재발생시점이 일과시간 이후이거나 진압작전이 가능한 저층부분에서 더 많이 발생된다. • 인명구조가 가능한 곳에 부서한 후 신속하게 사다리를 전개하여야 한다. • 사다리차의 용도는 인명구조가 우선이고 그 후 외부공격에 대한 지휘관의 지시가 있을 경우에 만 외부공격에 합류하여야 한다. • 화점 층이 사다리차 전개 높이 아래이거나, 내부 정면공격과 측면공격이 실패한 경우, 즉시 외부공격을 시도해야 한다. ※ 외부 방어적 공격에 사용되는 사다리차 전개각도는 75도이며, 공격지점에 대한 수평적 유효 방수거리를 최대화시키기 위해서는 관창의 조준 각도를 32도가 되게 해야 하고, 수직으로 최대의 유효 방수거리를 유지할 수 있도록 하기 위해서는 관창의 각도를 75도가 되도록 해야 한다. 이와 같은 조건하에서 외부공격에 사용되는 고가사다리차의 유효 방수도달거리는 13~15층이다.

06　　　　　　　　　　　　　　　　　　　정답 ④

벌칙

제21조(벌칙) 다음 각 호의 어느 하나에 해당하는 사람은 300만원 이하의 벌금에 처한다.
1. 제8조제3항을 위반하여 허가 없이 화재현장에 있는 물건 등을 이동시키거나 변경·훼손한 사람
2. 정당한 사유 없이 제9조제1항에 따른 화재조사관의 출입 또는 조사를 거부·방해 또는 기피한 사람
3. 제9조제3항을 위반하여 관계인의 정당한 업무를 방해하거나 화재조사를 수행하면서 알게 된 비밀을 다른 용도로 사용하거나 다른 사람에게 누설한 사람
4. 정당한 사유 없이 제11조제1항에 따른 증거물 수집을 거부·방해 또는 기피한 사람

07　　　　　　　　　　　　　　　　　　　정답 ②

제2류 특성	① 모두 연소하기 쉬운 고체이고 비교적 저온에서 발화한다. ② 자체가 유독하고 연소할 때에 유독가스가 발생한다. ③ 공기 중에서 발화하는 성질을 가지고 있다(황화린). ④ 산이나 물과 접촉하면 발열한다. ⑤ 산화제와의 접촉, 혼합은 매우 위험하며 충격 등에 의하여 격렬하게 연소하거나 폭발할 위험성이 있다.

08　　　　　　　　　　　　　　　　　　　정답 ②

의사결정 능력	• 가정과 사실의 구별(즉, 추측된 불완전한 정보와 실제정보의 구별) • 현장작전상황의 환류(재검토)를 통해 작전계획을 변경할 수 있는 유연한 자세 • 표준대응방법의 개발 • 행동개시 후에는 즉시 관리자의 역할로 복귀(전술적 책임은 위임)
지시와 통제 능력	• 스트레스관리(보다 세부적인 문제에 대해 권한위임의 원칙을 적용함으로서 자신과 하위 지휘관의 스트레스를 줄여준다) • 중간점관리(초기지시와 활동상황을 수시로 평가, 상황변화에 맞게 재 지시 및 통제) • 부족자원관리
재검토와 평가	• 일반적으로 보고는 보고자의 범위 내에서 관찰된 상황만을 설명한다. • 그러므로 다른 사람의 보고서에 의문을 제기하고 보고자가 완전히 그리고 정확하게 알고 있는지 확인하고 의사결정을 내려야 한다.

소방기본법 제50조 (벌칙) 다음 에 해당하는 자는 5년 이하의 징역 또는 5천만원 이하 의 벌금에 처한다.
① 정당한 사유 없이 소방용수시설 또는 비상소화장치를 사용하거나
② 소방용수시설 또는 비상소화장치의 효용을 해치거나
③ 그 정당한 사용을 방해한 사람

09　　　　　　　　　　　　　　　　　　　정답 ③

에어백 사용법

ⓐ 커플링으로 공기용기와 압력조절기, 에어백을 연결한다. 이때 스패너나 렌치 등으로 나사를 조이면 나사산이 손상되므로 가능하면 손으로 연결하도록 한다.
ⓑ 에어백을 들어 올릴 대상물 밑에 끼워 넣는다. 이때 바닥이 단단한지 확인한다.
ⓒ 공기용기 메인밸브를 열어 압축공기를 압력조절기로 보낸다. 이때 1차 압력계에 공기압이 표시된다.
ⓓ 에어백을 부풀리기 전에 버팀목을 준비해 둔다. 대상물이 들어 올리는 것과 동시에 버팀목을 넣고 높이가 높아짐에 따라 버팀목을

추가한다.
ⓔ 압력조절기 밸브를 열어 압축공기를 호스를 통하여 에어백으로 보내준다. 에어백이 부풀어 오르면서 물체를 올려주게 된다. 이때 2차 압력계를 보면서 밸브를 천천히 조작하고 에어백의 균형이 유지되는지를 살핀다. 필요한 높이까지 올라가면 밸브를 닫아 멈추게 한다.
ⓕ 2개의 백을 사용하는 경우 작은 백을 위에 놓는다. 아래의 백을 먼저 부풀려 위치를 잡고 균형유지에 주의하면서 두 개의 백을 교대로 부풀게 한다. 공기를 제거할 때에는 반대로 한다.

ⓛ 주의사항★★
ⓐ 에어백은 단단하고 평탄한 곳에 설치하고 날카롭거나 고온인 물체(100℃ 이상)가 직접 닿지 않도록 한다.
ⓑ 에어백은 둥글게 부풀어 오르므로 들어 올리고자 하는 물체가 넘어질 수 있다. 따라서 버팀목 사용은 필수이다. 버팀목은 나무 블록이 적합하며 여러 개의 블록을 쌓아가며 높이를 조절할 수 있도록 만든다.
ⓒ 에어백만으로 지탱되는 물체 밑에서 작업하지 않도록 한다. 에어백이 필요한 높이까지 부풀어 오르면 공기를 조금 빼내서 에어백과 버팀목으로 하중이 분산되도록 해야 안전하다.
ⓓ 버팀목을 설치할 때 대상물 밑으로 손을 깊이 넣지 않도록 주의한다. 에어백의 양 옆으로 버팀목을 대 주는 것이 안전하며 한쪽에만 버팀목을 대는 경우 균형유지에 충분한 넓이가 되어야 한다.
ⓔ 2개의 에어백을 겹쳐 사용하면 부양되는 높이는 높아지지만 능력이 증가하지는 않는다. 즉, 소형 에어백과 대형 에어백을 겹쳐서 사용하여도 최대 부양능력이 소형 에어백의 능력을 초과하지 못하는 것이다.
ⓕ 부양되는 물체가 쓰러질 위험이 높기 때문에 3개 이상을 겹쳐서 사용하지 않는다.
ⓖ 에어백의 팽창 능력 이상의 높이로 들어 올려야 하는 경우에는 받침목을 활용한다.

10   정답 ③

침착	• 당황하게 되면 호흡이 빨라지고 공기소모량이 많아진다. 동작을 멈추고 자세를 낮추어 앉거나 포복자세로 엎드린다. • 어떤 경로를 통하여 이 장소에 도달했는지를 기억해 낸다. 다른 대원들의 대화나 신호, 호스나 장비에서 발생하는 소리, 사고 장소에서 발생하는 소음 등에 주의를 기울인다.
공기소모량 최소화	• 공기가 얼마 남지 않았다면 건너뛰기 호흡법(Skip Breathing)을 활용한다. • 먼저 평소처럼 숨을 들이쉬고 내쉬어야 할 때까지 숨을 참고 있다가 내쉬기 전에 한 번 더 들이마신다. 들이쉬는 속도는 평소와 같이 하고 내쉴 때에는 천천히 하여 폐 속의 이산화탄소 농도를 조절한다. • 대원 고립 시 가장 오래 버틸 수 있는 호흡법은 카운트 호흡법을 고려할 수 있다. 카운트 호흡법은 숨을 들이 마시고, 참고, 내뱉는 것을 각각 5초간씩 하는 방식이다.
양압조정기의 고장	• 양압조정기가 손상을 입어 공기공급이 중단되었을 경우에는 바이패스 밸브를 열어 면체에 직접 공급되도록 한다. • 최근 보급되는 공기호흡기는 면체에 적색으로 표시된 바이패스 밸브가 있다. 바이패스 밸브를 열어 숨을 들이쉰 후 닫고 다음번 호흡 시에 다시 열어준다.

11   정답 ④

잔류 질소군	잠수 후 체내에 녹아 있는 질소의 양(잔류질소)의 표시를 영문 알파벳으로 표기한 것을 말한다. 가장 작은 양의 질소가 녹아 있음을 나타내는 기호는 A이다.
수면 휴식 시간	- 잠수 후 재 잠수 전까지의 수면 및 물 밖에서 진행되는 휴식시간을 말한다. - 12시간 내의 재 잠수를 계획하는데, 가장 중요한 것은 수면 및 물 밖의 휴식 동안 몸 안에 얼마만큼 잔류질소가 남아 있는가 하는 것이다. - 수면 휴식시간을 많이 가질수록 이미 용해된 신체 내 질소는 호흡을 통해 밖으로 나간다. - 다시 잠수하기 전 체내에 잔류된 질소의 양을 알아보기 위하여 새로운 잠수기호를 설정한다. 이 기호는 수면휴식 시간표를 사용하면 쉽게 찾을 수 있다.
잔류 질소시간★	체내의 잔류 질소량을 잠수하고자 하는 수심에 따라 결정되는 시간으로 바꾸어 표현한 것이다.
감압정지 와 감압시간	실제 잠수 시간이 최대 잠수 가능시간을 초과했을 때에 상승도중 감압표상에 지시된 수심에서 지시된 시간만큼 머무르는 것을 "감압정지"라 하고, 머무르는 시간을 "감압시간"이라 한다. 그리고 감압은 가슴 정 중앙이 지시된 수심에 위치하여야 한다. ★ 15년 소방장
재 잠수★	스쿠버 잠수 후 10분 이후에서부터 12시간 내에 실행되는 스쿠버 잠수를 말한다.
총 잠수 시간★	재 잠수 때에 적용할 잠수시간의 결정은 총 잠수시간으로 전 잠수로 인해 줄어든 시간(잔류 질소시간)과 실제 재 잠수 시간을 합하여 나타낸다.
최대잠수 가능조정 시간	역시 재 잠수 때에 적용할 최대 잠수 가능시간의 결정은 잔류 질소시간에 따라 변한다. 따라서 최대 잠수 가능조정 시간은 최대 잠수 가능시간에서 잔류질소 시간을 뺀 나머지 시간이다.
안전정지★	모든 스쿠버잠수 후 상승할 때에 수심 5m 지점에서 약 5분간 정지하여 상승속도를 완화한다. 이러한 상승 중 정지를 "안전정지"라 한다. 이 안전정지 시간은 잠수시간 및 수면휴식 시간에 포함시키지 않는다. 또한 감압지시에 따른 감압과는 무관하다.

12 정답 ④

분리형 들것
① 주로 운동 중 사고나 골반측 손상에 사용되며 알루미늄이나 경량의 철로 만들어졌다.
② 들것을 2부분이나 4부분으로 나누어 앙와위 환자를 움직이지 않고 들것에 고정시켜 이동시킬 수 있다.
  ※ 등 부분을 지지해 주지 못하기 때문에 <u>척추손상환자의 경우는 사용해서는 안 된다.</u>

13 정답 ④

화재가 콘크리트에 미치는 영향
- 230℃까지는 정상
- 290℃~590℃ : 연홍색이 붉은 색으로 변색
- 590℃~900℃ : 붉은색이 회색으로 변색
- 900℃ 이상 : 회색이 황갈색으로 변색(석회암은 흰색으로 변색)

14 정답 ③

1단계 : 현장 확인 (Locate)	재난사고가 발생하면 사고 장소와 현장상황을 정확히 파악해야 한다. ① 사고 원인은 무엇이고 어떻게 진행되고 있는가. ② 그 상황에 대응하는 방법과 인력, 장비는 무엇인가. ③ 우리가 적절한 대응능력을 갖추고 있는가를 판단하는 것이다. ※ 현장의 지형적 조건(접근로, 지형, 일출이나 일몰시간, 기후, 수온 등)을 고려해서 구조대의 활동에 예상되는 어려움과 유의해야 할 사항을 판단한다. 이 '②'의 단계에서 필요한 인력과 장비, 지원을 받아야 할 부서 등을 정확히 파악하는 것이 이후 전개되는 구조활동의 성패를 좌우한다.
2단계 : 접근 (Access)	① 구조활동의 실행 단계로 안전하고 신속하게 구조대상자에게 접근하는 단계이다. ② 사고 장소가 바다나 강이라면 구조대원 자신이 물에 들어가지 않아도 되는 안전한 구조방법을 우선 선택하고 산악사고라면 실족이나 추락, 낙석 등의 위험성이 있는지 주의하며 접근한다.
3단계 : 상황의 안정화 (Stabilization)	① 현장을 장악하여 상황이 더 이상 악화되지 않고 안전이 유지될 수 있도록 조치하는 단계이다. ② 구조대상자를 위험상황에서 구출하고 부상이 있으면 적절한 응급처치를 한다. 이후 주변의 위험요인을 제거하여 더 이상 사고가 확대되지 않도록 조치한다.
4단계 : 후송 (Transport)	① 구조대상자가 아무런 부상 없이 안전하게 구출되는 것이 최선의 구조활동이지만 사고의 종류나 현장상황에 따라 심각한 손상을 입은 구조대상자를 구출할 수도 있다. ② 이 경우 현장에서 제공할 수 있는 응급처치는 상당히 제한적이다. 또한 외관상 아무런 부상이 없거나 경상으로 보이는 경우에도 심각한 손상이 있거나 후유증이 발생할 수 있기 때문에 구조대상자는 일단 의료기관으로 후송하는 것을 원칙으로 한다. ③ 'T'는 마지막 후송단계로서 사고의 긴급성에 따라 적절한 이동수단을 사용하여 의료기관에 후송하는 것으로 초기대응이 마무리된다.

15 정답 ①

구조활동의 우선순위
① 구명(救命) → ② 신체구출 → ③ 정신적, 육체적 고통경감 → ④ 피해의 최소화

16 정답 ③

일반 구조대 ★	시·도의 규칙으로 정하는 바에 따라 소방서마다 1개 대(隊) 이상 설치하되, 소방서가 없는 시·군·구의 경우에는 해당 시·군·구 지역의 중심지에 있는 119안전센터에 설치할 수 있다.
특수 구조대 ★★★	소방대상물, 지역 특성, 재난발생 유형 및 빈도 등을 고려하여 시·도의 규칙으로 정하는 바에 따라 지역을 관할하는 소방서에 설치한다. 다만, 고속국도구조대는 직할구조대에 설치할 수 있다. ① 화학구조대 : 화학공장이 밀집한 지역 ② 수난구조대 : 내수면 지역 ※ 하천·댐·호수·저수지 기타 인공으로 조성된 담수나 기수의 수류 또는 수면 ③ 산악구조대 : 자연공원 등 산악지역 ④ 고속국도구조대 : 도로법에 따른 고속국도 ⑤ 지하철구조대 : 도시철도의 역사 및 역무시설
직할구조대	대형·특수 재난사고의 구조, 현장 지휘 및 지원 등을 위하여 소방청 또는 소방본부에 설치하되, 소방본부에 설치하는 경우에는 시·도의 규칙으로 정하는 바에 따른다.
테러대응 구조대 (비상설구조대)	테러 및 특수재난에 전문적으로 대응하기 위하여 필요한 경우 소방청 또는 소방본부에 설치하는 것을 원칙으로 하되, 구조대의 효율적 운영을 위해 필요한 경우, 화학구조대와 직할구조대를 테러대응구조대로 지정할 수 있다.
국제구조대 (비상설구조대)	소방청장은 국외에서 대형재난 등이 발생한 경우 재외국민의 보호 또는 재난발생국의 국민에 대한 인도주의적 구조활동을 위하여 국제구조대를 편성하여 운영할 수 있다. 현재 소방청에 설치하는 직할구조대인 중앙119구조본부에서 업무를 담당하고 있다.

119항공대	소방청장 또는 소방본부장은 초고층 건축물 등에서 구조대상자의 생명을 안전하게 구조하거나 도서·벽지에서 발생한 응급환자를 의료기관에 긴급히 이송하기 위하여 119항공대를 편성하여 운영한다.

17 정답 ④

분진의 화학적 성질과 조성	• 분진의 발열량이 클수록 폭발성이 크며 휘발성분의 함유량이 많을수록 폭발하기 쉽다. • 탄진에서는 휘발분이 11% 이상이면 폭발하기 쉽고, 폭발의 전파가 용이하여 폭발성 탄진이라고 한다.
입도와 입도분포	• 분진의 표면적이 입자체적에 비하여 커지면 열의 발생속도가 방열 속도보다 커져서 폭발이 용이해진다. • 평균 입자경이 작고 밀도가 작을수록 비표면적은 크게 되고 표면 에너지도 크게 되어 폭발이 용이해진다. • 입도분포 차이에 의한 폭발특성 변화에 대해서는 상세히 알 수 없으나 작은 입경의 입자를 함유하는 분진의 폭발성이 높다고 간주한다.
입자의 형성과 표면의 상태	• 평균입경이 동일한 분진인 경우, 분진의 형상에 따라 폭발성이 달라진다. 구상, 침상, 평편상 입자순으로 폭발성이 증가한다. • 입자표면이 공기(산소)에 대하여 활성이 있는 경우 폭로시간이 길어질수록 폭발성이 낮아진다. 따라서 분해공정에서 발생되는 분진은 활성이 높고 위험성도 크다.
수분	• 분진 속에 존재하는 수분은 분진의 부유성을 억제하게 하고 대전성을 감소시켜 폭발성을 둔감하게 한다. • 반면에 마그네슘, 알루미늄 등은 물과 반응하여 수소를 발생하고 그로 인해 위험성이 더 증가한다.
폭발압력	• 분진의 최대폭발압력은 양론적인 농도보다 훨씬 더 큰 농도에서 일어난다.(가스폭발의 경우와 다름) • 최대폭발압력 상승속도는 입자의 크기가 작을수록 증가하는데 이는 입자의 크기가 작을수록 확산되기 쉽고 발화되기 쉽기 때문이다.

18 정답 ④

제거 소화	① 연소는 가연성가스와 산소와의 접촉반응이므로 이를 차단하기 위한 방법은 가연성 물질을 격리하거나 가연물의 소멸 또는 수용성 가연물은 농도를 희석하면 결국 제거가 되는 것이다. ② 가스화재에서는 공급밸브를 차단하는 방법이 있다. ③ 산림화재에서 산불화재의 확산방지를 위해서는 화재가 진행되는 방향의 전면의 나무를 벌목하여 제거하는 방법도 제거소화라 볼 수 있으며 가연물을 화원으로부터 격리하는 방법이다.
질식 소화	① 가연성 물질의 연소에서 연소의 범위는 연소하한계와 연소상한계의 범위내의 농도에서만 연소가 이루어진다. ② 화염에 강풍을 불어 화염을 불안정화하는 방법과 화염온도를 발화온도 이하로 낮추거나 산소의 농도를 10~15% 이하로 하여 소화하는 방법으로 가스계 소화약제 또는 포 소화약제를 이용하여 연소 면을 산소가 접촉되지 못하도록 차단하는 방법이 있다. ③ 밀폐공간의 화재실 전체에 주로 불연성가스의 퍼지에 의해 산소의 농도가 낮게 함으로서 소화하는 방법이다.
냉각 소화	물은 100℃로 증발될 때 증발잠열이 약 539Kcal/Kg으로 매우 크고 이산화탄소 고압식의 경우 66.6Kcal/Kg, 할론은 28.2Kcal/Kg로서 물은 연소면을 냉각하는데 타 소화약제보다 우수한 성능을 가지고 있다.
부촉매 소화	화학적인 소화방법으로 소화약제의 화학적인 성질을 이용하는 것으로 연쇄반응을 차단하는 방법으로 약제의 화학반응 시 연쇄반응을 지배하는 Radical을 기(基) 또는 단(團)이라 하며 수소 연소를 제어하는 방법과 같이 화염은 소멸되는 것이다.
유화 소화	유류면의 화재에서 물은 작은 입자상태의 높은 압력으로 방사 시 유류면의 표면에 유화층이 형성되어 에멀전상태를 유지하는데 유류가스의 증발을 막는 차단효과를 발휘한다. 따라서 지속적인 가연성 가스의 생성이 억제되어 화염은 발생되지 않게 되는 것이다.
피복 소화	목재나 유류의 표면화재에서 공기보다 무거운 기체를 방사하면 연소면은 불연성 물질로 피복되어 연소에 필요한 산소는 차단되어 질식하게 하는 것으로 주로 이산화탄소를 사용하는 것으로 표면화재와 심부화재에 적합하다.

2류 화재진압방법
① 황화인은 CO_2, 마른 모래, 건조분말에 의한 질식소화를 한다.
② 철분, 금속분, 마그네슘은 마른 모래, 건조분말, 금속화재용 분말소화약제를 사용하여 질식 소화한다.
③ 적린, 유황, 인화성 고체는 물을 이용한 냉각소화가 적당하다.
④ 다량의 열과 유독성의 연기를 발생하므로 반드시 방호복과 공기호흡기를 착용하여야한다.
⑤ 분진폭발이 우려되는 경우는 충분히 안전거리를 확보한다.

19   정답 ①

제3류

일반 성질 ★★	① 무기 화합물과 유기 화합물로 구성되어 있다. ② 대부분이 고체이다.(단, 알킬알루미늄, 알킬리튬은 고체 또는 액체이다) ③ 칼륨(K), 나트륨(Na), 알킬알루미늄(RAl), 알킬리튬(RLi)을 제외하고 물보다 무겁다. ④ 물과 반응하여 가연성가스를 발생한다.(황린 제외) ⑤ 칼륨, 나트륨, 알칼리금속, 알칼리토금속은 보호액(석유)속에 보관한다. ⑥ 알킬알루미늄, 알킬리튬은 물 또는 공기와 접촉하면 폭발한다.(헥산 속에 저장) ⑦ 황린은 공기와 접촉하면 자연발화한다.(pH9의 물 속에 저장) ⑧ 가열 또는 강산화성 물질, 강산류와 접촉으로 위험성이 증가한다.	
저장 취급	① 용기는 완전히 밀폐하고 공기 또는 물과의 접촉을 방지하여야 한다. ② 제1류 위험물, 제6류 위험물 등 산화성 물질과 강산류와의 접촉을 방지한다. ③ 용기가 가열되지 않도록 하고 보호액에 들어있는 것은 용기 밖으로 누출되지 않도록 한다. ④ 알킬알루미늄, 알킬리튬, 유기금속화합물은 화기를 엄금하고 용기내압이 상승하지 않도록 한다. ⑤ 황린은 저장액인 물의 증발 또는 용기파손에 의한 물의 누출을 방지하여야 한다.	
화재 진압 ★★	① 절대로 물을 사용하여서는 안 된다.(황린 제외) ② 화재 시에는 화원의 진압보다는 연소확대 방지에 주력해야 한다. ③ 마른모래, 팽창질석, 팽창진주암, 건조석회(생석회, CaO)로 상황에 따라 조심스럽게 질식 소화한다. ④ 금속화재용 분말 소화약제에 의한 질식소화를 한다.	

20   정답 ②

구분	종류	교육내용	교육방법의 요점
안전 교육	지식 교육	• 취급하는 기계·설비의 구조, 기능, 성능의 개념형성 • 재해발생 원리를 이해시킨다. • 안전관리, 작업에 필요한 법규, 규정, 기준을 알게 한다.	알아야 할 것의 개념 형성을 꾀한다.
	문제 해결 교육	• 원인지향의 문제해결로 과거·현재의 문제를 대상으로 하여 사실 확인에서 문제점의 발견, 원인탐구에서 대책을 세우는 순서를 알게 한다. • 목표지향의 문제처리를 할 수 있게 한다.	사고력과 종합능력을 육성한다.
인간 형성	기능 교육	• 화재진압·구조·구급 등의 작업방법, 기계·기구류의 취급 등 조작방법을 숙달시킨다.	응용능력의 육성이며 실기를 주체로 한다.
태도 교육		• 안전작업에 대한 몸가짐 마음가짐을 몸에 붙게 한다. • 안전규칙, 직장규율을 몸에 붙이도록 한다. • 의욕을 갖게 한다.	안전의식에 관한 가치관 형성교육을 한다.

※ 실시순서 : 청취 ➡ 이해 ➡ 모범 ➡ 권장 ➡ 평가

21   정답 ④

항 목	검사방법	환자 반응	점수
눈 뜨기	자발적	눈을 뜨고 있음	4
	언어 지시	소리자극에 눈을 뜸	3
	통증 자극	통증 자극에 눈 뜸	2
		어떤 자극에도 눈 못뜸	1
운동 반응	언어 지시	지시에 정확한 행동 실시	6
	통증 자극	통증을 제거하려는 뚜렷한 행동	5
		뿌리치는 행동	4
		이상 굴절반응	3
		이상 신전반응	2
		운동반응 없음	1
언어 반응	언어 지시	질문에 적절한 답변 구사	5
		질문에 적절하지 않은 답변	4
		적절하지 않은 단어 사용	3
		이해할 수 없는 웅얼거림	2
		지시에 아무런 소리 없음	1

22   정답 ②

부정	죽어가고 있는 환자의 첫 번째 정서반응으로 의사의 실수라 믿으며 기적이 일어나길 바란다.
분노	초기의 부정반응에 이어지는 것이 분노이다. 이 반응은 말이나 행동을 통해 격렬하게 표출될 수 있다. 소방대원은 이런 감정을 이해해 줄 필요는 있으나 신체적인 폭력에 대해서는 단호하게 대처해야 한다. 또한 경청과 대화를 통해 공감대를 형성하는 것도 좋은 방법이다.
협상	'그래요. 내가, 하지만…' 이란 태도를 나타낸다. 매우 고통스럽고 죽을 수도 있다는 현실은 인정하지만 삶의 연장을 위해 다양한 방법으로 협상하고자 한다.
우울	현실에 대한 가장 명백하고 일반적인 반응이다. 환자는 절망감을 느끼고 우울증에 빠지게 된다.
수용	환자가 나타내는 가장 마지막 반응이다. 환자는 상황을 현실로 받아들이고 그들이 할 수 있는 최선을 다하려고 노력한다. 이 기간 동안 가족이나 친구의 적극적이고 많은 도움이 필요하다.

23 정답 ①

최초 도착 시 차량 배치요령
① 도로 외측에 정차시켜 교통장애를 최소화하도록 하며, 도로에 주차시켜야 할 때에는 차량 주위에 안전표지판을 설치하거나 비상등을 작동시킨다.
② 구급차량의 전면이 주행차량의 전면을 향한 경우에는 경광등과 전조등을 끄고 비상등만 작동시킨다.
③ 사고로 전기줄이 지면에 노출된 경우에는 전봇대와 전봇대를 반경으로 한원의 외곽에 주차시킨다.
④ 차량화재가 있는 경우에는 화재차량으로부터 30m 밖에 위치시킨다.
⑤ 폭발물이나 유류를 적재한 차량으로부터는 600~800m 밖에 위치한다.
⑥ 화학물질이나 유류가 누출되는 경우에는 물질이 유출되어 흘러내리는 방향의 반대편에 위치시킨다.
⑦ 유독가스가 누출되는 경우에는 바람을 등진 방향에 위치시킨다.

24 정답 ②

화상깊이

1도 화상	• 경증으로 표피만 손상된 경우이다. • 햇빛(자외선)으로 인한 경우와 뜨거운 액체나 화학손상에서 많이 볼 수 있다. • 화상부위는 발적, 동통, 압통이 나타나며, 범위가 넓은 경우 심한 통증을 호소할 수 있으므로 처치가 필요한 경우가 있다.
2도 화상	• 표피와 진피가 손상된 경우로 열에 의한 손상이 많다. • 내부 조직으로 체액손실과 2차 감염과 같은 심각한 합병증을 유발할 수 있다. • 화상부위는 발적, 창백하거나 얼룩진 피부, 수포가 나타난다. • 손상부위는 체액이 나와 축축한 형태를 띠며 진피에 많은 신경섬유가 지나가 심한 통증을 호소한다.
3도 화상	• 대부분의 피부조직이 손상된 경우로 심한 경우 근육, 뼈, 내부 장기도 포함되는 경우가 있다. • 화상부위는 특징적으로 건조하거나 가죽과 같은 형태를 보이며 창백, 갈색 또는 까맣게 탄 피부색이 나타난다. • 신경섬유가 파괴되어 통증이 없거나 미약할 수 있으나 보통 3도 화상 주변 부위가 부분화상임으로 심한 통증을 호소한다.

25 정답 ③

순환계
순환계는 3개의 주요 요소(심장, 혈관, 혈액)로 구성되어 있다. 이 요소들은 인체조직세포로 산소와 영양분을 운반해 주고 폐기물을 받아 운반해 준다. 이런 과정을 관류라고 한다. 순환계의 효과적인 활동을 위해서는 이 3가지 요소가 적절한 기능을 해야 한다.

심장
심장은 순환계의 중심으로 하가슴 내 복장뼈 좌측에 위치한 주먹크기 만한 근육조직이다.
① 혈액을 받아들이는 2개의 심방과 심장 밖으로 혈액을 뿜어내는 2개의 심실로 되어 이루어져 있다.
② 기능적으로는 좌·우로 나뉘는데 오른심방은 압력이 낮고 주요 정맥으로부터 혈액을 받아들여 산소교환을 위해 허파로 보내는 기능을 맡고 있다.
③ 왼심방은 허파로부터 그 혈액을 받아들이고 왼심실은 고압으로 동맥을 통해 피를 뿜어낸다.
④ 왼심실의 작용으로 생기는 힘은 맥박을 형성하고 이는 손목의 노동맥처럼 뼈 위를 지나가는 동맥에서 촉지할 수 있다.

※ 성인의 경우 체중 1kg당 약 70㎖의 혈액량을 갖고 있다.

적혈구	세포에 산소를 운반해 주고 이산화탄소를 받으며 혈액의 색을 결정하는 요소이다.
백혈구	면역체계의 일부분으로 감염을 방지한다.
혈소판	세포의 특수한 부분으로 지혈작용을 한다.
혈장	혈액량의 1/2 이상을 차지하며 전신에 혈구와 혈소판을 운반하는 역할을 하고 있다.

소방장 소방승진

제4회 모의고사 해설

문 항 수 : 75문항
응시시간 : 75분

과목	01	02	03	04	05	06	07	08	09	10	11	12	13	14	15	16	17	18	19	20	21	22	23	24	25
소방법령 Ⅱ	①	④	④	①	④	②	②	①	①	②	③	④	③	②	③	④	①	②	①	③	②	②	③	④	③
소방법령 Ⅲ	④	④	②	③	②	④	①	③	②	②	①	④	②	②	④	③	③	③	①	①	②	②	③	②	③
소방전술	③	③	④	①	①	①	④	②	④	④	②	④	①	③	①	③	④	②	①	①	②	④	②	③	②

소방법령 Ⅱ [25문항]

01   정답 ①

① (×) "소방대상물"이란 건축물, 차량, 선박(「선박법」 제1조의2 제1항에 따른 선박으로서 항구에 매어둔 선박만 해당한다), 선박 건조 구조물, 산림, 그 밖의 인공 구조물 또는 물건을 말한다.
② (○) "관계지역"이란 소방대상물이 있는 장소 및 그 이웃 지역으로서 화재의 예방·경계·진압, 구조·구급 등의 활동에 필요한 지역을 말한다.
③ (○) "소방본부장"이란 특별시·광역시·특별자치시·도 또는 특별자치도(이하 "시·도"라 한다)에서 화재의 예방·경계·진압·조사 및 구조·구급 등의 업무를 담당하는 부서의 장을 말한다.
④ (○) "소방대장"(消防隊長)이란 소방본부장 또는 소방서장 등 화재, 재난·재해, 그 밖의 위급한 상황이 발생한 현장에서 소방대를 지휘하는 사람을 말한다.

02   정답 ④

소방기본법 제17조의3(소방안전교육사의 결격사유)
다음 각 호의 어느 하나에 해당하는 사람은 소방안전교육사가 될 수 없다.
1. 피성년후견인('피성년후견인 또는 피한정후견인'이었던 것을 2021. 1. 12. '피성년후견인'으로 개정하였다.)
2. 금고 이상의 실형을 선고받고 그 집행이 끝나거나(집행이 끝난 것으로 보는 경우를 포함한다) 집행이 면제된 날부터 2년이 지나지 아니한 사람
3. 금고 이상의 형의 집행유예를 선고받고 그 유예기간 중에 있는 사람
4. 법원의 판결 또는 다른 법률에 따라 자격이 정지되거나 상실된 사람

03   정답 ④

④를 제외한 나머지는 소방자동차의 우선통행 등(소방기본법 제21조)의 내용이다.
소방기본법 제22조(소방대의 긴급통행)
소방대는 화재, 재난·재해, 그 밖의 위급한 상황이 발생한 현장에 신속하게 출동하기 위하여 긴급할 때에는 일반적인 통행에 쓰이지 아니하는 도로·빈터 또는 물 위로 통행할 수 있다.

04   정답 ①

소방기본법 제16조의6(소송지원)
소방청장, 소방본부장 또는 소방서장은 소방공무원이 제16조제1항에 따른 소방활동, 제16조의2제1항에 따른 소방지원활동, 제16조의3제1항에 따른 생활안전활동으로 인하여 민·형사상 책임과 관련된 소송을 수행할 경우 변호인 선임 등 소송수행에 필요한 지원을 할 수 있다.

05   정답 ④

「소방기본법 시행규칙」 제3조(종합상황실의 실장의 업무 등)
① 종합상황실의 실장[종합상황실에 근무하는 자 중 최고직위에 있는 자(최고직위에 있는 자가 2인이상인 경우에는 선임자)를 말한다. 이하 같다]은 다음 각호의 업무를 행하고, 그에 관한 내용을 기록·관리하여야 한다.
  1. 화재, 재난·재해 그 밖에 구조·구급이 필요한 상황(이하 "재난상황"이라 한다)의 발생의 신고접수
  2. 접수된 재난상황을 검토하여 가까운 소방서에 인력 및 장비의 동원을 요청하는 등의 사고수습
  3. 하급소방기관에 대한 출동지령 또는 동급 이상의 소방기관 및 유관기관에 대한 지원요청
  4. 재난상황의 전파 및 보고
  5. 재난상황이 발생한 현장에 대한 지휘 및 피해현황의 파악
  6. 재난상황의 수습에 필요한 정보수집 및 제공

06   정답 ②

「소방기본법 시행령」 제1조의2(소방기술민원센터의 설치·운영)
① 소방청장 또는 소방본부장은 「소방기본법」(이하 "법"이라 한다) 제4조의2제1항에 따른 소방기술민원센터(이하 "소방기술민원센터"라 한다)를 소방청 또는 소방본부에 각각 설치·운영한다.
② 소방기술민원센터는 센터장을 포함하여 18명 이내로 구성한다.
③ 소방기술민원센터는 다음 각 호의 업무를 수행한다.
  1. 소방시설, 소방공사와 위험물 안전관리 등과 관련된 법령해석 등의 민원(이하 "소방기술민원"이라 한다)의 처리
  2. **소방기술민원과 관련된 질의회신집 및 해설서 발간**

3. 소방기술민원과 관련된 정보시스템의 운영·관리
4. 소방기술민원과 관련된 현장 확인 및 처리
5. 그 밖에 소방기술민원과 관련된 업무로서 소방청장 또는 소방본부장이 필요하다고 인정하여 지시하는 업무

07 정답 ②

「소방기본법」 제49조의2(손실보상)
① 소방청장 또는 시·도지사는 다음 각 호의 어느 하나에 해당하는 자에게 제3항의 손실보상심의위원회의 심사·의결에 따라 정당한 보상을 하여야 한다.
  1. 제16조의3제1항(* 생활안전활동)에 따른 조치로 인하여 손실을 입은 자
  2. 제24조제1항(*소방활동 종사명령) 전단에 따른 소방활동 종사로 인하여 사망하거나 부상을 입은 자
  3. 제25조(*강제처분)제2항 또는 제3항에 따른 처분으로 인하여 손실을 입은 자. 다만, 같은 조 제3항에 해당하는 경우로서 법령을 위반하여 소방자동차의 통행과 소방활동에 방해가 된 경우는 제외한다.
  4. 제27조(위험시설에 대한 긴급조치)제1항 또는 제2항에 따른 조치로 인하여 손실을 입은 자
  5. 그 밖에 소방기관 또는 소방대의 적법한 소방업무 또는 소방활동으로 인하여 손실을 입은 자

08 정답 ①

「소방기본법 시행령」 제10조(감독 등)
① 소방청장은 법 제48조제1항에 따라 안전원의 다음 각 호의 업무를 감독하여야 한다.
  1. 이사회의 중요의결 사항
  2. 회원의 가입·탈퇴 및 회비에 관한 사항
  3. 사업계획 및 예산에 관한 사항
  4. 기구 및 조직에 관한 사항
  5. 그 밖에 소방청장이 위탁한 업무의 수행 또는 정관에서 정하고 있는 업무의 수행에 관한 사항

09 정답 ①

「소방기본법 시행규칙」 제8조(소방업무의 상호응원협정)
법 제11조제4항에 따라 시·도지사는 이웃하는 다른 시·도지사와 소방업무에 관하여 상호응원협정을 체결하고자 하는 때에는 다음 각 호의 사항이 포함되도록 해야 한다.
1. 다음 각목의 소방활동에 관한 사항
   가. 화재의 경계·진압활동
   나. 구조·구급업무의 지원
   다. 화재조사활동
2. 응원출동대상지역 및 규모
3. 다음 각 목의 소요경비의 부담에 관한 사항
   가. 출동대원의 수당·식사 및 의복의 수선
   나. 소방장비 및 기구의 정비와 연료의 보급
   다. 그 밖의 경비

4. 응원출동의 요청방법
5. 응원출동훈련 및 평가

10 정답 ②

「소방기본법」 제17조의5(소방안전교육사의 배치)
① 제17조의2제1항에 따른 소방안전교육사를 소방청, 소방본부 또는 소방서, 그 밖에 대통령령으로 정하는 대상에 배치할 수 있다.
② 제1항에 따른 소방안전교육사의 배치대상 및 배치기준, 그 밖에 필요한 사항은 대통령령으로 정한다.

「소방기본법 시행령」 제7조의10(소방안전교육사의 배치대상)
법 제17조의5제1항에서 "그 밖에 대통령령으로 정하는 대상"이란 다음 각 호의 어느 하나에 해당하는 기관이나 단체를 말한다.
1. 법 제40조에 따라 설립된 한국소방안전원(이하 "안전원"이라 한다)
2. 「소방산업의 진흥에 관한 법률」 제14조에 따른 한국소방산업기술원

제7조의11(소방안전교육사의 배치대상별 배치기준)
법 제17조의5제2항에 따른 소방안전교육사의 배치대상별 배치기준은 별표 2의3과 같다.

■ 소방기본법 시행령 [별표 2의3]

소방안전교육사의 배치대상별 배치기준(제7조의11관련)

배치대상	배치기준(단위 : 명)	비고
1. 소방청	2 이상	
2. 소방본부	2 이상	
3. 소방서	1 이상	
4. 한국소방안전원	본회 : 2 이상 시·도지부 : 1 이상	
5. 한국소방산업기술원	2 이상	

11   정답 ③

「소방기본법 시행규칙」

■ 소방기본법 시행규칙 [별표 2]
소방용수표지(제6조제1항 관련)

1. 지하에 설치하는 소화전 또는 저수조의 경우 소방용수표지는 다음 각 목의 기준에 따라 설치한다.
   가. 맨홀 뚜껑은 지름 648밀리미터 이상의 것으로 할 것. 다만, 승하강식 소화전의 경우에는 이를 적용하지 않는다.
   나. 맨홀 뚜껑에는 "소화전·주정차금지" 또는 "저수조·주정차금지"의 표시를 할 것
   다. 맨홀뚜껑 부근에는 노란색 반사도료로 폭 15센티미터의 선을 그 둘레를 따라 칠할 것

2. 지상에 설치하는 소화전, 저수조 및 급수탑의 경우 소방용수표지는 다음 각 목의 기준에 따라 설치한다.
   가. 규격

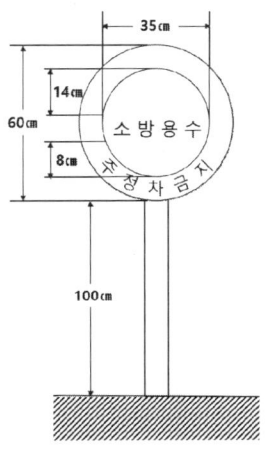

   나. 안쪽 문자는 <u>흰색</u>, 바깥쪽 문자는 <u>노란색</u>으로, 안쪽 바탕은 <u>붉은색</u>, 바깥쪽 바탕은 <u>파란색</u>으로 하고, 반사재료를 사용해야 한다.
   다. 가목의 규격에 따른 소방용수표지를 세우는 것이 매우 어렵거나 부적당한 경우에는 그 규격 등을 다르게 할 수 있다.

12   정답 ④

「소방기본법」제20조의2(자체소방대의 설치·운영 등)
① 관계인은 화재를 진압하거나 구조·구급 활동을 하기 위하여 상설 조직체(「위험물안전관리법」제19조 및 그 밖의 다른 법령에 따라 설치된 자체소방대를 포함하며, 이하 이 조에서 "자체소방대"라 한다)를 설치·운영할 수 있다.
② 자체소방대는 소방대가 현장에 도착한 경우 소방대장의 지휘·통제에 따라야 한다.
③ 소방청장, 소방본부장 또는 소방서장은 자체소방대의 역량 향상을 위하여 필요한 교육·훈련 등을 지원할 수 있다.
④ 제3항에 따른 교육·훈련 등의 지원에 필요한 사항은 행정안전부령으로 정한다.

13   정답 ③

화재예방법 시행령 제2조(화재의 예방 및 안전관리 기본계획의 협의 및 수립)
소방청장은 「화재의 예방 및 안전관리에 관한 법률」제4조 제1항에 따른 화재의 예방 및 안전관리에 관한 기본계획을 계획 시행 전년도 8월 31일까지 관계 중앙행정기관의 장과 협의한 후 계획 시행 전년도 9월 30일까지 수립해야 한다.

제4조(시행계획의 수립·시행)
① 소방청장은 법 제4조 제4항에 따라 기본계획을 시행하기 위한 계획(이하 "시행계획"이라 한다)을 계획 시행 전년도 10월 31일까지 수립해야 한다.

제5조(세부시행계획의 수립·시행)
① 소방청장은 법 제4조 제5항에 따라 관계 중앙행정기관의 장과 특별시장·광역시장·특별자치시장·도지사 또는 특별자치도지사에게 기본계획 및 시행계획을 각각 계획 <u>시행 전년도 10월 31일까지 통보</u>해야 한다.
② 제1항에 따라 통보를 받은 관계 중앙행정기관의 장 및 시·도지사는 법 제4조 제6항에 따른 세부시행계획을 수립하여 계획 시행 전년도 12월 31일까지 소방청장에게 통보해야 한다.

14   정답 ②

보일러 등의 설비 또는 기구 등의 위치·구조 및 관리와 화재예방을 위하여 불을 사용할 때 지켜야 하는 사항 (화재예방법 시행령 [별표 1])
이동식난로는 다음의 장소에서 사용해서는 안 된다. 다만, 난로가 쓰러지지 않도록 받침대를 두어 고정시키거나 쓰러지는 경우 즉시 소화되고 연료의 누출을 차단할 수 있는 장치가 부착된 경우에는 그렇지 않다.
1) 「다중이용업소의 안전관리에 관한 특별법」제2조 제1항 제4호에 따른 다중이용업소
2) 「학원의 설립·운영 및 과외교습에 관한 법률」제2조 제1호에 따른 학원
3) 「학원의 설립·운영 및 과외교습에 관한 법률 시행령」제2조 제1항 제4호에 따른 독서실
4) 「공중위생관리법」제2조 제1항 제2호에 따른 숙박업, 같은 항 제3호에 따른 목욕장업 및 같은 항 제6호에 따른 세탁업의 영업장
5) 「의료법」제3조 제2항 제1호에 따른 의원·치과의원·한의원, 같은 항 제2호에 따른 조산원 및 같은 항 제3호에 따른 병원·치과병원·한방병원·요양병원·정신병원·종합병원
6) 「식품위생법 시행령」제21조 제8호에 따른 식품접객업의 영업장
7) 「영화 및 비디오물의 진흥에 관한 법률」제2조 제10호에 따른 영화상영관
8) 「공연법」제2조 제4호에 따른 공연장
9) 「박물관 및 미술관 진흥법」제2조 제1호에 따른 박물관 및 같은 조 제2호에 따른 미술관
10) 「유통산업발전법」제2조 제7호에 따른 상점가
11) 「건축법」제20조에 따른 가설건축물
12) 역·터미널

15 정답 ③

화재예방법 시행령 제48조(권한의 위임·위탁 등)
소방청장은 법 제48조 제1항에 따라 법 제31조에 따른 소방안전관리자 자격의 정지 및 취소에 관한 업무를 소방서장에게 위임한다.

16 정답 ④

화재예방법 제25조(소방안전관리업무의 대행)
① 소방안전관리대상물 중 연면적 등이 일정규모 미만인 대통령령으로 정하는 소방안전관리대상물의 관계인은 제24조 제1항에도 불구하고 관리업자로 하여금 같은 조 제5항에 따른 소방안전관리업무 중 대통령령으로 정하는 업무를 대행하게 할 수 있다. (이하 생략)

시행령 제28조(소방안전관리 업무의 대행 대상 및 업무)
① 법 제25조 제1항 전단에서 "대통령령으로 정하는 소방안전관리대상물"이란 다음 각 호의 소방안전관리대상물을 말한다.
  1. 별표 4 제2호 가목3)에 따른 지상층의 층수가 11층 이상인 1급 소방안전관리대상물(연면적 1만5천제곱미터 이상인 특정소방대상물과 아파트는 제외한다)
  2. 별표 4 제3호에 따른 2급 소방안전관리대상물
  3. 별표 4 제4호에 따른 3급 소방안전관리대상물

17 정답 ①

화재예방법 시행령 제42조(소방안전 특별관리기본계획·시행계획의 수립·시행)
① 소방청장은 법 제40조 제2항에 따른 소방안전 특별관리기본계획(이하 "특별관리기본계획"이라 한다)을 5년마다 수립하여 시·도에 통보해야 한다.
② 특별관리기본계획에는 다음 각 호의 사항이 포함되어야 한다.
  1. 화재예방을 위한 중기·장기 안전관리정책
  2. 화재예방을 위한 교육·홍보 및 점검·진단
  3. 화재대응을 위한 훈련
  4. 화재대응과 사후 조치에 관한 역할 및 공조체계
  5. 그 밖에 화재 등의 안전관리를 위하여 필요한 사항
③ 시·도지사는 특별관리기본계획을 시행하기 위하여 매년 법 제40조 제3항에 따른 소방안전 특별관리시행계획(이하 "특별관리시행계획"이라 한다)을 수립·시행하고, 그 결과를 다음 연도 1월 31일까지 소방청장에게 통보해야 한다.
④ 특별관리시행계획에는 다음 각 호의 사항이 포함되어야 한다.
  1. 특별관리기본계획의 집행을 위하여 필요한 사항
  2. 시·도에서 화재 등의 안전관리를 위하여 필요한 사항
⑤ 소방청장 및 시·도지사는 특별관리기본계획 또는 특별관리시행계획을 수립하는 경우 성별, 연령별, 화재안전취약자별 화재 피해현황 및 실태 등을 고려해야 한다.

18 정답 ②

「화재의 예방 및 안전관리에 관한 법률 시행규칙」 제2조(실태조사의 방법 및 절차 등)
① 「화재의 예방 및 안전관리에 관한 법률」(이하 "법"이라 한다) 제5조제1항에 따른 실태조사는 통계조사, 문헌조사 또는 현장조사의 방법으로 하며, 정보통신망 또는 전자적인 방식을 사용할 수 있다.
② 소방청장은 제1항에 따른 실태조사를 실시하려는 경우 실태조사 시작 7일 전까지 조사 일시, 조사 사유 및 조사 내용 등을 포함한 조사계획을 조사대상자에게 서면 또는 전자우편 등의 방법으로 미리 알려야 한다.
③ 관계 공무원 및 제4항에 따라 실태조사를 의뢰받은 관계 전문가 등이 실태조사를 위하여 소방대상물에 출입할 때에는 그 권한 또는 자격을 표시하는 증표를 지니고 이를 관계인에게 내보여야 한다.
④ 소방청장은 실태조사를 전문연구기관·단체나 관계 전문가에게 의뢰하여 실시할 수 있다.
⑤ 소방청장은 실태조사의 결과를 인터넷 홈페이지 등에 공표할 수 있다.
⑥ 제1항부터 제5항까지에서 규정한 사항 외에 실태조사 방법 및 절차 등에 관하여 필요한 사항은 소방청장이 정한다.

19 정답 ①

「화재의 예방 및 안전관리에 관한 법률」 제41조(화재예방안전진단)
① 대통령령으로 정하는 소방안전 특별관리시설물의 관계인은 화재의 예방 및 안전관리를 체계적·효율적으로 수행하기 위하여 대통령령으로 정하는 바에 따라 「소방기본법」 제40조에 따른 한국소방안전원(이하 "안전원"이라 한다) 또는 소방청장이 지정하는 화재예방안전진단기관(이하 "진단기관"이라 한다)으로부터 정기적으로 화재예방안전진단을 받아야 한다.
② 제1항에 따른 화재예방안전진단의 범위는 다음 각 호와 같다.
  1. 화재위험요인의 조사에 관한 사항
  2. 소방계획 및 피난계획 수립에 관한 사항
  3. 소방시설등의 유지·관리에 관한 사항
  4. 비상대응조직 및 교육훈련에 관한 사항
  5. 화재 위험성 평가에 관한 사항
  6. 그 밖에 화재예방진단을 위하여 대통령령으로 정하는 사항
③ 제1항에 따라 안전원 또는 진단기관의 화재예방안전진단을 받은 연도에는 제37조에 따른 소방훈련과 교육 및 「소방시설 설치 및 관리에 관한 법률」 제22조에 따른 자체점검을 받은 것으로 본다.
④ 안전원 또는 진단기관은 제1항에 따른 화재예방안전진단 결과를 행정안전부령으로 정하는 바에 따라 소방본부장 또는 소방서장, 관계인에게 제출하여야 한다.
⑤ 소방본부장 또는 소방서장은 제4항에 따라 제출받은 화재예방안전진단 결과에 따라 보수·보강 등의 조치가 필요하다고 인정하는 경우에는 해당 소방안전 특별관리시설물의 관계인에게 보수·보강 등의 조치를 취할 것을 명할 수 있다.
⑥ 화재예방안전진단 업무에 종사하고 있거나 종사하였던 사람은

업무를 수행하면서 알게 된 비밀을 이 법에서 정한 목적 외의 용도로 사용하거나 다른 사람 또는 기관에 제공하거나 누설하여서는 아니 된다.

20 정답 ③

「화재의 예방 및 안전관리에 관한 법률」 제46조(청문)
소방청장 또는 시·도지사는 다음 각 호의 어느 하나에 해당하는 처분을 하려면 청문을 하여야 한다.
1. 제31조제1항에 따른 소방안전관리자의 자격 취소
2. 제42조제2항에 따른 진단기관의 지정 취소

21 정답 ②

「화재의 예방 및 안전관리에 관한 법률」 제52조(과태료)
① 다음 각 호의 어느 하나에 해당하는 자에게는 300만원 이하의 과태료를 부과한다.
  1. 정당한 사유 없이 제17조제1항 각 호의 어느 하나에 해당하는 행위를 한 자
  2. 제24조제2항을 위반하여 소방안전관리자를 겸한 자
  3. 제24조제5항에 따른 소방안전관리업무를 하지 아니한 특정소방대상물의 관계인 또는 소방안전관리대상물의 소방안전관리자
  4. 제27조제2항을 위반하여 소방안전관리업무의 지도·감독을 하지 아니한 자
  5. 제29조제2항에 따른 건설현장 소방안전관리대상물의 소방안전관리자의 업무를 하지 아니한 소방안전관리자
  6. 제36조제3항을 위반하여 피난유도 안내정보를 제공하지 아니한 자
  7. 제37조제1항을 위반하여 소방훈련 및 교육을 하지 아니한 자
  8. 제41조제4항을 위반하여 화재예방안전진단 결과를 제출하지 아니한 자
② 다음 각 호의 어느 하나에 해당하는 자에게는 200만원 이하의 과태료를 부과한다.
  1. 제17조제4항에 따른 불을 사용할 때 지켜야 하는 사항 및 같은 조 제5항에 따른 특수가연물의 저장 및 취급 기준을 위반한 자
  2. 제18조제4항에 따른 소방설비등의 설치 명령을 정당한 사유 없이 따르지 아니한 자
  3. 제26조제1항을 위반하여 기간 내에 선임신고를 하지 아니하거나 소방안전관리자의 성명 등을 게시하지 아니한 자
  4. 제29조제1항을 위반하여 기간 내에 선임신고를 하지 아니한 자
  5. 제37조제2항을 위반하여 기간 내에 소방훈련 및 교육 결과를 제출하지 아니한 자
③ 제34조제1항제2호를 위반하여 실무교육을 받지 아니한 소방안전관리자 및 소방안전관리보조자에게는 100만원 이하의 과태료를 부과한다.
④ 제1항부터 제3항까지에 따른 과태료는 대통령령으로 정하는 바에 따라 소방청장, 시·도지사, 소방본부장 또는 소방서장이 부과·징수한다.

22 정답 ②

소방시설법 제23조(소방시설등의 자체점검 결과의 조치 등)
① 특정소방대상물의 관계인은 제22조 제1항에 따른 자체점검 결과 소화펌프 고장 등 대통령령으로 정하는 중대위반사항(이하 이 조에서 "중대위반사항"이라 한다)이 발견된 경우에는 지체 없이 수리 등 필요한 조치를 하여야 한다.

시행령 제34조(소방시설등의 자체점검 결과의 조치 등)
법 제23조 제1항에서 "소화펌프 고장 등 대통령령으로 정하는 중대위반사항"이란 다음 각 호의 어느 하나에 해당하는 경우를 말한다.
1. 소화펌프(가압송수장치를 포함한다. 이하 같다), 동력·감시 제어반 또는 소방시설용 전원(비상전원을 포함한다)의 고장으로 소방시설이 작동되지 않는 경우
2. 화재 수신기의 고장으로 화재경보음이 자동으로 울리지 않거나 화재 수신기와 연동된 소방시설의 작동이 불가능한 경우
3. 소화배관 등이 폐쇄·차단되어 소화수(消火水) 또는 소화약제가 자동 방출되지 않는 경우
4. 방화문 또는 자동방화셔터가 훼손되거나 철거되어 본래의 기능을 못하는 경우

23 정답 ③

특정소방대상물의 소방시설 설치의 면제 기준 (소방시설법 시행령 [별표 5])

설치가 면제되는 소방시설	설치가 면제되는 기준
3. 스프링클러설비	가. 스프링클러설비를 설치해야 하는 특정소방대상물(발전시설 중 전기저장시설은 제외)에 적응성 있는 자동소화장치 또는 물분무등소화설비를 화재안전기준에 적합하게 설치한 경우에는 그 설비의 유효범위에서 설치가 면제된다. 나. 스프링클러설비를 설치해야 하는 전기저장시설에 소화설비를 소방청장이 정하여 고시하는 방법에 따라 설치한 경우에는 그 설비의 유효범위에서 설치가 면제된다.
8. 비상경보설비 또는 단독경보형 감지기	비상경보설비 또는 단독경보형 감지기를 설치해야 하는 특정소방대상물에 자동화재탐지설비 또는 화재알림설비를 화재안전기준에 적합하게 설치한 경우에는 그 설비의 유효범위에서 설치가 면제된다.
12. 자동화재속보설비	자동화재속보설비를 설치해야 하는 특정소방대상물에 화재알림설비를 화재안전기준에 적합하게 설치한 경우에는 그 설비의 유효범위에서 설치가 면제된다.
13. 누전경보기	누전경보기를 설치해야 하는 특정소방대상물 또는 그 부분에 아크경보기(옥내 배전선로의 단선이나 선로 손상 등으로 인하여 발생하는 아크를 감지하고 경보하는 장치) 또

	는 전기 관련 법령에 따른 **지락차단장치**를 설치한 경우에는 그 설비의 유효범위에서 설치가 면제된다.
21. 연소방지설비	연소방지설비를 설치해야 하는 특정소방대상물에 스프링클러설비, 물분무소화설비 또는 미분무소화설비를 화재안전기준에 적합하게 설치한 경우에는 그 설비의 유효범위에서 설치가 면제된다.

24   정답 ④

④ (×) 단란주점은 같은 건축물에 해당 용도로 쓰는 바닥면적의 합계가 150㎡ 미만인 것만 해당

25   정답 ③

소방시설법 시행규칙 제3조(건축허가등의 동의 요구)
③ 제1항에 따른 동의 요구를 받은 소방본부장 또는 소방서장은 법 제6조제4항에 따라 건축허가등의 동의 요구서류를 접수한 날부터 5일[허가를 신청한 건축물 등이 「화재의 예방 및 안전관리에 관한 법률 시행령」 별표 4 제1호 가목(註: 특급 소방안전관리대상물)의 어느 하나에 해당하는 경우에는 10일] 이내에 건축허가 등의 동의 여부를 회신해야 한다.
④ 소방본부장 또는 소방서장은 제3항에도 불구하고 제2항에 따른 동의요구서 및 첨부서류의 보완이 필요한 경우에는 4일 이내의 기간을 정하여 보완을 요구할 수 있다. 이 경우 보완 기간은 제3항에 따른 회신 기간에 산입하지 않으며 보완 기간 내에 보완하지 않는 경우에는 동의요구서를 반려해야 한다.

소방법령 Ⅲ (25문항)

01   정답 ④

"자연발화성물질 및 금수성물질"이라 함은 고체 또는 액체로서 공기 중에서 발화의 위험성이 있거나 물과 접촉하여 발화하거나 가연성 가스를 발생하는 위험성이 있는 것을 말한다.

02   정답 ④

흡연장소의 지정기준 등(령 제18조의2) → 〈2024.07.23.. 신설, 2024.07.31. 시행〉
- 흡연장소는 폭발위험장소(「산업표준화법」 제12조에 따른 한국산업표준에서 정한 폭발성 가스에 의한 폭발위험장소의 범위를 말한다) 외의 장소에 지정하는 등 위험물을 저장·취급하는 건축물, 공작물 및 기계·기구, 그 밖의 설비로부터 안전 확보에 필요한 일정한 거리를 둘 것
- 흡연장소는 옥외로 지정할 것. 다만, 부득이한 경우에는 건축물 내에 지정할 수 있다.
- 흡연장소는 구획된 실(室)로 하되, 가연성의 증기 또는 미분이 실내에 체류하거나 실내로 유입되는 것을 방지하기 위한 구조 또는 설비를 갖출 것
- 소형수동식소화기(이에 준하는 소화설비를 포함한다)를 1개 이상 비치할 것

03   정답 ②

안전관리대행기관에 대한 행정처분기준

위반사항	행정처분기준		
	1차	2차	3차
(1) 허위 그 밖의 부정한 방법으로 등록을 한 때	지정취소		
(2) 탱크시험자의 등록 또는 다른 법령에 의한 안전관리업무대행기관의 지정·승인 등이 취소된 때	지정취소		
(3) 다른 사람에게 지정서를 대여한 때	지정취소		
(4) 안전관리대행기관의 지정기준에 미달되는 때	업무정지 30일	업무정지 60일	지정취소
(5) 소방청장의 지도·감독에 정당한 이유없이 따르지 아니한 때	업무정지 30일	업무정지 60일	지정취소
(6) 지정변경 신고를 연간 2회 이상 하지 아니한 때	경고 또는 업무정지 30일	업무정지 90일	지정취소
(7) 휴업 또는 재개업 신고를 연간 2회 이상 하지 아니한 때	**경고 또는 업무정지 30일**	**업무정지 90일**	**지정취소**
(8) 안전관리대행기관의 기술인력이 안전관리업무를 성실하게 수행하지 아니한 때	경고	업무정지 90일	지정취소

04 정답 ③

탱크시험자가 갖추어야 할 장비

구분	탱크시험자 등록기준

장비	① 필수장비 : 자기탐상시험기, 초음파두께측정기 및 다음 ㉠ 또는 ㉡의 장비를 둘 것
	  ㉠ 영상초음파시험기
	  ㉡ 방사선투과시험기 및 초음파시험기
	② 필요한 경우에 두는 장비
	  ㉠ 충·수압시험, 진공시험, 기밀시험 또는 내압시험의 경우
	    ⓐ 진공능력 53KPa 이상의 진공누설시험기
	    ⓑ 기밀시험장치(안전장치가 부착된 것으로서 가압능력 200KPa 이상, 감압의 경우에는 감압능력 10KPa 이상·감도 10Pa 이하의 것으로서 각각의 압력 변화를 스스로 기록할 수 있는 것)
	  ㉡ 수직·수평도 시험의 경우 : 수직·수평도 측정기
	※ 둘 이상의 기능을 함께 가지고 있는 장비를 갖춘 경우에는 각각의 장비를 갖춘 것으로 본다.

05 정답 ②

제조소에는 저장 또는 취급하는 위험물에 따라 다음에 따른 주의사항을 표시한 게시판을 설치할 것

1) 제1류 위험물 중 알칼리금속의 과산화물과 이를 함유한 것 또는 제3류 위험물 중 금수성물질에 있어서는 "물기엄금"
2) 제2류 위험물(인화성고체를 제외한다)에 있어서는 "화기주의"
3) 제2류 위험물 중 인화성고체, 제3류 위험물 중 자연발화성물질, 제4류 위험물 또는 제5류 위험물에 있어서는 "화기엄금"

06 정답 ④

주유취급소의 고정주유설비 또는 고정급유설비는 다음 각목의 기준에 적합한 위치에 설치하여야 한다.

- 고정주유설비의 중심선을 기점으로 하여 도로경계선까지 **4m 이상**, 부지경계선·담 및 건축물의 벽까지 **2m(개구부가 없는 벽까지는 1m) 이상**의 거리를 유지하고, 고정급유설비의 중심선을 기점으로 하여 도로경계선까지 **4m 이상**, 부지경계선 및 담까지 1m 이상, 건축물의 벽까지 **2m(개구부가 없는 벽까지는 1m) 이상**의 거리를 유지할 것
- 고정주유설비와 고정급유설비의 사이에는 **4m 이상**의 거리를 유지할 것.

07 정답 ①

저장소의 구분에서 옥외저장소

옥외에 다음 각목의 1에 해당하는 위험물을 저장하는 장소.

- 제2류 위험물 중 황 또는 인화성고체(인화점이 섭씨 0도 이상인 것에 한한다)
- 제4류 위험물 중 제1석유류(인화점이 섭씨 0도 이상인 것에 한한다)·알코올류·제2석유류·제3석유류·제4석유류 및 동식물유류
- 제6류 위험물
- 제2류 위험물 및 제4류 위험물 중 특별시·광역시·특별자치시 또는 특별자치도의 조례에서 정하는 위험물(「관세법」제154조에 따른 보세구역안에 저장하는 경우에 한한다)

08 정답 ③

위험물의 구분

구분	정 의
황	순도가 60중량퍼센트 이상인 것을 말한다.
철분	철의 분말로서 53마이크로미터의 표준체를 통과하는 것이 50중량퍼센트 이상인 것
금속분	알칼리금속·알칼리토류금속·철 및 마그네슘외의 금속의 분말을 말하고, 구리분·니켈분 및 150마이크로미터의 체를 통과하는 것이 50중량퍼센트 이상인 것
알코올류	1분자를 구성하는 탄소원자의 수가 1개 내지 3개의 포화1가 알코올의 함유량이 60중량퍼센트 이상인 수용액
과산화수소	그 농도가 36중량퍼센트 이상인 것
질산	그 비중이 1.49 이상인 것

09 정답 ②

제조소별 방유제 용량

탱크 수	제조소		옥외탱크저장소
	옥외 취급탱크	옥내 취급탱크	
1	취급탱크 용량의 50% 이상	탱크용량	• 인화성액체위험물 → 110% 이상 • 비인화성액체위험물 → 100% 이상
2 이상	최대인 탱크용량의 50%에 그 외의 탱크용량의 합의 10%를 합한 용량	최대탱크 용량	• 인화성액체위험물 → 최대탱크 용량의 110% 이상 • 비인화성 액체위험물 → 최대탱크 용량의 100% 이상

따라서 방유제 용량 = $(\frac{80,000L}{2} + (70,000L \times 0.1)) = 47,000L$

10 정답 ②

벌칙의 양형기준

위반내용	벌칙
정기**점검**을 하지 아니하거나 점검기록을 허위로 작성한 관계인으로서 허가를 받은 자	1년 이하의 징역 또는 1천만 원 이하의 벌금
정기**검사**를 받지 아니한 관계인으로서 허가를 받은 자	
운반용기에 대한 **검사**를 받지 아니하고 운반용기를 사용하거나 유통시킨 자	

소방청장, 시·도지사, 소방본부장 또는 소방서장의 **출입·검사** 또는 위험물 누출 등 **사고조사** 시 보고 또는 자료제출을 하지 아니하거나 허위로 보고 또는 자료제출을 한 자 또는 관계공무원의 출입·검사 또는 수거를 거부·방해 또는 기피한 자	
제조소등의 **완공검사**를 받지 아니하고 위험물을 저장·취급한 자	1천 500만 원 이하의 벌금
소방공무원이 위험물 제조소 등 관계인의 정당한 업무를 방해하거나 **출입·검사** 등을 수행하면서 알게 된 비밀을 누설한 자	1천만 원 이하의 벌금

11 정답 ①

제조소의 건축물 구조

위험물을 취급하는 건축물의 구조	건축재료 및 예외
(1) 지하층이 없도록 해야 한다.	다만, 위험물을 취급하지 아니하는 지하층으로서 위험물의 취급장소에서 새어나온 위험물 또는 가연성의 증기가 흘러 들어갈 우려가 없는 구조로 된 경우에는 그러하지 아니하다.
(2) 벽·기둥·바닥·보·서까래 및 계단	불연재료로 해야 한다.
(3) 연소의 우려가 있는 외벽	• 출입구 외의 개구부가 없는 내화구조의 벽으로 하여야 한다. • 이 경우 제6류 위험물을 취급하는 건축물에 있어서 위험물이 스며들 우려가 있는 부분에 대하여는 아스팔트 그 밖에 부식되지 아니하는 재료로 피복하여야 한다.
(4) 지붕	폭발력이 위로 방출될 정도의 가벼운 불연재료로 덮어야 한다. **지붕을 내화구조로 할 수 있는 경우** ① 제2류 위험물(분말상태의 것과 인화성고체는 제외) ② 제4류 위험물 중 제4석유류, 동식물유류 ③ 제6류 위험물 ④ 다음의 기준에 적합한 밀폐형 구조의 건축물인 경우 • 발생할 수 있는 내부의 과압(過壓) 또는 부압(負壓)에 견딜 수 있는 철근콘크리트조일 것 • 외부화재에 90분 이상 견딜 수 있는 구조일 것
(5) 출입구 및 비상구	60분+방화문·60분방화문 또는 30분방화문을 설치
(6) 연소의 우려가 있는 외벽에 설치하는 출입구	수시로 열 수 있는 자동폐쇄식의 60분+방화문 또는 60분방화문을 설치해야 한다.
(7) 창 또는 출입구에 유리를 이용하는 경우	망입유리로 해야 한다.
(8) 바닥	위험물이 스며들지 못하는 재료를 사용하고, 적당한 경사를 두어 그 최저부에 집유설비를 하여야 한다.

12 정답 ④

옥내저장창고의 기준 면적

구분	위험물을 저장하는 창고	기준면적
가	① 제1류 위험물 중 아염소산염류, 과염소산염류, 무기과산화물 그 밖에 지정수량 50kg인 위험물 ② 제3류 위험물 중 칼륨, 나트륨, 알킬알루미늄, 알킬리튬, 그 밖에 지정수량 10kg인 위험물 및 황린 ③ 제4류 위험물 중 특수인화물, 제1석유류, 알코올류 ④ 제5류 위험물 중 지정수량이 10kg인 위험물 ⑤ 제6류 위험물(과염소산, 과산화수소, 질산, 할로젠간화합물) ⑥ "가"의 위험물과 "나"의 위험물을 같은 창고에 저장할 때	1,000㎡ 이하
나	위 "가"의 위험물 외의 위험물	2,000㎡ 이하
다	"가"의 위험물과 "나"의 위험물을 내화구조의 격벽으로 완전구획된 실에 각각 저장하는 창고("가"의 위험물을 저장하는 실의 면적은 500㎡를 초과할 수 없다)	1,500㎡ 이하

13 정답 ②

정기점검의 기록·유지(제68조)

제조소등의 관계인은 정기점검 후 다음 각 호의 사항을 기록해야 한다.
1. 점검을 실시한 제조소등의 명칭
2. 점검의 방법 및 결과
3. 점검연월일
4. 점검을 한 안전관리자 또는 점검을 한 탱크시험자와 점검에 참관한 안전관리자의 성명

14 정답 ②

화재안전등급(시행령 별표 4)

등급	평가점수
A	80 이상
B	60 이상 79 이하
C	40 이상 59 이하
D	20 이상 39 이하
E	20 미만

비고
"평가점수"란 다중이용업소에 대하여 화재예방, 화재감지·경보, 피난, 소화설비, 건축방재 등의 항목별로 소방청장이 정하여 고시하는 기준을 갖추었는지에 대하여 평가한 점수를 말한다.

15 정답 ④

벌칙 적용 시에 공무원의 의제

관련법 조문	대상
권한의 위임 위탁(법 제22조 제2항) 벌칙 적용 시에 공무원 의제(법 제22조의2)	• 다중이용업주 및 그 종업원에 대한 소방안전교육 업무, 책임보험전산망의 구축·운영에 관한 업무를 위탁받은 업무에 종사하는 법인 또는 단체의 임원 및 직원은 「형법」 제129조부터 제132조까지의 규정을 적용할 때에는 공무원으로 본다. • 화재위험평가업무를 대행하는 사람은 「형법」 제129조부터 제132조까지의 규정을 적용할 때에는 공무원으로 본다.

16 정답 ③

피난유도선
- 영업장 내부 피난통로 또는 복도에 「소방시설 설치 및 관리에 관한 법률」 제12조제1항에 따라 소방청장이 정하여 고시하는 유도등 및 유도표지의 화재안전기준에 따라 설치할 것
- 전류에 의하여 빛을 내는 방식으로 할 것

17 정답 ③

평가대행자의 등록 결격사유
① 피성년후견인
② 심신상실자, 알코올 중독자 등 다음의 정신적 제약이 있는 자
　㉠ 심신상실자
　㉡ 알코올·마약·대마 또는 향정신성의약품 관련 장애로 평가대행자의 업무를 정상적으로 수행할 수 없다고 해당 분야의 전문의가 인정하는 사람
　㉢ 치매, 조현병·조현 정동장애·양극성 정동장애(조울병)·재발성 우울장애 등의 정신질환이나 정신 발육지연, 뇌전증으로 평가대행자의 업무를 정상적으로 수행할 수 없다고 해당 분야의 전문의가 인정하는 사람
③ 등록이 취소된 후 2년이 지나지 아니한 자
④ 이 법, 「소방기본법」, 「소방시설공사업법」, 「화재의 예방 및 안전관리에 관한 법률」, 「소방시설 설치 및 관리에 관한 법률」, 「위험물안전관리법」을 위반하여 징역 이상의 실형을 선고받고 그 형의 집행이 끝나거나 집행을 받지 아니하기로 확정된 후 2년이 지나지 아니한 사람
⑤ 임원 중 ①부터 ④까지의 어느 하나에 해당하는 사람이 있는 법인

18 정답 ③

다음 각 호의 어느 하나에 해당하는 자는 1년 이하의 징역 또는 1천만 원 이하의 벌금에 처한다.(법 제23조)
1. 화재위험 평가대행자로 등록하지 아니하고 화재위험평가 업무를 대행한 자
2. 업무를 위탁받은 자는 그 직무상 알게 된 정보를 다른 사람에게 정보를 제공하거나 부당한 목적으로 이용한 자

19 정답 ①

소방안전교육의 교과과정(시행규칙 제7조)
① 화재안전과 관련된 법령 및 제도
② 다중이용업소에서 화재가 발생한 경우 초기대응 및 대피요령
③ 소방시설 및 방화시설(防火施設)의 유지·관리 및 사용방법
④ 심폐소생술 등 응급처치 요령

20 정답 ①

안전시설등 세부점검표(시행규칙 별지10호 서식 참조)
① 소화기 또는 자동확산소화기의 외관점검
　- 구획된 실마다 설치되어 있는지 확인
　- 약제 응고상태 및 압력게이지 지시침 확인
② 간이스프링클러설비 작동기능점검
　- 시험밸브 개방 시 펌프기동, 음향경보 확인
　- 헤드의 누수·변형·손상·장애 등 확인
③ 경보설비 작동기능점검
　- 비상벨설비의 누름스위치, 표시등, 수신기 확인
　- 자동화재탐지설비의 감지기, 발신기, 수신기 확인
　- 가스누설경보기 정상작동여부 확인
④ 피난설비 작동기능점검 및 외관점검
　- 유도등·유도표지 등 부착상태 및 점등상태 확인
　- 구획된 실마다 휴대용비상조명등 비치 여부
　- 화재신호 시 피난유도선 점등상태 확인
　- 피난기구(완강기, 피난사다리 등) 설치상태 확인
⑤ 비상구 관리상태 확인
　- 비상구 폐쇄·훼손, 주변 물건 적치 등 관리상태
　- 구조변형, 금속표면 부식·균열, 용접부·접합부 손상 등 확인
　(건축물 외벽에 발코니 형태의 비상구를 설치한 경우만 해당)
⑥ 영업장 내부 피난통로 관리상태 확인
　- 영업장 내부 피난통로 상 물건 적치 등 관리상태
⑦ 창문(고시원) 관리상태 확인
⑧ 영상음향차단장치 작동기능점검
　- 경보설비와 연동 및 수동작동 여부 점검
　(화재신호 시 영상음향차단 되는 지 확인)
⑨ 누전차단기 작동 여부 확인
⑩ 피난안내도 설치 위치 확인
⑪ 피난안내영상물 상영 여부 확인
⑫ 실내장식물·내부구획 재료 교체 여부 확인
　- 커튼, 카페트 등 방염선처리제품 사용 여부
　- 합판·목재 방염성능확보 여부
　- 내부구획재료 불연재료 사용 여부
⑬ 방염 소파·의자 사용 여부 확인
⑭ 안전시설등 세부점검표 분기별 작성 및 1년간 보관여부
⑮ 화재배상책임보험 가입여부 및 계약기간 확인

21 정답 ②

피난안내 영상물 상영 대상
① 영화상영관 및 비디오물소극장업의 영업장
② 노래연습장업의 영업장
③ 단란주점영업 및 유흥주점영업의 영업장. 다만, 피난안내 영상물을 상영할 수 있는 시설이 설치된 경우만 해당한다.
④ 화재위험평가결과 화재위험등급이 D급 또는 E급이거나 화재발생 시 인명피해가 발생할 우려가 높은 불특정다수인이 출입하는 행정안전부령으로 정하는 영업으로서 피난안내 영상물을 상영할 수 있는 시설을 갖춘 영업장

22 정답 ②

소방청장·소방본부장 또는 소방서장은 조치명령 미이행업소를 공개할 때에는 **2개 이상**의 매체에 공개하고, 소방청, 소방본부 또는 소방서의 인터넷 홈페이지에 공개한 경우로서 다중이용업주가 사후에 조치명령을 이행한 경우에는 이를 확인한 날부터 **2일 이내**에 공개내용을 해당 인터넷 홈페이지에서 삭제해야 한다.

23 정답 ③

안전관리우수업소의 공표절차 등(제20조 제1항)
소방본부장이나 소방서장은 안전관리우수업소를 인정하여 공표하려면 안전관리우수업소 요건을 ❶ 관보 또는 시·도의 공보, ❷ 소방청, 시·도 소방본부 또는 소방서의 인터넷 홈페이지, ❸ 중앙일간지 신문 또는 해당 지역 일간지 신문에 안전관리우수업소 인정 예정공고를 해야 한다.

24 정답 ②

소방안전교육에 필요한 교육인력(시행규칙 별표1)

구분		교육인력 기준
인원		강사 4인 및 교무요원 2인 이상
강사의 자격요건	강사	가. 소방 관련학의 석사학위 이상을 가진 자 나. 전문대학 또는 이와 동등 이상의 교육기관에서 소방안전 관련 학과 전임강사 이상으로 재직한 자 다. 소방기술사, 위험물기능장, 소방시설관리사, 소방안전교육사자격을 소지한 자 라. 소방설비기사 및 위험물산업기사 자격을 취득한 후 소방 관련 기관(단체)에서 **2년 이상** 강의경력이 있는 자 마. 소방설비산업기사 및 위험물기능사 자격을 취득한 후 소방 관련 기관(단체)에서 **5년 이상** 강의경력이 있는 자 바. 대학 또는 이와 동등 이상의 교육기관에서 소방안전 관련 학과를 졸업한 후 소방 관련 기관(단체)에서 **5년 이상** 강의경력이 있는 자 사. 소방 관련 기관(단체)에서 10년 이상 실무경력이 있는 자로서 **5년 이상** 강의경력이 있는 자 아. 소방위 이상의 소방공무원 또는 소방설비기사 자격을 소지한 소방장 이상의 소방공무원 자. 간호사 또는 응급구조사 자격을 소지한 소방공무원(응급처치 교육에 한한다)
	외래초빙 강사	강사의 자격요건에 해당하는 자일 것

25 정답 ③

① 다중이용업주 및 다중이용업을 하려는 자는 다중이용업소의 화재(폭발을 포함)로 인하여 다른 사람이 사망·부상하거나 재산상의 손해를 입은 때에는 과실이 없는 경우에도 피해자에게 대통령령으로 정하는 금액을 지급할 책임을 지는 책임보험에 가입하여야 한다.
② 소방청장, 소방본부장 또는 소방서장은 화재위험평가 결과 그 다중이용업소에 부여된 등급(이하 "화재안전등급"이라 한다)이 대통령령으로 정하는 기준 미만인 경우에는 해당 다중이용업주 또는 관계인에게 「화재의 예방 및 안전관리에 관한 법률」 제14조에 따른 조치를 명할 수 있다.
④ 화재책임보험에 가입하지 않은 경우 가입하지 않은 기간 경과에 따라 300만 원의 이하의 과태료를 부과한다.

소방전술 (25문항)

01 정답 ③

검토회의 준비

통제관	① 대형화재 발생 시의 통제관은 소방본부장이 된다. ② 중요화재, 특수화재의 경우 통제관은 관할 소방서장으로 하되 필요한 경우 소방본부장이 할 수 있다.
참석자	① 소방활동에 참여한 직원(긴급구조통제단 각 부 및 유관기관 담당자를 포함) ② 예방관계 사무담당직원 ③ 기타 화재규모, 방어활동 등을 참작하여 통제관이 필요하다고 지정하는 사람

※ 출동대 표시
① 제1출동대는 적색
② 제2출동대는 청색
③ 제3출동대는 녹색
④ 응원대는 황색

02 정답 ③

화재의 진행단계 참고

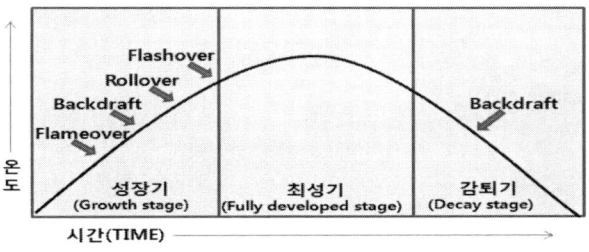

03 정답 ④

복사에너지	구획실 화재가 성장기로부터 최성기로 전환되는 데 있어서 중요한 역할을 한다. • 뜨거운 가스층이 천장부분에서 형성될 때에, 연기 속에 들어 있는 뜨거운 미립자들은 구획실에 있는 다른 가연물들로 에너지를 방사하기 시작한다. • 이렇게 발화원에서 떨어져 있는 가연물들은 때때로 '표적 가연물(target fuels)'이라고 불린다. • 복사에너지가 증가하게 되면, 표적 가연물은 열분해 반응을 시작하고 가연성가스를 발산하기 시작한다. • 구획실 내의 온도가 이들 가스의 발화온도에 도달하면, 방 전체는 화재로 휩싸이게 된다.(플래시오버)

04 정답 ①

일산화탄소(CO)★	일산화탄소는 무색·무취·무미의 환원성이 강한 가스로서 300℃ 이상의 열분해 시 발생한다. 13~75%가 폭발한계로서 푸른 불꽃을 내며 타지만 다른 가스의 연소는 돕지 않으며, 혈액중의 헤모글로빈과 결합력이 산소보다 210배에 이르고 흡입하면 산소결핍 상태가 된다. 인체에 대한 허용농도는 50ppm이다.
이산화탄소(CO_2)	이산화탄소는 물질의 완전 연소 시 생성되는 가스로 무색·무미의 기체로서 공기보다 무거우며 가스 자체는 독성이 거의 없으나 다량으로 존재할 때 사람의 호흡 속도를 증가시키고 혼합된 유해 가스의 흡입을 증가시켜 위험을 가중시킨다. 인체에 대한 허용농도는 5,000ppm이다.
황화수소(H_2S)	황을 포함하고 있는 유기 화합물이 불완전 연소하면 발생하는데 계란 썩은 냄새가 나며 0.2% 이상 농도에서 냄새 감각이 마비되고 0.4~0.7%에서 1시간 이상 노출되면 현기증, 장기혼란의 증상과 호흡기의 통증이 일어난다. 0.7%를 넘어서면 독성이 강해져서 신경 계통에 영향을 미치고 호흡기가 무력해진다.
이산화황(SO_2)★	일명 아황산가스라고도 하며, 유황이 함유된 물질인 동물의 털, 고무와 일부 목재류 등이 연소하는 화재 시에 발생하는 것으로 무색의 자극성 냄새를 가진 유독성 기체로 눈 및 호흡기 등에 점막을 상하게 하고 질식사할 우려가 있다. ① 특히 유황을 저장 또는 취급하는 공장에서의 화재 시 주의를 요하는 것으로, 화재로 발생하는 아황산가스는 대기상에도 큰 피해를 준다. ② 1952년 영국 런던에서는 7일간 계속된 높은 습도와 정체된 기단으로 인한 스모그가 발생하여 호흡장애와 질식으로 약 4천명 이상의 사망자가 발생하였다. 이 '런던 스모그 사건'은 바로 아황산가스에 의한 대기오염 피해 사건으로 알려져 있다.
암모니아(NH_3)★	질소 함유물이 연소할 때 발생하는 연소생성물로서 유독성이 있으며 강한 자극성을 가진 무색의 기체로 흡입 시 점액질과 기도조직에 심한 손상을 초래하고, 타는 듯한 느낌, 기침, 숨 가쁨 등을 초래하며, 냉동시설의 냉매로 많이 쓰이고 있으므로 냉동창고 화재 시 누출가능성이 크므로 주의해야 하며, 독성의 허용 농도는 25ppm이다. ★ 14년 경기 소방장/ 18년 소방장/ 22년 소방위
시안화수소(HCN)	질소성분을 가지고 있는 합성수지, 동물의 털, 인조견 등의 섬유가 불완전 연소할 때 발생하는 맹독성 가스로 0.3%의 농도에서 즉시 사망할 수 있다. 청산가스라고도 한다. 인화성이 매우 강한 무색의 화학물질로 연소 시 유독가스를 발생시키고, 특히 수분이 2% 이상 포함되어 있거나 알칼리 등이 포함되어 있으면 폭발할 우려가 크다.★
포스겐($COCl_2$)★	① 열가소성 수지인 폴리염화비닐(PVC), 수지류 등이 연소할 때 발생되며 2차 세계 대전 당시 독일군이 유태인 대량학살에 사용했을 만큼 맹독성가스로 허용농도는 0.1ppm(mg/m³)이다. ② 일반적인 물질이 연소할 경우는 거의 생성되지 않지만 일산화탄소와 염소가 반응하여 생성하기도 한다.

염화수소(HCl)★	PVC와 같이 염소가 함유된 수지류가 탈 때 주로 생성되는데 독성의 허용농도는 5ppm(mg/m³)이며 향료, 염료, 의약, 농약 등의 제조에 이용되고 있고, 자극성이 아주 강해 눈과 호흡기에 영향을 준다.
이산화질소 (NO_2)	질산셀룰로오스가 연소 또는 분해될 때 생성되며 독성이 매우 커서 200~700ppm 정도의 농도에 잠시 노출되어도 인체에 치명적이다.
불화수소(HF)★	합성수지인 불소수지가 연소할 때 발생되는 연소생성물로서 무색의 자극성 기체이며 유독성이 강하다. 허용농도는 3ppm(mg/m³)이며 모래나 유리를 부식시키는 성질이 있다.

05 정답 ①

내화조	• 콘크리트 바닥 층의 강도 내부 바닥 층의 갈라짐, 휘어짐, 갈라진 콘크리트 틈새로 상승하는 불꽃과 연기를 발견했다면 이것은 붕괴 신호라는 것을 인식
준내화조	• 철재구조의 지붕 붕괴의 취약성 - 지붕 위에 올라가 소방 활동을 하는 것은 극히 위험 - 안전한 배연방법으로 수평배연 기법이 필요
조적조	• 벽 붕괴 수직하중에는 강하지만 수평으로 주어진 하중은 벽체를 쉽게 무너지게 한다.
중량 목구조	• 지붕과 바닥 층을 지탱하는 트러스트 구조의 연결부분 건물 외부 코너 부분이 가장 안전한 곳
경량 목구조	• 벽 붕괴 3~4개의 벽체가 동시에 붕괴되는 유일한 건물 유형이므로 진압활동 중 진압대원들이 매몰될 가능성이 가장 높다.

06 정답 ①

1. 안아 올려 운반구출	주로 구출 거리가 짧은 경우에 이용한다.
2. 끈 운반 구출	구조대상자의 부상부위가 허리 부분인 경우는 피한다.
3. 전진, 후퇴 포복구출	짙은 연기 중의 구출에 적합하다. 주로 구출거리가 짧은 경우에 활용한다.
4. 메어서 운반구출	구조대상자의 부상부위가 허리 또는 복부 부분의 경우는 피한다.
5. 양쪽 겨드랑이 잡아당겨 구출	구출거리가 짧은 경우에 활용한다.
6. 1인 확보 운반 구출	구조대상자의 부상부위가 가슴부분 또는 허리 부분의 경우는 피한다. 주로 구출거리가 짧은 경우에 활용한다.
7. 뒤로 옷깃을 끌어당겨 구출	구조대상자는 낮은 위치에 있으므로 짙은 연기 중의 구출에 적합하다.
8. 모포 등을 이용하여 끌어당겨 구출	구조대상자는 낮은 위치에 있으므로 짙은 연기 중의 구출에 적합하다. 발부분의 모포 등을 묶으면 구조대상자의 이탈을 막을 수 있다. 구조대상자의 부상에 대하여는 그다지 고려할 것 없이 구출할 수 있다.
9. 등에 업고 포복 구출	구조대상자는 낮은 위치에 있으므로 짙은 연기 중의 구출에 적합하다. 주로 구출거리가 짧은 경우에 활용한다.

07 정답 ③

① 목조 또는 내화조 건물의 경우 격벽으로 방화구획이 되어 있는 경우도 같은 동으로 한다.
② 건물의 70% 이상(입체면적에 대한 비율을 말함. 이하 같다)이 소실되었거나 그 미만이라도 잔존부분이 보수를 하여도 재사용 불가능한 것
③ 건물의 소실면적 산정은 소실 바닥면적으로 한다.

08 정답 ④

일반 목조건물 화재	• 연소위험이 큰 쪽으로부터 순차 배치한다. • 관창은 각 차량에 적재되어 있어 분무전환을 할 수 있는 것을 사용한다. • 방수구는 3구를 원칙으로 한다.
구획별 관창 배치	• 인접 건물로 비화위험이 있는 화재는 연소위험이 있는 방향에 배치하고 기타 관창은 필요에 따라 배치한다. • 도로에 면하는 화재는 도로의 접하지 않는 쪽을 우선하여 배치하고 풍횡측, 풍상측의 순으로 포위한다. • 구획 중앙부 화재는 풍하측을 우선으로 하고 풍횡측, 풍상측의 순으로 포위한다.
대규모 건물	• 대구경의 관창을 사용한다. • 관창 배치 우선순위는 인접건물 또는 연소위험이 큰 곳으로 한다. • 방수포를 건물 측면에 배치하여 활용한다. • 연소저지선을 설정할 때의 관창 배치 중점장소는 방화벽, 방화구획, 건물의 구부러진 부분, 옥내계단 부분 등으로 한다. • 학교, 기숙사 등의 건물은 연소방향에 있는 작은 천장 구획(12m 간격이내)을 방어 중점으로 천장을 파괴하여 천장에 방수한다. • 사찰, 중요문화재 건물이 접근 곤란할 때는 방수포를 활용하여 고압으로 대량 방수한다.
기상조건별 관창배치	• 풍속이 5m/sec 이상 : 비화발생 위험이 있으므로 풍하측에 비화경계 관창 배치 • 풍속이 3m/sec 초과 : 풍하측의 연소위험이 크므로 풍하측을 중점으로 관창 배치 • 풍속이 3m/sec 이하 : 방사열이 큰 쪽 방향을 중점으로 관창을 배치 • 강풍(대략 풍속 13m/sec 이상) 때는 풍횡측에 대구경 관창을 배치

09 정답 ④

숏펄싱 (Short pulsing)	1초 이내로 짧게 끊어서 방수하며, 물의 입자(0.3mm 이하)가 작을수록 효과가 높은 장점을 가지고 있다. ※ 숏펄싱 요령 ⓐ 확실한 발 디딤 장소를 확보하고 낮은 자세를 유지한다. ⓑ 관창수는 화점실 진입 전 머리 위쪽 및 주변 상층부 연기층을 목표로 방수한다. ⓒ 관창보조는 소방호스를 땅에 살짝 닿도록 들어서 잡아준다. 관창수가 담당하는 부분은 앞부분만 나머지 호스의 반동이나 무게는 보조자가 담당하게 된다. ⓓ 관창의 노즐은 오른쪽 방향 끝까지 돌려서 사용한다. ⓔ 관창의 개폐조작은 1초 이내로 짧게 끊어서 조작한다. ⓕ 좌(우)측, 중앙, 우(좌)측 순으로 상층부에 짧게 끊어서 3~4회 방수한다.
미디움 펄싱	숏펄싱과 롱펄싱의 중간 방수기법으로 1~2초의 간격으로 주어진 상황에 따라서 방어와 공격의 형태로 적용할 수 있다. ① 확실한 발 디딤 장소를 확보하고 낮은 자세를 유지한다. ② 관창수는 화점실 진입 전 전면 상층부 연기층 및 간헐적 화염을 목표로 방수한다. (방수한 물이 모두 기화하는 것이 아니라 일부는 가스층을 뚫고 천정 표면에 부딪혀 표면 냉각효과를 갖기도 한다) ③ 관창보조는 소방호스를 땅에 살짝 닿도록 들어서 잡아준다. ④ 관창의 노즐은 오른쪽 방향 끝까지 돌려서 사용한다. ⑤ 관창의 개폐조작은 1~2초 이내로 끊어서 조작한다. ⑥ 좌(우)측, 중앙, 우(좌)측 순으로 전면 상층부에 끊어서 3~4회 방수한다.
롱펄싱	상부 화염 소화, 가스층 희석 및 온도를 낮추어 대원들이 내부로 더 깊이 침투할 수 있도록 하며, 주어진 상황에 따라서 3~5초의 간격으로 다양하게 적용한다. ① 확실한 발 디딤 장소를 확보하고 낮은 자세를 유지한다. ② 관창수는 구획실 앞쪽 상층부 연기층 및 화염을 목표로 방수한다. ③ 관창보조는 소방호스를 땅에 살짝 닿도록 들어서 잡아준다. ④ 피스톨 관창의 노즐은 오른쪽 방향 끝까지 돌려서 사용한다. ⑤ 관창의 개폐조작은 2~5초 이내로 끊어서 조작한다. ⑥ 좌(우)측, 중앙, 우(좌)측 순으로 상층부에 방수하며 구획실 공간 전체 용적을 채울 수 있도록 수차례 나눠서 방수한다.

10 정답 ④

구분	오일오버 (Oilover)	보일오버 (Boilover)	후로스오버 (Frothover)	슬로프오버 (Slopover)
특성	화재로 저장 탱크내의 유류가 외부로 분출하면서 탱크가 파열하는 현상	탱크표면화재로 원유와 물이 함께 탱크 밖으로 흘러넘치는 현상	유류표면 아래 비등하는 물에 의해 탱크 내 유류가 넘치는 현상	유류 표면온도에 의해 물이 수증기가 되어 팽창, 비등함에 따라 유류를 외부로 비산시키는 현상
위험성	위험성이 가장 높음	대규모 화재로 확대되는 원인	직접적 화재발생요인은 아님	직접적 화재발생요인은 아님

11 정답 ②

로프의 재질

Scale : Best = 1, Poorest = 8

성능\종류	마닐라삼	면	나일론	폴리에틸렌	H. Spectra® Polyethylene	폴리에스터	Kevlar® Aramid
비중	1.38	1.54	1.14	0.95	0.97	1.38	1.45
신장율	10~15%	5~10%	20~34%	10~15%	4% 이하	15~20%	2~4%
인장강도*	7	8	3	6	1	4	2
내충격력*	5	6	1	4	7	3	7
내열성	177℃ 탄화	149℃ 탄화	249℃ 용융	166℃ 용융	135℃ 용융	260℃ 용융	427℃ 탄화
내마모성*	4	8	3	6	1	2	5
전기저항	약	약	약	강	강	강	약
저항력 - 햇볕 - 부패 - 산 - 알칼리 - 오일, 가스	중 약 약 약 약	중 약 약 약 약	중 강 약 중 중	최약 강 중 중 중	중 강 강 강 강	강 강 중 약 중	중 강 약 중 중

12 정답 ④

3가지 형태의 매듭분류

마디짓기 (결절)	로프의 끝이나 중간에 마디나 매듭·고리를 만드는 방법 • 옭매듭(엄지매듭), 두겹옭매듭(고리 옭매듭), 8자매듭, 두겹8자매듭, 이중8자매듭, 줄사다리매듭, 고정매듭, 두겹고정매듭, 나비매듭
이어매기 (연결)	한 로프를 다른 로프와 서로 연결하는 방법 • 바른매듭, 한겹매듭, 두겹매듭, 8자연결매듭, 피셔맨매듭
움켜매기 (결착)	로프를 지지물 또는 특정 물건에 묶는 방법 • 말뚝매기매듭, 절반매듭, 잡아매기매듭, 감아매기매듭, 클램하이스트매듭

13 정답 ③

스톱하강기
① 스톱은 로프 한 가닥을 이용하여 제동을 걸어준다.
② 하강 스피드의 조절이 용이하다.
③ 우발적인 급강하 사고를 방지할 수 있기 때문에 최근 구조대에서 사용이 증가하고 있는 추세이다.

14 정답 ①

두겹고정매듭
1. 로프의 끝에 두 개의 고리를 만들어 활용하는 매듭이다.
2. 수직맨홀 등 좁은 공간으로 진입하거나 구조대상자를 구출하는 경우 유용하게 활용할 수 있다.
3. 특히 완만한 경사면에서 확보물 없이 3명 이상이 한줄 로프를 잡고 등반하는 경우 중간에 위치한 사람들이 이 매듭을 만들어 어깨와 허리에 걸면 로프가 벗겨지지 않고 활동이 용이하다.
   ① 옭매듭 : 로프에 마디를 만들어 도르래나 구멍으로 로프가 빠지는 것을 방지한다.
   ② 줄다리 : 로프에 일정한 간격을 두고 수 개의 옭매듭을 만들어 로프를 타고 오르거나 내릴 때에 지지점으로 이용할 수 있도록 하는 매듭이다.
   ③ 두겹8자매듭 : 로프에 고리를 만들어 카라비너에 걸거나 나무, 기둥 등에 확보하고자 하는 경우 등에 폭넓게 활용한다.

15 정답 ③

① 둥글게사리기 : 무릎이나 팔뚝을 이용하여 로프를 신속히 감아나가는 방법으로 비교적 짧은 로프를 사릴 때 사용한다.
② 한발감기 : 50~60m의 비교적 긴 로프를 사릴 때 사용하는 방법이다.
③ 어깨매기 : 로프를 휴대하고 장거리를 이동하는 방법으로 먼저 로프를 나비모양으로 사리고 마무리 한다.
④ 8자모양사리기 : 굵고 뻣뻣한 로프나 와이어로프 등을 정리할 때 편리하다.

의식이 없는 구조대상자

16 정답 ④

경사형 붕괴	㉠ 마주보는 두 외벽 중 하나가 결함이 있을 때 발생한다. ㉡ 결함이 있는 외벽이 지탱하는 건물 지붕의 측면 부분이 무너져 내리면 삼각형의 공간이 발생하며 이렇게 형성된 빈 공간에 구조대상자들이 갇히는 경우가 많다. ㉢ 파편이 지지하고 있는 벽을 따라 빈 공간으로 진입하는 것이 붕괴위험도 적고 구조활동도 용이하다.
팬케이크형 붕괴*	㉠ 시루떡처럼 겹쳐졌다'는 표현으로서 마주보는 두 외벽에 모두 결함이 발생하여 바닥이나 지붕이 아래로 무너져 내리는 경우에 발생한다. ㉡ 팬케이크 붕괴에 의해 형성되는 공간은 다른 경우에 비해 협소하며 어디에 형성될지 파악하기가 곤란하다. ㉢ 생존자가 발견될 것으로 예측되는 공간이 거의 생기지 않는 유형이지만 잔해 속에 생존자가 있다고 가정하고 구조활동에 임하여야 한다.

(경사형 붕괴(좌)와 팬케이크 붕괴(우))

V자형 붕괴	㉠ 가구나 장비, 기타 잔해 같은 무거운 물체들이 바닥 중심부에 집중되었을 때 V형의 붕괴가 일어날 수 있다. ㉡ 양 측면에 생존공간이 만들어질 수 있는 가능성이 높다. V형 공간이 형성된 경우 벽을 따라 진입할 수 있으며 잔해제거 및 구조작업을 하기 전에 대형 잭이나 버팀목으로 붕괴물을 안정시킬 필요가 있다.
캔틸레버형 붕괴*	㉠ 각 붕괴의 유형 중에서 가장 안전하지 못하고 2차 붕괴에 가장 취약한 유형이다. ㉡ 건물에 가해지는 충격에 의하여 한쪽 벽판이나 지붕 조립부분이 무너져 내리고 다른 한 쪽은 원형을 그대로 유지하고 있는 형태의 붕괴를 말한다. ㉢ 이때 구조대상자가 생존할 수 있는 장소는 각 층들이 지탱되고 있는 끝 부분 아래에 생존공간이 생길 가능성이 많다.

(V자형 붕괴(좌)와 켄틸레버 붕괴)

17   정답 ①

한 겨드랑이 끌기	• 구조대원이 구조대상자의 후방으로 접근하여 한 쪽 손으로 구조대상자의 같은 쪽 겨드랑이를 잡는다. • 이때 구조대원의 손은 겨드랑이 밑에서 위로 끼듯이 잡고 <u>구조대상자가 수면과 수평을 유지하도록 하고 횡영 동작으로 이동을 시작한다.</u> • <u>일반적으로 먼 거리를 이동할 때에 사용한다.</u>
두 겨드랑이 끌기	• <u>두 겨드랑이 끌기도 같은 방법으로 하되 구조대원이 두 팔을 모두 사용하는 것이 다르다.</u> • 구조대상자의 자세가 수직일 경우에는 두 팔로 겨드랑이를 잡고 팔꿈치를 구조대상자의 등에 댄다. • 손으로는 끌고 팔꿈치로는 미는 동작을 하여 구조대상자의 자세가 수면과 수평이 되도록 이끈다. • <u>두 겨드랑이 끌기에서는 팔 동작을 하지 않는 배영으로 이동한다.</u>
손목 끌기	• <u>주로 구조대상자의 전방으로 접근할 때 사용한다.</u> • 구조대원은 오른손으로 구조대상자의 오른손을 잡는다. • 만약 구조대상자의 얼굴이 수면을 향하고 있을 때에는 하늘을 향하도록 돌려놓는다. • 이때에는 구조대상자를 1m 이상 끌고 가다가 잡고 있는 손을 물 밑으로 큰 반원을 그리듯 하며 돌려서 얼굴이 위로 나오도록 한다.

18   정답 ②

A급 방호복	<u>분진이나 증기, 가스 상태의 유독물질을 차단할 수 있는 최고등급의 방호장비이다.</u> 착용자 뿐만 아니라 공기호흡기까지를 차폐할 수 있는 일체형 구조이며 내부의 압력을 높여 외부의 공기와 접촉하지 않도록 한다. IDLH 농도의 유독가스 속으로 진입할 때나 피부에 접촉하면 손상을 입을 수 있는 유독성 물질을 직접 상대하며 작업하는 경우에 사용한다. ※ IDLH : 건강이나 생명에 즉각적으로 위험을 미치는 농도
B급 방호복	헬멧과 방호복, 공기호흡기로 구성된다. <u>위험물질의 비산에 의하여 손상을 입을 수 있는 액체를 다룰 경우 사용한다.</u> 장갑과 장화가 방호복과 일체형인 경우도 있고 분리된 장비도 있다. 분리된 장비를 사용할 때에는 손목과 발목, 목, 허리 등을 밀폐하여 유독물질이 방호복 안으로 들어오지 못하게 해야 한다.
C급 방호복	C급 방호장비는 <u>방독면과 같은 공기정화식 호흡보호 장비</u>를 사용한다.
D급 방호복	호흡보호 장비가 없이 피부만을 보호하는 수준이다. 소방대원의 경우 헬멧과 방화복, 보안경, 장갑을 착용한 상태가 D급에 해당한다. 위험이 없는 <u>Cold zone에서 활동하는 대원만 D급 방호복을 착용한다.</u>

19   정답 ③

제독소
㉠ <u>Red trap 입구에 장비수집소를 설치하고 손에 들고 있는 장비를 이곳에 놓도록 한다. 장비는 모아서 별도로 제독하거나 폐기한다.</u>
㉡ <u>방호복을 입은 상태에서 물을 뿌려 1차 제독(Gross Decon)을</u> 한다.
㉢ <u>Yellow trap으로 이동하여 솔과 세제를 사용하여 방호복의 구석구석(발바닥, 사타구니, 겨드랑이 등)을 세심하게 세척한다.</u>
㉣ <u>습식제독작업이 끝나면 Green trap으로 이동해서 동료의 도움을 받아 보호복을 벗는다.</u>
㉤ <u>마지막으로 공기호흡기를 벗는다.</u> 보호복의 종류에 따라 공기호흡기를 먼저 벗어야 하는 경우도 있다. 보호복과 장비는 장비수집소에 보관한다.

현장도착 후 기본예방법
① 날카로운 기구를 사용할 경우에는 손상을 당하지 않도록 주의한다.
② 바늘 끝이 사용자의 몸 쪽으로 향하지 않도록 한다.
③ 사용한 바늘은 다시 뚜껑을 씌우거나, 구부리거나, 자르지 말고 그대로 주사바늘통에 즉시 버린다.
④ 부득이 바늘 뚜껑을 씌워야 할 경우는 한 손으로 조작하여 바늘 뚜껑을 주사바늘에 씌운 후 닫도록 한다.
⑤ 주사바늘, 칼날 등 날카로운 기구는 구멍이 뚫리지 않는 통에 모은다.
⑥ 심폐소생술 시행 시 반드시 일 방향 휴대용 마스크를 이용하며 직접 접촉을 피한다.
⑦ 피부염이나 피부에 상처가 있는 처치자는 환자를 직접 만지거나 환자의 검체를 맨손으로 접촉하지 않도록 한다.
⑧ 장갑은 한 환자에게 사용하더라도 오염된 신체부위에서 깨끗한 부위로 이동할 경우 교환해야 한다.

20   정답 ①

전염질환의 특징

질병	전염 경로	잠복기
AIDS	HIV에 감염된 혈액, 성교, 수혈, 주사바늘, 모태감염	몇 개월 또는 몇 년
수두	공기, 감염부위의 직접 접촉	11~21일
풍진	공기, 모태감염	10~12일
간염	혈액, 대변, 체액, 오염된 물질	유형별로 몇 주~몇 개월
뇌수막염 (세균성)	입과 코의 분비물	2~10일
이하선염	침 또는 침에 오염된 물질	14~24일
폐렴(세균성, 바이러스성)	입과 코의 분비물	며칠
포도상구균 피부질환	감염부위와의 직접 접촉 또는 오염된 물질과의 접촉	며칠
결핵(TB)	호흡기계 분비(비말 등) 공기	2~6주
백일해	호흡기계 분비물, 공기	6~20일

21

정답 ①

전파경로	원인	관련질환(병명)	예방법
공기에 의한 전파	공기 중의 먼지와 함께 떠다니다가 흡입에 의해 감염이 발생한다.	홍역, 수두, 결핵	환자 이동을 최소화하고 이동이 불가피할 경우에는 환자에게 수술용 마스크를 착용하도록 한다.
비말에 의한 전파	감염균을 가진 큰 입자(5㎛)기침이나 재채기, 흡입(suction) 시 다른 사람의 코나 점막 또는 결막에 튀어서 단거리(약 1m 이내)에 있는 사람에게 감염을 유발시킨다.	뇌수막염, 폐렴, 패혈증, 부비동염, 중이염, 백일해, 유행성 귀밑샘염(유행성이하선염), 인플루엔자, 인두염, 풍진, 결핵, 코로나19	환자와 1m 이내에서 접촉할 경우는 마스크를 착용한다.
접촉에 의한 전파	직접 혹은 간접 접촉에 의해 감염된다.	소화기계, 호흡기계, 피부 또는 창상의 감염이나 다제내성균이 집락된 경우, 오랫동안 환경에서 생존하는 장 감염, 장출혈성 대장균(O157 : H7), 이질, A형 간염, 로타 바이러스, 피부감염 : 단순포진 바이러스, 농가진, 농양, 봉소염, 욕창, 이, 기생충, 옴, 대상포진, 바이러스성 출혈성 결막염	㉠ 장갑 착용 및 손 위생 ㉡ 처치 후 소독비누로 손을 씻거나 물 없이 사용하는 손 소독제를 사용한다. ㉢ 가운은 멸균될 필요는 없으며 깨끗하게 세탁된 가운이면 된다. 가운을 입어야 하며 입었던 가운으로 인해 주위 환경이 오염되지 않도록 한다. ㉣ 환자 이동시 주위 환경을 오염시키지 않도록 주의한다. ㉤ 환자가 사용했던 물건이나 만졌던 것 그리고 재사용 물품은 소독한다.

22

정답 ②

의식 장애가 있는 환자를 우선으로 START분류법을 이용해 신속하게 분류해야 한다. <u>분류하는 도중에는 환자 상태에 따라 아래의 3가지 처치만을 제공하고 다른 환자를 분류해야 한다.</u>
㉠ 기도 개방 및 입인두 기도기 삽관
㉡ 직접 압박
㉢ 환자 상태에 따른 팔다리 거상

23

정답 ④

동공 모양	원인
수축	살충제 중독, 마약 남용, 녹내장약, 안과치료제
이완	공포, 안약, 실혈
비대칭	뇌졸중, 머리손상, 안구 손상, 인공눈
무반응	뇌 산소결핍, 안구부분손상, 약물남용
불규칙한 모양	만성질병, 수술 후 상태, 급성 손상

24

정답 ③

환자 자세
① 머리나 척추 손상이 없는 무의식환자는 좌측위나 회복자세를 취해준다. 이 자세들은 환자의 구강내 이물질이나 분비물을 쉽게 제거할 수 있다. 또한 구급차 내 이송 중 환자와 구급대원이 마주 볼 수 있는 자세이기 때문에 환자처치가 용이하다.
② 호흡곤란이나 가슴통증 호소 환자는 환자가 편안해 하는 자세를 취해주는 것이 좋다. 보통은 좌위나 앉은 자세를 취해준다.
③ 머리나 척추 손상이 의심되는 환자는 긴 척추고정판으로 고정시킨 후 이송해야 한다. 필요 시 환자의 구강 내 이물질이나 분비물을 제거하기 위해서는 왼쪽으로 보드를 약간 기울일 수 있다.
④ 쇼크환자는 다리를 20~30cm 올린 후 앙와위로 이송한다. 머리, 목뼈, 척추손상 환자에게 시행해서는 안 된다.
⑤ 임신기간이 6개월 이상인 임부는 좌측위로 이송해야 한다. 만약 긴 척추고정판(spine board)으로 고정시킨 임부라면 베게나 말은 수건을 벽면과 임부사이에 넣어 좌측위를 취해준다.
⑥ 오심/구토 환자는 환자가 편안해 하는 자세로 이송한다. 보통은 회복자세를 취해주며 만약, 좌위나 반좌위를 취한 환자라면 기도폐쇄를 주의하고 의식저하 환자는 회복자세로 이송해야 한다.

25

정답 ②

오염통제구역
㉠ <u>오염 통제구역은 오염구역과 안전구역 사이에 위치해 있으며 다음과 같이 제독 텐트 및 필요 시 펌프차량 등이 위치해 오염을 통제하는 구역이다.</u> 이 구역 역시 오염 가능성이 있는 곳으로 적정 장비 및 훈련을 받은 최소인원으로 구성되어 제독활동을 진행해야 한다.
㉡ 오염구역 활동이 끝난 후에는 대원들은 제독활동을 해야 하며 <u>환자들은 오염구역에서 제독텐트에 들어가기 전에 전신의 옷과 악세사리를 벗어 비닐백에 담아 밀봉 후 다시 드럼통에 담아 이중으로 밀봉해야 한다.</u>(이때, 유성펜을 이용해 비닐백 위에 이름을 적는다.)
㉢ 제독 텐트는 좌·우로 남녀를 구분하여 처치하며 보통 가운데 통로는 대원들이 사용한다.
㉣ 텐트 내부는 호스를 이용해 물이나 공기 또는 약품으로 제독활동을 하며 텐트 출구 쪽에는 1회용 옷과 슬리퍼 또는 시트가 준비되어 있다.
㉤ <u>오염통제구역 내 구급처치는 기본인명소생술로 기도, 호흡, 순환</u>

(지혈), 경추고정, CPR, 전신중독 평가 및 처치가 포함된다.
ⓑ 정맥로 확보 등과 같은 침습성 과정은 가급적 제독 후 안전구역에서 실시해야 하며 오염통제구역에서 사용한 구급장비는 안전구역에서 사용해서는 안 된다.

소방장 소방승진

제5회 모의고사 해설

문 항 수 : 75문항
응시시간 : 75분

과목	01	02	03	04	05	06	07	08	09	10	11	12	13	14	15	16	17	18	19	20	21	22	23	24	25
소방법령 Ⅱ	③	④	④	③	③	③	④	①	①	④	①	②	①	④	②	④	②	④	④	③	③	④	①	③	④	①
소방법령 Ⅲ	②	③	④	①	④	①	④	③	③	③	①	④	④	④	③	③	②	③	②	④	③	④	③	②
소방전술	④	③	④	①	④	③	①	③	②	④	③	②	②	②	①	①	①	③	③	①	①	②	②

소방법령 Ⅱ (25문항)

01 정답 ③

소방기본법 제27조(위험시설 등에 대한 긴급조치)
① 소방본부장, 소방서장 또는 소방대장은 화재 진압 등 소방활동을 위하여 필요할 때에는 소방용수 외에 댐·저수지 또는 수영장 등의 물을 사용하거나 수도(水道)의 개폐장치 등을 조작할 수 있다.
② 소방본부장, 소방서장 또는 소방대장은 화재 발생을 막거나 폭발 등으로 화재가 확대되는 것을 막기 위하여 가스·전기 또는 유류 등의 시설에 대하여 위험물질의 공급을 차단하는 등 필요한 조치를 할 수 있다.

02 정답 ④

④ (×) 「의사상자 등 예우 및 지원에 관한 법률 시행령」 제12조 제1항에 따라 **보건복지부장관**이 결정하여 고시하는 보상금에 따른다(소방기본법 시행령 [별표 2의4]).

03 정답 ④

소방기본법 시행규칙 제3조(종합상황실의 실장의 업무 등)
② 종합상황실의 실장은 다음 각 호의 어느 하나에 해당하는 상황이 발생하는 때에는 그 사실을 지체 없이 별지 제1호 서식에 따라 서면·팩스 또는 컴퓨터통신 등으로 소방서의 종합상황실의 경우는 소방본부의 종합상황실에, 소방본부의 종합상황실의 경우는 소방청의 종합상황실에 각각 보고해야 한다.
 1. 다음 각목의 1에 해당하는 화재
  가. 사망자가 5인 이상 발생하거나 사상자가 10인 이상 발생한 화재
  나. 이재민이 100인 이상 발생한 화재
  다. 재산피해액이 50억원 이상 발생한 화재
  라. 관공서·학교·정부미도정공장·문화재·지하철 또는 지하구의 화재
  마. 관광호텔, 층수(「건축법 시행령」 제119조 제1항 제9호의 규정에 의하여 산정한 층수를 말한다. 이하 이 목에서 같다)가 11층 이상인 건축물, 지하상가, 시장, 백화점, 「위험물안전관리법」 제2조 제2항의 규정에 의한 지정수량의 3천배 이상의 위험물의 제조소·저장소·취급소, 층수가 5층 이상이거나 객실이 30실 이상인 숙박시설, 층수가 5층 이상이거나 병상이 30개 이상인 종합병원·정신병원·한방병원·요양소, 연면적 1만5천제곱미터 이상인 공장 또는 「화재의 예방 및 안전관리에 관한 법률」 제18조 제1항 각 호에 따른 화재경계지구에서 발생한 화재
  바. 철도차량, 항구에 매어둔 총 톤수가 1천톤 이상인 선박, 항공기, 발전소 또는 변전소에서 발생한 화재
  사. 가스 및 화약류의 폭발에 의한 화재
  아. 「다중이용업소의 안전관리에 관한 특별법」 제2조에 따른 다중이용업소의 화재
 2. 「긴급구조대응활동 및 현장지휘에 관한 규칙」에 의한 통제단장의 현장지휘가 필요한 재난상황
 3. 언론에 보도된 재난상황
 4. 그 밖에 소방청장이 정하는 재난상황

04 정답 ③

③ (×) 소방활동을 위하여 긴급하게 출동할 때 소방활동에 방해가 되는 물건을 제거하거나 이동시키는 것을 방해한 자는 300만원 이하의 벌금에 처한다.

소방기본법 제50조(벌칙)
다음 각 호의 어느 하나에 해당하는 사람은 5년 이하의 징역 또는 5천만원 이하의 벌금에 처한다.
 1. 제16조 제2항을 위반하여 다음 각 목의 어느 하나에 해당하는 행위를 한 사람
  가. 위력(威力)을 사용하여 출동한 소방대의 화재진압·인명구조 또는 구급활동을 방해하는 행위
  나. 소방대가 화재진압·인명구조 또는 구급활동을 위하여 현장에 출동하거나 현장에 출입하는 것을 고의로 방해하는 행위
  다. 출동한 소방대원에게 폭행 또는 협박을 행사하여 화재진압·인명구조 또는 구급활동을 방해하는 행위
  라. 출동한 소방대의 소방장비를 파손하거나 그 효용을 해하여 화재진압·인명구조 또는 구급활동을 방해하는 행위
 2. 제21조 제1항을 위반하여 소방자동차의 출동을 방해한 사람

3. 제24조 제1항에 따른 사람을 구출하는 일 또는 불을 끄거나 불이 번지지 아니하도록 하는 일을 방해한 사람
4. 제28조를 위반하여 정당한 사유 없이 소방용수시설 또는 비상소화장치를 사용하거나 소방용수시설 또는 비상소화장치의 효용을 해치거나 그 정당한 사용을 방해한 사람

05 정답 ③

「소방기본법 시행규칙」 제5조(소방활동장비 및 설비의 규격 및 종류와 기준가격)

① 영 제2조제2항의 규정에 의한 국고보조의 대상이 되는 소방활동장비 및 설비의 종류 및 규격은 별표 1의2와 같다.
② 영 제2조제2항의 규정에 의한 국고보조산정을 위한 기준가격은 다음 각호와 같다.
  1. 국내조달품 : 정부고시가격
  2. 수입물품 : 조달청에서 조사한 해외시장의 시가
  3. 정부고시가격 또는 조달청에서 조사한 해외시장의 시가가 없는 물품 : 2 이상의 공신력 있는 물가조사기관에서 조사한 가격의 평균가격

구분	종류		규격
소방활동장비	소방자동차	펌프차	대형	240마력 이상
			중형	170마력 이상 240마력 미만
			소형	120마력 이상 170마력 미만
		물탱크 소방차	대형	240마력 이상
			중형	170마력 이상 240마력 미만
		화학 소방차	비활성가스를 이용한 소방차	
			고성능	340마력 이상
			내폭	340마력 이상
			일반	대형	240마력 이상
				중형	170마력 이상 240마력 미만
		사다리 소방차	고가(사다리의 길이가 33m 이상인 것에 한한다)	330마력 이상
			굴절	27m 이상급	330마력 이상
				18m 이상 27m 미만급	240마력 이상
		조명차	중형	170마력
		배연차	중형	170마력 이상
		구조차	대형	240마력 이상
			중형	170마력 이상 240마력 미만
		구급차	특수	90마력 이상
			일반	85마력 이상 90마력 미만
	소방정	소방정		100톤 이상급, 50톤급
		구조정		30톤급
	소방헬리콥터			5~17인승

06 정답 ③

「소방기본법 시행규칙」 제8조의2(소방력의 동원 요청)

① 소방청장은 법 제11조의2제1항에 따라 각 시·도지사에게 소방력 동원을 요청하는 경우 동원 요청 사실과 다음 각 호의 사항을 팩스 또는 전화 등의 방법으로 통지하여야 한다. 다만, 긴급을 요하는 경우에는 시·도 소방본부 또는 소방서의 종합상황실장에게 직접 요청할 수 있다.
  1. 동원을 요청하는 인력 및 장비의 규모
  2. 소방력 이송 수단 및 집결장소
  3. 소방활동을 수행하게 될 재난의 규모, 원인 등 소방활동에 필요한 정보
② 제1항에서 규정한 사항 외에 그 밖의 시·도 소방력 동원에 필요한 사항은 소방청장이 정한다.

07 정답 ④

「소방기본법」 제39조의3(국가의 책무)

국가는 소방산업(소방용 기계·기구의 제조, 연구·개발 및 판매 등에 관한 일련의 산업을 말한다. 이하 같다)의 육성·진흥을 위하여 필요한 계획의 수립 등 행정상·재정상의 지원시책을 마련하여야 한다.

「소방기본법」 제39조의5(소방산업과 관련된 기술개발 등의 지원)

① 국가는 소방산업과 관련된 기술(이하 "소방기술"이라 한다)의 개발을 촉진하기 위하여 기술개발을 실시하는 자에게 그 기술개발에 드는 자금의 전부나 일부를 출연하거나 보조할 수 있다.

「소방기본법」 제39조의6(소방기술의 연구·개발사업 수행)

① 국가는 국민의 생명과 재산을 보호하기 위하여 다음 각 호의 어느 하나에 해당하는 기관이나 단체로 하여금 소방기술의 연구·개발사업을 수행하게 할 수 있다.
  1. 국공립 연구기관
  2. 「과학기술분야 정부출연연구기관 등의 설립·운영 및 육성에 관한 법률」에 따라 설립된 연구기관
  3. 「특정연구기관 육성법」 제2조에 따른 특정연구기관
  4. 「고등교육법」에 따른 대학·산업대학·전문대학 및 기술대학
  5. 「민법」이나 다른 법률에 따라 설립된 소방기술 분야의 법인인 연구기관 또는 법인 부설 연구소
  6. 「기초연구진흥 및 기술개발지원에 관한 법률」 제14조의2제1항에 따라 인정받은 기업부설연구소
  7. 「소방산업의 진흥에 관한 법률」 제14조에 따른 한국소방산업기술원
  8. 그 밖에 대통령령으로 정하는 소방에 관한 기술개발 및 연구를 수행하는 기관·협회

② 국가가 제1항에 따른 기관이나 단체로 하여금 소방기술의 연구·개발사업을 수행하게 하는 경우에는 필요한 경비를 지원하여야 한다.

「소방기본법」 제39조의7(소방기술 및 소방산업의 국제화사업)
① 국가는 소방기술 및 소방산업의 국제경쟁력과 국제적 통용성을 높이는 데에 필요한 기반 조성을 촉진하기 위한 시책을 마련하여야 한다.
② 소방청장은 소방기술 및 소방산업의 국제경쟁력과 국제적 통용성을 높이기 위하여 다음 각 호의 사업을 추진하여야 한다.
  1. 소방기술 및 소방산업의 국제 협력을 위한 조사·연구
  2. 소방기술 및 소방산업에 관한 국제 전시회, 국제 학술회의 개최 등 국제 교류
  3. 소방기술 및 소방산업의 국외시장 개척
  4. 그 밖에 소방기술 및 소방산업의 국제경쟁력과 국제적 통용성을 높이기 위하여 필요하다고 인정하는 사업

08 정답 ①

「소방기본법 시행규칙」 제9조의6(한국119청소년단의 사업 범위 등)
① 법 제17조의6에 따른 한국119청소년단의 사업 범위는 다음 각 호와 같다.
  1. 한국119청소년단 단원의 선발·육성과 활동 지원
  2. 한국119청소년단의 활동·체험 프로그램 개발 및 운영
  3. 한국119청소년단의 활동과 관련된 학문·기술의 연구·교육 및 홍보
  4. 한국119청소년단 단원의 교육·지도를 위한 전문인력 양성
  5. 관련 기관·단체와의 자문 및 협력사업
  6. 그 밖에 한국119청소년단의 설립목적에 부합하는 사업

09 정답 ①

「소방기본법 시행령」 제7조의15(운행기록장치 장착 소방자동차의 범위)
법 제21조의3제1항에서 "대통령령으로 정하는 소방자동차"란 「소방장비관리법 시행령」 제6조 및 별표 1 제1호가목에 따른 다음 각 호의 소방자동차를 말한다.
1. 소방펌프차
2. 소방물탱크차
3. 소방화학차
4. 소방고가차(消防高架車)
5. 무인방수차
6. 구조차
7. 그 밖에 소방청장이 소방자동차의 안전한 운행 및 교통사고 예방을 위하여 운행기록장치 장착이 필요하다고 인정하여 정하는 소방자동차

10 정답 ④

「소방기본법 시행규칙」 제13조(운행기록장치 데이터의 보관)
소방청장, 소방본부장 및 소방서장은 소방자동차 운행기록장치에 기록된 데이터(이하 "운행기록장치 데이터"라 한다)를 6개월 동안 저장·관리해야 한다.

「소방기본법 시행규칙」 제13조의2(운행기록장치 데이터 등의 제출)
① 소방청장은 소방자동차의 안전한 운행 및 교통사고 예방을 위하여 소방본부장 또는 소방서장에게 운행기록장치 데이터 및 그 분석 결과 등 관련 자료의 제출을 요청할 수 있다.
② 소방본부장은 관할 구역 안의 소방서장에게 운행기록장치 데이터 등 관련 자료의 제출을 요청할 수 있다.
③ 소방본부장 또는 소방서장은 제1항 또는 제2항에 따라 자료의 제출을 요청받은 경우에는 소방청장 또는 소방본부장에게 해당 자료를 제출해야 한다. 이 경우 소방서장이 제1항에 따라 소방청장에게 자료를 제출하는 경우에는 소방본부장을 거쳐야 한다.

「소방기본법 시행규칙」 제13조의3(운행기록장치 데이터의 분석·활용)
① 소방청장 및 소방본부장은 운행기록장치 데이터 중 과속, 급감속, 급출발 등의 운행기록을 점검·분석해야 한다.
② 소방청장, 소방본부장 및 소방서장은 제1항에 따른 분석 결과를 소방자동차의 안전한 소방활동 수행에 필요한 교통안전정책의 수립, 교육·훈련 등에 활용할 수 있다.

11 정답 ①

「소방기본법 시행령」 제16조(보상위원회 위원의 제척·기피·회피)
① 보상위원회의 위원이 다음 각 호의 어느 하나에 해당하는 경우에는 보상위원회의 심의·의결에서 제척(除斥)된다.
  1. 위원 또는 그 배우자나 배우자였던 사람이 심의 안건의 청구인인 경우
  2. 위원이 심의 안건의 청구인과 친족이거나 친족이었던 경우
  3. 위원이 심의 안건에 대하여 증언, 진술, 자문, 용역 또는 감정을 한 경우
  4. 위원이나 위원이 속한 법인(법무조합 및 공증인가합동법률사무소를 포함한다)이 심의 안건 청구인의 대리인이거나 대리인이었던 경우
  5. 위원이 해당 심의 안건의 청구인인 법인의 임원인 경우
② 청구인은 보상위원회의 위원에게 공정한 심의·의결을 기대하기 어려운 사정이 있는 때에는 보상위원회에 기피 신청을 할 수 있고, 보상위원회는 의결로 이를 결정한다. 이 경우 기피 신청의 대상인 위원은 그 의결에 참여하지 못한다.
③ 보상위원회의 위원이 제1항 각 호에 따른 제척 사유에 해당하는 경우에는 스스로 해당 안건의 심의·의결에서 회피(回避)하여야 한다.

12 정답 ②

「소방기본법 시행령」 제19조(과태료 부과기준) 법 제56조제1항부터 제3항까지의 규정에 따른 과태료의 부과기준은 별표 3과 같다.

■ 소방기본법 시행령 [별표 3]
과태료의 부과기준(제19조 관련)
1. 일반기준
  가. 위반행위의 횟수에 따른 과태료의 가중된 부과기준은 최근 1년간 같은 위반행위로 과태료 부과처분을 받은 경우에 적용한다. 이 경우 기간의 계산은 위반행위에 대하여 과태료 부과처분을 받은 날과 그 처분 후 다시 같은 위반행위를 하여 적발된 날을 기준으로 한다.
2. 개별기준

위반행위	근거 법조문	과태료 금액(만원)		
		1회	2회	3회 이상
마. 법 제21조의2제2항을 위반하여 전용구역에 차를 주차하거나 전용구역에의 진입을 가로막는 등의 방해행위를 한 경우	법 제56조 제3항	50	100	100

13 정답 ①

① (×) 화재예방법 시행령 제20조(화재예방강화지구의 관리) ① 소방관서장은 법 제18조 제3항에 따라 화재예방강화지구 안의 소방대상물의 위치·구조 및 설비 등에 대한 화재안전조사를 연 1회 이상 실시해야 한다.

② (○) 법 제18조(화재예방강화지구의 지정 등) ⑤ 소방관서장은 화재예방강화지구 안의 관계인에 대하여 대통령령으로 정하는 바에 따라 소방에 필요한 훈련 및 교육을 실시할 수 있다.

③ (○) 시행령 제20조(화재예방강화지구의 관리) ③ 소방관서장은 제2항에 따라 훈련 및 교육을 실시하려는 경우에는 화재예방강화지구 안의 관계인에게 훈련 또는 교육 10일 전까지 그 사실을 통보해야 한다.

④ (○) 시행령 20조(화재예방강화지구의 관리) ④ 시·도지사는 법 제18조 제6항에 따라 다음 각 호의 사항을 행정안전부령으로 정하는 화재예방강화지구 관리대장에 작성하고 관리해야 한다. (이하 생략)

14 정답 ④

보일러 등의 설비 또는 기구 등의 위치·구조 및 관리와 화재예방을 위하여 불을 사용할 때 지켜야 하는 사항 (화재예방법 시행령 [별표 1])
1. 보일러
  다. 기체연료를 사용할 때에는 다음 사항을 지켜야 한다.
    1) 보일러를 설치하는 장소에는 환기구를 설치하는 등 가연성 가스가 머무르지 않도록 할 것
    2) 연료를 공급하는 배관은 금속관으로 할 것
    3) 화재 등 긴급 시 연료를 차단할 수 있는 개폐밸브를 연료용기 등으로부터 0.5미터 이내에 설치할 것
    4) 보일러가 설치된 장소에는 가스누설경보기를 설치할 것

15 정답 ②

특수가연물의 저장 및 취급 기준 (화재예방법 시행령 [별표 3])
특수가연물은 다음 각 목의 기준에 따라 쌓아 저장해야 한다. 다만, 석탄·목탄류를 발전용(發電用)으로 저장하는 경우는 제외한다.
가. 품명별로 구분하여 쌓을 것
나. 다음의 기준에 맞게 쌓을 것 (이하 생략)

구분	살수설비를 설치하거나 방사능력 범위에 해당 특수가연물이 포함되도록 대형수동식소화기를 설치하는 경우	그 밖의 경우
높이	15미터 이하	10미터 이하
쌓는 부분의 바닥면적	200제곱미터(석탄·목탄류의 경우에는 300제곱미터) 이하	50제곱미터(석탄·목탄류의 경우에는 200제곱미터) 이하

16 정답 ④

④ (×) 화재예방법 시행령 제23조(심의회의 운영) ③ 제1항 및 제2항에서 규정한 사항 외에 심의회의 운영 등에 필요한 사항은 소방청장이 정한다.

17 정답 ②

화재예방법 제27조(관계인 등의 의무)
① 특정소방대상물의 관계인은 그 특정소방대상물에 대하여 제24조 제5항에 따른 소방안전관리업무를 수행하여야 한다.
② 소방안전관리대상물의 관계인은 소방안전관리자가 소방안전관리업무를 성실하게 수행할 수 있도록 지도·감독하여야 한다.
③ 소방안전관리자는 인명과 재산을 보호하기 위하여 소방시설·피난시설·방화시설 및 방화구획 등이 법령에 위반된 것을 발견한 때에는 지체 없이 소방안전관리대상물의 관계인에게 소방대상물의 개수·이전·제거·수리 등 필요한 조치를 할 것을 요구하여야 하며, 관계인이 시정하지 아니하는 경우 소방본부장 또는 소방서장에게 그 사실을 알려야 한다. 이 경우 소방안전관리자는 공정하고 객관적으로 그 업무를 수행하여야 한다.
④ 소방안전관리자로부터 제3항에 따른 조치요구 등을 받은 소방안전관리대상물의 관계인은 지체 없이 이에 따라야 하며, 이를 이유로 소방안전관리자를 해임하거나 보수(報酬)의 지급을 거부하는 등 불이익한 처우를 하여서는 아니 된다.

시행령 제7조(화재안전조사의 항목)
소방청장, 소방본부장 또는 소방서장은 법 제7조 제1항에 따라 다음 각 호의 항목에 대하여 화재안전조사를 실시한다.
2. 법 제24조, 제25조, 제27조 및 제29조에 따른 소방안전관리 업무 수행에 관한 사항

18 　　　　　　　　　　　　　　　　　　정답 ④

「화재의 예방 및 안전관리에 관한 법률 시행령」 제4조(시행계획의 수립·시행)
① 소방청장은 법 제4조제4항에 따라 기본계획을 시행하기 위한 계획(이하 "시행계획"이라 한다)을 계획 시행 전년도 10월 31일까지 수립해야 한다.
② 시행계획에는 다음 각 호의 사항이 포함되어야 한다.
　1. 기본계획의 시행을 위하여 필요한 사항
　2. 그 밖에 화재의 예방 및 안전관리와 관련하여 소방청장이 필요하다고 인정하는 사항

「화재의 예방 및 안전관리에 관한 법률 시행령」 제5조(세부시행계획의 수립·시행)
① 소방청장은 법 제4조제5항에 따라 관계 중앙행정기관의 장과 특별시장·광역시장·특별자치시장·도지사 또는 특별자치도지사(이하 "시·도지사"라 한다)에게 기본계획 및 시행계획을 각각 계획 시행 전년도 10월 31일까지 통보해야 한다.
② 제1항에 따라 통보를 받은 관계 중앙행정기관의 장 및 시·도지사는 법 제4조제6항에 따른 세부시행계획(이하 "세부시행계획"이라 한다)을 수립하여 계획 시행 전년도 12월 31일까지 소방청장에게 통보해야 한다.
③ 세부시행계획에는 다음 각 호의 사항이 포함되어야 한다.
　1. 기본계획 및 시행계획에 대한 관계 중앙행정기관 또는 특별시·광역시·특별자치시·도·특별자치도(이하 "시·도"라 한다)의 세부 집행계획
　2. 직전 세부시행계획의 시행 결과
　3. 그 밖에 화재안전과 관련하여 관계 중앙행정기관의 장 또는 시·도지사가 필요하다고 결정한 사항

19 　　　　　　　　　　　　　　　　　　정답 ③

ㄱ. (×) 연결송수관설비는 소화활동설비이다.
ㄷ. (×) 무선통신보조설비는 소화활동설비이다.
ㅁ. (×) 소화수조·저수조는 소화용수설비이다.

20 　　　　　　　　　　　　　　　　　　정답 ③

① (×) 침대가 없는 숙박시설 : 해당 특정소방대상물의 종사자 수에 숙박시설 바닥면적의 합계를 3㎡로 나누어 얻은 수를 합한 수
② (×) 강의실·교무실·상담실·실습실·휴게실 용도로 쓰는 특정소방대상물 : 해당 용도로 사용하는 바닥면적의 합계를 1.9㎡로 나누어 얻은 수
③ (○) 강당, 문화 및 집회시설, 운동시설, 종교시설 : 해당 용도로 사용하는 바닥면적의 합계를 4.6㎡로 나누어 얻은 수(관람석이 있는 경우 고정식 의자를 설치한 부분은 그 부분의 의자 수로 하고, 긴 의자의 경우에는 의자의 정면너비를 0.45m로 나누어 얻은 수로 함)
④ (×) 바닥면적을 산정할 때에는 복도, 계단 및 화장실의 바닥면적을 포함하지 않는다.

21 　　　　　　　　　　　　　　　　　　정답 ④

특정소방대상물의 관계인이 특정소방대상물에 설치·관리해야 하는 소방시설의 종류 (소방시설법 시행령 [별표 4])
비상조명등을 설치해야 하는 특정소방대상물(창고시설 중 창고 및 하역장, 위험물 저장 및 처리 시설 중 가스시설 및 사람이 거주하지 않거나 벽이 없는 축사 등 동물 및 식물 관련 시설은 제외)은 다음의 어느 하나에 해당하는 것으로 한다.
1) 지하층을 포함하는 층수가 5층 이상인 건축물로서 연면적 3천㎡ 이상인 경우에는 모든 층
2) 1)에 해당하지 않는 특정소방대상물로서 그 지하층 또는 무창층의 바닥면적이 450㎡ 이상인 경우에는 해당 층
3) 터널로서 그 길이가 500m 이상인 것

22 　　　　　　　　　　　　　　　　　　정답 ①

임시소방시설의 종류와 설치기준 등 (소방시설법 시행령 [별표 8])
2. 임시소방시설을 설치해야 하는 공사의 종류와 규모
　가. 소화기 : 법 제6조 제1항에 따라 소방본부장 또는 소방서장의 동의를 받아야 하는 특정소방대상물의 신축·증축·개축·재축·이전·용도변경 또는 대수선 등을 위한 공사 중 법 제15조 제1항에 따른 화재위험작업의 현장(이하 이 표에서 "화재위험작업현장")에 설치한다.
　나. 간이소화장치 : 다음의 어느 하나에 해당하는 공사의 화재위험작업현장에 설치한다.
　　1) 연면적 3천㎡ 이상
　　2) 지하층, 무창층 또는 4층 이상의 층. 이 경우 해당 층의 바닥면적이 600㎡ 이상인 경우만 해당한다.
　다. 비상경보장치 : 다음의 어느 하나에 해당하는 공사의 화재위험작업현장에 설치한다.
　　1) 연면적 400㎡ 이상
　　2) 지하층 또는 무창층. 이 경우 해당 층의 바닥면적이 150㎡ 이상인 경우만 해당한다.
　라. 가스누설경보기 : 바닥면적이 150㎡ 이상인 지하층 또는 무창층의 화재위험작업현장에 설치한다.
　마. 간이피난유도선 : 바닥면적이 150㎡ 이상인 지하층 또는 무창층의 화재위험작업현장에 설치한다.
　바. 비상조명등 : 바닥면적이 150㎡ 이상인 지하층 또는 무창층의 화재위험작업현장에 설치한다.
　사. 방화포 : 용접·용단 작업이 진행되는 화재위험작업현장에 설치한다.

23 　　　　　　　　　　　　　　　　　　정답 ③

① (×) 「학교시설사업 촉진법」 제5조의2 제1항에 따라 건축등을 하려는 학교시설 : 연면적 100제곱미터 이상
② (×) 차고·주차장으로 사용되는 바닥면적이 200제곱미터 이상인 층이 있는 건축물이나 주차시설
③ (○) 항공기 격납고, 관망탑, 항공관제탑, 방송용 송수신탑
④ (×) 노유자(老幼者) 시설 및 수련시설 : 연면적 200제곱미터 이상

24 정답 ④

「소방시설 설치 및 관리에 관한 법률 시행규칙」제5조(신고된 성능위주설계에 대한 검토·평가)

① 제4조제1항에 따라 성능위주설계의 신고를 받은 소방서장은 필요한 경우 같은 조 제2항에 따른 보완 절차를 거쳐 소방청장 또는 관할 소방본부장에게 법 제9조제1항에 따른 성능위주설계 평가단(이하 "평가단"이라 한다)의 검토·평가를 요청해야 한다.
② 제1항에 따라 검토·평가를 요청받은 소방청장 또는 소방본부장은 요청을 받은 날부터 20일 이내에 평가단의 심의·의결을 거쳐 해당 건축물의 성능위주설계를 검토·평가하고, 별지 제3호서식의 성능위주설계 검토·평가 결과서를 작성하여 관할 소방서장에게 지체 없이 통보해야 한다.
③ 제4조제1항에 따라 성능위주설계 신고를 받은 소방서장은 제1항에도 불구하고 신기술·신공법 등 검토·평가에 고도의 기술이 필요한 경우에는 중앙위원회에 심의를 요청할 수 있다.
④ 중앙위원회는 제3항에 따라 요청된 사항에 대하여 20일 이내에 심의·의결을 거쳐 별지 제3호서식의 성능위주설계 검토·평가 결과서를 작성하고 관할 소방서장에게 지체 없이 통보해야 한다.
⑤ 제2항 또는 제4항에 따라 성능위주설계 검토·평가 결과서를 통보받은 소방서장은 성능위주설계 신고를 한 자에게 별표 1에 따라 수리 여부를 통보해야 한다.

25 정답 ①

「소방시설 설치 및 관리에 관한 법률」제13조(소방시설기준 적용의 특례)

① 소방본부장이나 소방서장은 제12조제1항 전단에 따른 대통령령 또는 화재안전기준이 변경되어 그 기준이 강화되는 경우 기존의 특정소방대상물(건축물의 신축·개축·재축·이전 및 대수선 중인 특정소방대상물을 포함한다)의 소방시설에 대하여는 변경 전의 대통령령 또는 화재안전기준을 적용한다. 다만, 다음 각 호의 어느 하나에 해당하는 소방시설의 경우에는 대통령령 또는 화재안전기준의 변경으로 강화된 기준을 적용할 수 있다.
  2. 다음 각 목의 특정소방대상물에 설치하는 소방시설 중 대통령령 또는 화재안전기준으로 정하는 것
      가. 「국토의 계획 및 이용에 관한 법률」제2조제9호에 따른 공동구
      나. 전력 및 통신사업용 지하구
      다. 노유자(老幼者) 시설
      라. 의료시설

「소방시설 설치 및 관리에 관한 법률 시행령」제13조(강화된 소방시설기준의 적용대상)

법 제13조제1항제2호 각 목 외의 부분에서 "대통령령으로 정하는 것"이란 다음 각 호의 소방시설을 말한다.
1. 「국토의 계획 및 이용에 관한 법률」제2조제9호에 따른 공동구에 설치하는 소화기, 자동소화장치, 자동화재탐지설비, 통합감시시설, 유도등 및 연소방지설비
2. 전력 및 통신사업용 지하구에 설치하는 소화기, 자동소화장치, 자동화재탐지설비, 통합감시시설, 유도등 및 연소방지설비
3. 노유자 시설에 설치하는 간이스프링클러설비, 자동화재탐지설비 및 단독경보형 감지기
4. 의료시설에 설치하는 스프링클러설비, 간이스프링클러설비, 자동화재탐지설비 및 자동화재속보설비

소방법령 III (25문항)

01
정답 ②

제5류 위험물 및 지정수량

성질	위험등급	품명	지정수량
자기반응성 물질	제1종: I 제2종: II	1. 유기과산화물, 2. 질산에스터류 3. 나이트로화합물 4. 나이트로소화합물, 5. 아조화합물, 6. 다이아조화합물, 7. 하이드라진유도체 8. 하이드록실아민, 9. 하이드록실아민염류 **10. 그 밖의 행정안전부령이 정하는 것 : 금속의 아지화합물, 질산구아니딘** 11. 제1호 내지 제10호의1에 해당하는 어느 하나 이상을 함유한 것	1종 : 10kg 2종 : 100kg

02
정답 ③

예방규정의 이행 실태 평가(시행규칙 제63조의2)

① 평가의 구분
예방규정의 이행 실태 평가는 다음 각 호의 구분에 따라 실시한다.

구분	평가실시
최초평가	예방규정을 최초로 제출한 날부터 **3년**이 되는 날이 속하는 연도에 실시
정기평가	**최초평가 또는 직전 정기평가**를 실시한 날을 기준으로 **4년**마다 실시. 다만, 수시평가를 실시한 경우에는 수시평가를 실시한 날을 기준으로 **4년**마다 실시한다.
수시평가	위험물의 누출·화재·폭발 등의 사고가 발생한 경우 소방청장이 제조소등의 **관계인 또는 종업원**의 예방규정 준수 여부를 평가할 필요가 있다고 인정하는 경우에 실시

② 서면점검 및 현장검사
소방청장은 평가를 실시하는 경우 제조소등의 위험성 등을 고려하여 **서면점검 또는 현장검사의 방법**으로 실시할 수 있다. 이 경우 현장검사는 소방청장이 정하여 고시하는 고위험군의 제조소 등에 대하여만 실시한다.

③ 평가실시일 등 통보
소방청장은 평가를 실시하는 경우 평가실시일 **30일 전**까지(수시평가의 경우에는 7일 전까지를 말한다) 제조소등의 관계인에게 평가실시일, 평가항목 및 세부 평가일정에 관한 사항을 통보해야 한다.

④ 평가항목 또는 평가면제
평가는 예방규정에 포함되어야 할 사항의 세부항목에 대하여 실시한다. 다만, 평가실시일부터 **직전 1년 동안**「산업안전보건법」제46조제4항에 따른 공정안전보고서의 이행 상태 평가 또는「화학물질관리법」제23조의2제2항에 따른 화학사고예방관리계획서의 이행 여부 점검을 받은 경우로서 해당 평가 또는 점검 항목과 중복되는 항목이 있는 경우에는 해당 항목에 대한 평가를 면제할 수 있다.

⑤ 예방규정의 이행 실태 평가의 통보
소방청장은 예방규정의 이행 실태 평가를 완료한 때에는 그 결과를 해당 제조소등의 관계인에게 통보해야 한다. 이 경우 소방청장은 제조소등의 관계인에게 화재예방과 화재 등 재해발생시 비상조치의 효율적 수행을 위하여 필요한 조치 등의 이행을 권고할 수 있다.

03
정답 ④

위험물 안전관리에 관한 협회

법조문	규정내용
위험물 안전관리에 관한 협회 (법 제29조의2)	① 제조소등의 관계인, 위험물운송자, 탱크시험자 및 안전관리자의 업무를 위탁받아 수행할 수 있는 안전관리대행기관으로 소방청장의 지정을 받은 자는 위험물의 안전관리, 사고 예방을 위한 안전기술 개발, 그 밖에 위험물 안전관리의 건전한 발전을 도모하기 위하여 위험물 안전관리에 관한 협회(이하 "협회"라 한다)를 설립할 수 있다. ② 협회는 법인으로 한다. ③ **협회는 소방청장의 인가를 받아 주된 사무소의 소재지에 설립등기를 함으로써 성립한다.** ④ 협회의 설립인가 절차 및 정관의 기재사항 등에 관하여 필요한 사항은 대통령령으로 정한다. ⑤ 협회의 업무는 정관으로 정한다. ⑥ 협회에 관하여 이 법에서 규정한 것 외에는「민법」중 **사단법인**에 관한 규정을 준용한다.

위험물 안전관리에 관한 협회의 설립인가 절차 등 (영 제20조의2)	① 위험물 안전관리에 관한 협회(이하 "협회"라 한다)를 설립하려면 다음 각 호의 자 **10명 이상**이 발기인이 되어 정관을 작성한 후 창립총회의 의결을 거쳐 소방청장에게 **인가**를 신청해야 한다.
	  1. 제조소등의 관계인
	  2. 위험물운송자
	  3. 탱크시험자
	  4. 안전관리자의 업무를 위탁받아 수행할 수 있는 안전관리대행기관으로 소방청장의 지정을 받은 자
	② 소방청장은 인가를 하였을 때에는 그 사실을 공고해야 한다.

정관의 기재사항 (제20조의3)	협회의 정관에는 다음 각 호의 사항이 포함되어야 한다.
	  1. 목적
	  2. 명칭
	  3. 주된 사무소의 소재지
	  4. 업무 및 자산·회계에 관한 사항
	  5. 회원의 가입·탈퇴 및 회비에 관한 사항

	6. 임원의 정원·임기 및 선출 방법
	7. 기구와 조직에 관한 사항
	8. 총회와 이사회에 관한 사항
	9. 정관의 변경에 관한 사항
	10. 해산에 관한 사항

04 정답 ①

방유제는 높이 0.5m 이상 3m 이하, 두께 0.2m 이상, 지하매설깊이 1m 이상으로 할 것.
빨간키 68페이 학습정리 참고

05 정답 ④

이동저장탱크는 그 내부에 **4,000ℓ 이하**마다 **3.2㎜ 이상**의 강철판 또는 이와 동등 이상의 강도·내열성 및 내식성이 있는 금속성의 것으로 칸막이를 설치하여야 한다. 다만, 고체인 위험물을 저장하거나 고체인 위험물을 가열하여 액체 상태로 저장하는 경우에는 그러하지 아니하다.

06 정답 ①

제조소등의 완공검사 신청시기(시행규칙 제20조)
- 지하탱크가 있는 제조소등의 경우 : 해당 지하탱크를 매설하기 전
- 이동탱크저장소의 경우 : 이동저장탱크를 완공하고 상치 장소를 확보한 후
- 이송취급소의 경우 : 이송배관 공사의 전체 또는 일부를 완료한 후. 다만, 지하·하천 등에 매설하는 이송배관의 공사의 경우에는 이송배관을 매설하기 전
- 전체 공사가 완료된 후에는 완공검사를 실시하기 곤란한 경우 : 다음 각목에서 정하는 시기
  - 위험물설비 또는 배관의 설치가 완료되어 기밀시험 또는 내압시험을 실시하는 시기
  - 배관을 지하에 설치하는 경우에는 시·도지사, 소방서장 또는 기술원이 지정하는 부분을 매몰하기 직전
  - 기술원이 지정하는 부분의 비파괴시험을 실시하는 시기
- 위의 각 목에 해당하지 아니하는 제조소등의 경우 : 제조소등의 공사를 완료한 후

07 정답 ④

탱크안전성능검사의 신청시기
- 기초 · 지반검사 : 위험물탱크의 기초 및 지반에 관한 공사의 개시 전
- 충수 · 수압검사 : 위험물을 저장 또는 취급하는 탱크에 배관 그 밖의 부속설비를 부착 전
- 용접부검사 : 탱크 본체에 관한 공사의 개시 전
- 암반탱크검사 : 암반탱크의 본체에 관한 공사의 개시 전

08 정답 ③

소화설비 별 학습정리

구분	옥내소화전	옥외소화전	S/P설비	물분무
방수량	260L/분	450L/분	80L/분	20L/㎡/분
방수시간	30분	30분	30분	30분
최대 방수량	7.8㎥	13.5㎥	2.4㎥	-
최대설치개수	5개	**4개**	30개	가장 많은 개수
수원량	39㎥ (7.8㎥ × 설치개수)	54㎥ (13.5㎥ × 설치개수)	72㎥ (30㎥ × 헤드설치개수)	-
방수압력	350kPa	350kPa	100kPa	350kPa
수평거리	25m	40m	1.7m	
비상전원	45분	45분	45분	45분

09 정답 ③

위험물 제조소등 채광·조명·환기 및 배출설비의 설치 기준
(1) 채광 · 조명 및 환기설비

구 분	설비기준
채광설비	• 불연재료로 할 것 • 연소의 우려가 없는 장소에 설치하되 채광면적을 최소로 할 것
조명설비	• 가연성가스 등이 체류할 우려가 있는 장소 : 방폭 등 • 전선재질 : 내화·내열전선 • 점멸스위치는 출입구 바깥 부분에 설치할 것(다만, 스위치의 스파크로 인한 화재·폭발의 우려가 없을 경우에는 그렇지 않다)
환기설비	• 환기는 자연배기방식으로 할 것 • 급기구는 해당 급기구가 설치된 실의 바닥면적 150㎡마다 1개 이상으로 하되, 급기구의 크기는 800㎠ 이상으로 할 것(다만 바닥면적 150㎡ 미만인 경우에는 다음의 크기로 할 것) | 바닥면적	급기구의 면적
60㎡ 미만	150㎠ 이상
60㎡ 이상 90㎡ 미만	300㎠ 이상
90㎡ 이상 120㎡ 미만	450㎠ 이상
120㎡ 이상 150㎡ 미만	600㎠ 이상 | • 급기구는 낮은 곳에 설치하고 가는 눈의 구리망 등으로 인화방지망을 설치할 것 • 환기구는 지붕위 또는 지상 2m 이상의 높이에 회전식 고정벤티레이터 또는 루프팬 방식으로 설치할 것

(2) 배출설비

구분	설비기준
설치 대상	인화점이 70℃ 미만인 위험물의 저장창고에 있어서는 가연성의 증기 또는 미분이 체류할 우려가 있는 건축물
배출 설비	• 국소방식이어야 함 **전역방식으로 할 수 있는 것** • 위험물취급설비가 배관이음 등으로만 된 경우 • 건축물의 구조·작업장소의 분포 등의 조건에 의하여 전역방식이 유효한 경우 • 배풍기·배출덕트·후드 등을 이용하여 강제적으로 배출하는 것으로 할 것
배출 능력	• 국소방식 : 1시간당 배출장소용적의 20배 이상인 것으로 해야 함 • 전역방식 : 바닥면적 1㎡당 18m³ 이상으로 할 수 있음
급기구	높은 곳에 설치하고, 가는 눈의 구리망등으로 인화방지망을 설치할 것
배출구	• 지상 2m 이상으로서 연소의 우려가 없는 장소에 설치할 것 • 배출덕트가 관통하는 벽 부분의 바로 가까이에 화재 시 자동으로 폐쇄되는 방화댐퍼를 설치할 것
배풍기	• 강제배기방식으로 해야 할 것 • 옥내덕트의 내압이 대기압 이상이 되지 아니하는 위치에 설치할 것

10 정답 ③

제조소등의 행정처분

위반행위	행정처분		
	1차	2차	3차
정기점검을 하지 아니하거나 점검기록을 허위로 작성한 관계인으로서 제조소등 설치허가(허가 면제 또는 협의로서 허가를 받은 경우 포함)를 받은 자	사용정지 10일	사용정지 30일	허가 취소
정기검사를 받지 아니한 관계인으로서 제조소등 설치허가를 받은 자	사용정지 10일	사용정지 30일	허가 취소
위험물안전관리자 대리자를 지정하지 아니한 관계인으로서 위험물 제조소등 설치 허가를 받은 자	사용정지 10일	사용정지 30일	허가 취소
안전관리자를 선임하지 아니한 관계인으로서 위험물 제조소등 설치허가를 받은 자	사용정지 15일	사용정지 60일	허가 취소
위험물 제조소등 변경허가를 받지 아니하고 제조소등을 변경한 자	경고 또는 사용정지 15일	사용정지 60일	허가 취소
제조소등의 완공검사를 받지 아니하고 위험물을 저장·취급한 자	사용정지 15일	사용정지 60일	허가 취소
위험물 저장·취급기준 준수명령 또는 응급조치명령을 위반한 자	사용정지 30일	사용정지 60일	허가 취소
수리·개조 또는 이전의 명령에 따르지 아니한 자	사용정지 30일	사용정지 90일	허가 취소
위험물 제조소등 사용중지 대상에 대한 안전조치 이행명령을 따르지 아니한 자	경고	허가취소	

11 정답 ①

예방규정 제출 등 각종 규제대상

구분	대상이 되는 제조소등	해당 없는 대상
예방규정 제출 대상	• 지정수량의 10배 이상의 위험물을 취급하는 제조소 또는 일반취급소 • 지정수량의 100배 이상의 위험물을 저장하는 옥외저장소 • 지정수량의 150배 이상의 위험물을 저장하는 옥내저장소 • 지정수량의 200배 이상의 위험물을 저장하는 옥외탱크저장소 • 암반탱크저장소 • 이송취급소	지하탱크저장소 옥내탱크저장소 간이탱크저장소 이동탱크저장소 주유취급소 판매취급소
예방규정 이행평가 대상	예방규정을 정하여 제출해야하는 제조소등 가운데 저장 또는 취급하는 위험물의 최대수량의 합이 지정수량의 3천배 이상인 제조소등을 말한다.	
정기점검 대상	• 예방규정 제출 대상 • 지하탱크저장소, 이동탱크저장소 • 위험물을 취급하는 탱크로서 지하에 매설된 탱크가 있는 제조소·주유취급소 또는 일반취급소	옥내탱크저장소 간이탱크저장소 판매취급소
정기검사 대상	액체위험물을 저장 또는 취급하는 50만 리터 이상의 옥외탱크저장소	
자체소방대를 두어야 하는 제조소등	• 취급하는 제4류 위험물의 최대수량의 합이 지정수량의 3천배 이상의 제조소 • 저장하는 제4류 위험물의 최대수량이 지정수량의 50만배 이상의 옥외탱크 저장소 • 취급하는 제4류 위험물의 최대수량의 합이 지정수량의 3천배 이상의 일반취급소	
중복선임 시 안전관리 보조자 대상	• 제조소 • 일반취급소 • 이송취급소	

12 정답 ④

가. 이송취급소의 배관을 지하에 매설하는 경우 배관의 외면과 지표면과의 거리는 산이나 들에 있어서는 (0.9)m 이상, 그 밖의 지역에 있어서는 (1.2)이상으로 할 것.

나. 이송취급소의 내압시험의 배관 등은 최대상용압력의 (1.25)배 이상의 압력으로 (ㄹ게)시간 이상 수압을 가하여 누설 그 밖의 이상이 없을 것.

13 정답 ④

①②③은 1500만원 이하의 벌금
④의 경우 1차 250만원, 2차 400만원, 3차 500만원의 과태료

14 정답 ④

"**평가점수**"란 다중이용업소에 대하여 화재예방, 화재감지·경보, 피난, 소화설비, 건축방재등의 항목별로 소방청장이 정하여 고시하는 기준을 갖추었는지에 대하여 평가한 점수를 말한다.

15 정답 ④

다중이용업소의 소방안전관리(법 제14조)
다중이용업주는 「화재의 예방 및 안전관리에 관한 법률」 제24조제5항제3호·제4호·제6호 및 제9호에 따른 소방안전관리업무를 수행하여야 한다.

> 「화재의 예방 및 안전관리에 관한 법률」 제24조제5항제3호·제4호·제6호 및 제9호
> 3. 피난시설, 방화구획 및 방화시설의 관리
> 4. 소방시설이나 그 밖의 소방 관련 시설의 관리
> 6. 화기(火氣) 취급의 감독
> 9. 그 밖에 소방안전관리에 필요한 업무

16 정답 ③

밀폐구조의 영업장(법 제2조)
지상층에 있는 다중이용업소의 영업장 중 채광·환기·통풍 및 **피난** 등이 용이하지 못한 구조로 되어 있으면서 대통령령으로 정하는 기준에 해당하는 영업장으로서 다음 따른 요건을 모두 갖춘 **개구부의 면적의 합계가 영업장으로 사용하는 바닥면적의 30분의 1 이하가 되는 것**을 말한다.
① 크기는 지름 50㎝ 이상의 원이 내접(內接)할 수 있는 크기일 것
② 해당 층의 바닥 면으로부터 개구부 밑부분까지의 높이가 1.2m 이내일 것
③ 도로 또는 차량이 진입할 수 있는 빈터를 향할 것
④ 화재 시 건축물로부터 쉽게 피난할 수 있도록 창살이나 그 밖의 장애물이 설치되지 아니할 것
⑤ 내부 또는 외부에서 쉽게 부수거나 열 수 있을 것

17 정답 ③

안전시설 등 설치 또는 완공 신고 시 첨부서류

안전시설등 설치 신고때 제출해야하는 서류	안전시설등 완공신고 때 제출해야 하는 서류
• 소방시설설계업자가 작성한 안전시설등의 설계도서 1부 ※ 설계도서 : 소방시설의 계통도, 실내장식물의 재료 및 설치면적, 내부구획의 재료, 비상구 및 창호도 등이 표시된 것 • 안전시설등 설치명세서 1부 • 구획된 실의 세부용도 등이 표시된 영업장의 평면도 1부	• 소방시설설계업자가 작성한 안전시설등의 설계도서 1부. 다만, 완공신고의 경우에는 설치내용이 설치신고 시와 달라진 경우에만 제출한다. • 안전시설등 설치명세서 1부. 다만, 완공신고의 경우에는 설치내용이 설치신고 시와 달라진 경우에만 제출한다. • 구획된 실의 세부용도 등이 표시된 영업장의 평면도 1부. 다만, 완공신고의 경우에는 설치내용이 설치신고 시와 달라진 경우에만 제출한다. • 화재배상책임보험 증권 사본 등 화재배상책임보험 가입을 증명할 수 있는 서류 1부 • 전기안전점검 확인서 등 전기설비의 안전진단을 증빙할 수 있는 서류 1부. • 구조안전 확인서(건축물 외벽에 발코니 형태의 비상구를 설치한 경우만 해당한다) 1부

18 정답 ②

다중이용업의 범위(령 제2조)
① 휴게음식점영업, 일반음식점영업, 제과점영업 : 영업장으로 사용하는 바닥면적의 합계가 100제곱미터(영업장이 지하층에 설치된 경우에는 그 영업장의 바닥면적 합계가 66제곱미터) 이상인 것
② 목욕장업: 수용인원 100명(300㎡) 이상인 것(물로 목욕을 할 수 있는 시설 부분의 수용인원은 제외)
④ 학원
  • 수용인원 300명(1.9 X 300명 = 570㎡) 이상인 것.
  • 수용인원이 100명 이상 300명 미만으로서 다음에 해당하는 것(학원과 다른 부분과 방화구획으로 나누어진 것은 제외)
    – 하나의 건축물에 학원과 기숙사가 함께 있는 학원
    – 하나의 건축물에 학원이 둘 이상인 경우로서 학원의 수용인원이 300명(570㎡) 이상인 학원
    – 하나의 건축물에 다중이용업과 학원이 함께 있는 경우(공동주방 운영업 중 일반음식점영업, 제과점영업, 휴게음식점영업 제외)

19 정답 ③

안전관리기본계획 수립지침(제5조)
1. 화재 등 재난 발생 경감대책
   가. 화재피해 원인조사 및 분석
   나. 안전관리정보의 전달·관리체계 구축
   다. 화재 등 재난 발생에 대비한 교육·훈련과 예방에 관한 홍보
2. 화재 등 재난 발생을 줄이기 위한 중·장기 대책
   가. 다중이용업소 안전시설 등의 관리 및 유지계획
   나. 소관법령 및 관련기준의 정비

20 정답 ②

보험회사가 보험요율 차등 적용에 고려할 수 있는 사항
① 해당 다중이용업소가 속한 업종의 화재발생빈도
② 해당 다중이용업소의 영업장 면적

③ 화재위험평가 결과
④ 공개된 법령위반업소에 해당하는지 여부
⑤ 공표된 안전관리우수업소에 해당하는지 여부

21 정답 ④

화재위험평가결과 화재안전등급이 D등급 또는 E등급에 해당하거나 화재발생시 인명피해가 발생할 우려가 높은 불특정다수인이 출입하는 영업 중 행정안전부령으로 정하는 영업

업소명	정의
전화방업·화상대화방업	구획된 실(室) 안에 전화기·텔레비전·모니터 또는 카메라 등 상대방과 대화할 수 있는 시설을 갖춘 형태의 영업
수면방업	구획된 실(室) 안에 침대·간이침대 그 밖에 휴식을 취할 수 있는 시설을 갖춘 형태의 영업
콜라텍업	손님이 춤을 추는 시설 등을 갖춘 형태의 영업으로서 주류판매가 허용되지 아니하는 영업
방탈출카페업	제한된 시간 내에 방을 탈출하는 놀이 형태의 영업
키즈카페업	가. 기타유원시설업으로서 실내공간에서 13세 미만의 어린이에게 놀이를 제공하는 영업 나. 실내에 어린이에게 놀이를 제공하는 것을 업으로 하는 자의 영업소로서 어린이놀이시설을 갖춘 영업 다. 휴게음식점영업으로서 실내공간에서 어린이에게 놀이를 제공하고 부수적으로 음식류를 판매·제공하는 영업
만화카페업	만화책 등 다수의 도서를 갖춘 다음 각 목의 영업. 다만, 도서를 대여·판매만 하는 영업인 경우와 영업장으로 사용하는 바닥면적의 합계가 50㎡ 미만인 경우는 제외 가. 만화책 등 다수의 도서를 갖춘 휴게음식점영업 나. 도서의 열람, 휴식공간 등을 제공할 목적으로 실내에 다수의 구획된 실(室)을 만들거나 입체 형태의 구조물을 설치한 영업

키즈카페업은 보기 ①내지③이 해당되며, ④는 만화카페업에 대한 내용이다.

22 정답 ③

소방청장은 동의서의 기재내용 또는 관계기관의 조회결과를 확인하여 필요한 경우 화재위험평가를 대행하려는 자에게 심신상실자, 알코올 중독자 등 대통령령으로 정하는 정신적 제약이 있는 자가 아님을 증명하는 해당 분야 전문의의 진단서 또는 소견서(제출일 기준 **6개월 이내**에 발급된 서류에 한정한다)를 제출하도록 요청할 수 있다.(시행규칙 제16조 제4항)

23 정답 ④

이행강제금 부과 개별기준

위반행위	이행강제금 금액
가. 안전시설등에 대하여 보완 등 필요한 조치명령을 위반한 경우	
1) 안전시설등의 작동·기능에 지장을 주지 않는 경미한 사항인 경우	200
2) 안전시설등을 고장상태로 방치한 경우	600
3) 안전시설등을 설치하지 않은 경우	1,000
나. 실내장식물에 대한 교체 또는 제거 등 필요한 조치 명령을 위반한 경우	1,000
다. 영업장의 내부구획에 대한 보완 등 필요한 조치 명령을 위반한 경우	1,000
라. 화재안전등급 D 또는 E급에 대한 화재안전조사 결과 조치 명령을 위반한 경우	
1) 다중이용업소의 **공사의 정지 또는 중지 명령**을 위반한 경우	200
2) 다중이용업소의 **사용금지 또는 제한 명령**을 위반한 경우	600
3) 다중이용업소의 **개수·이전 또는 제거 명령**을 위반한 경우	1,000

24 정답 ③

화재배상책임보험의 보험금액(시행령 제9조의3)
다중이용업주 및 다중이용업을 하려는 자가 가입하여야 하는 화재배상책임보험은 다음 각 호의 기준을 충족하는 것이어야 한다.

피해의 구분	보험금액
사망한 경우	피해자 1명당 **1억5천만 원의 범위**에서 피해자에게 발생한 손해액을 지급할 것. 다만, 그 손해액이 **2천만 원 미만인 경우에는 2천만 원**으로 한다.
부상의 경우	피해자 1명당 **별표 2**에서 정하는 금액의 범위에서 피해자에게 발생한 손해액을 지급할 것
후유장애가 생긴 경우	피해자 1명당 **별표 3**에서 정하는 금액의 범위에서 피해자에게 발생한 손해액을 지급할 것 ※ 후유장애: 부상에 대한 치료를 마친 후 더 이상의 치료효과를 기대할 수 없고 그 증상이 고정된 상태에서 그 부상이 원인이 되어 신체의 장애
재산상 손해의 경우	사고 1건당 **10억원의 범위**에서 피해자에게 발생한 손해액을 지급할 것

25 정답 ②

피난안내도 및 피난안내 영상물에 포함되어야 할 내용
다음 각 호의 내용을 모두 포함할 것. 이 경우 광고 등 피난안내에 혼선을 초래하는 내용을 포함해서는 안 된다.
1. 화재 시 대피할 수 있는 비상구 위치
2. 구획된 실 등에서 비상구 및 출입구까지의 피난 동선
3. 소화기, 옥내소화전 등 소방시설의 위치 및 사용방법
4. 피난 및 대처방법

소방전술 (25문항)

01 정답 ④

내화조	• 콘크리트 바닥 층의 강도: 내부 바닥 층의 갈라짐, 휘어짐, 갈라진 콘크리트 틈새로 상승하는 불꽃과 연기를 발견했다면 이것은 붕괴 신호라는 것을 인식
준내화조	• 철재구조의 지붕 붕괴의 취약성 - 지붕위에 올라가 소방 활동을 하는 것은 극히 위험 - 안전한 배연방법으로 수평배연 기법이 필요
조적조	• 벽 붕괴: 수직하중에는 강하지만 수평으로 주어진 하중은 벽체를 쉽게 무너지게 한다.
중량 목구조	• 지붕과 바닥 층을 지탱하는 트러스트 구조의 연결부분: 건물 외부 코너 부분이 가장 안전한 곳
경량 목구조	• 벽 붕괴: 3~4개의 벽체가 동시에 붕괴되는 유일한 건물 유형이므로 진압활동 중 진압대원들이 매몰될 가능성이 가장 높다.

02 정답 ③

"금속분"이라 함은 알칼리금속·알칼리토류금속·철 및 마그네슘외의 금속의 분말을 말하고, 구리분·니켈분 및 150마이크로미터의 체를 통과하는 것이 50중량퍼센트 미만인 것은 제외한다.

03 정답 ④

플래시오버 대응전술
① Flashover는 화재가 성장기(단계)에서 최성기로 접어들었음을 나타내며 화재의 생애주기 중 가장 위험한 순간이다.
② 열의 재방출로 발생되는 Flashover 현상은 연기와 열이 화염으로 전환되는 것을 의미한다.
③ 화세가 성장함에 따라 발생한 에너지는 공간의 윗부분으로 흡수되며, 이는 연소가스를 가열하면서 자동점화가 가능할 정도의 온도까지 열이 가해진다.
④ Flashover 현상이 발생한 경우 <u>그 공간에서의 효과적인 검색구조 작업은 할 수 없으며, 구조대상자 또는 소방관이 그 공간에 고립되어 있다는 것은 이미 사망했다는 것을 의미한다. Flashover가 발생하면, 이동식 소화기로 화재를 진압하는 것은 불가능하며 관창호스에 의해 진압해야 한다.</u>
⑤ Flashover가 발생하고 나면 <u>공간 내 내용물 화재에서 구조물 화재로 전환됨을 의미하는데, 이것은 건물 붕괴 위험의 전조현상임을 나타낸다.</u>

목조건축물에서의 플래시오버현상	내화조 건축물에서의 플래시오버현상
보통 화재발생으로부터 5~6분경에 발생(공간면적과 가연물에 따라 다름)되며, 이때 실내온도는 800~900℃ 정도가 된다.	실내에 화재가 발생하더라도 연소하는 데 많은 시간이 소요되므로 보통 화재발생으로부터 약 20~30분경에 발생(공간면적과 가연물에 따라 다름)한다.

04 정답 ①

라운드	문제해결 라운드	위험예지훈련 라운드	위험예지훈련 진행방법
1R	위험사실을 파악 (현상파악)	'어떠한 위험이 잠재하고 있는가'	모두의 토론으로 그림 상황 속에 잠재한 위험요인을 발견한다.
2R	위험원인을 조사 (본질추구)	'이것이 위험의 요점이다'	발견된 위험요인 가운데 이것이 중요하다고 생각되는 위험을 파악하고 ○표, ◎표를 붙인다.
3R	대책을 세운다 (대책수립)	'당신이라면 어떻게 할 것인가'	◎표를 한 중요위험을 해결하기 위해서는 '어떻게 하면 좋은가'를 생각하여 구체적인 대책을 세운다.
4R	행동계획을 결정 (목표달성)	'우리들은 이렇게 한다'	대책 중 중점실시 항목에 ※표를 붙여 그것을 실천하기 위한 팀 행동 목표를 세운다.

05 정답 ④

지령내용수신-화재상황추정-(지휘자지시)-방화복 등 착용-승차-(지휘자 지시)-출동

06 정답 ①

방수 정지순서
ⓐ 엔진 회전(RPM) 조절기를 조작하여 소방펌프 회전속도를 낮춘다.
ⓑ 방수밸브를 서서히 잠근 후 흡수구 밸브도 닫힘 위치로 조작한다.
ⓒ 운전석에 승차하여 클러치 페달을 밟고 P.T.O 작동을 정지시킨다.
ⓓ 클러치 페달을 서서히 놓는다. 엔진소리가 바뀌는 가 확인하고 펌프 회전이 정지 되었는가 확인한다.
ⓔ 배수밸브를 개방하고 배관 내 물이 배수되는지 확인한다.

07 정답 ①

1단계	지휘권 이양 받기(지휘명령에 대한 책임 맡기)
2단계	지휘소 설치
3단계	기존의 상황평가정보 획득(현재까지의 상황평가하기)
4단계	주기적으로 상황을 평가하고 예측
5단계	화재 건물의 1, 2차 검색을 관리
6단계	화재 완진 선언하기
7단계	화재현장 조사하기
8단계	화재현장 검토회의 주재하기(대응활동 평가)

08 정답 ③

화점 상층의 진입
① 진입계단을 확보하고자 할 때 → 특정의 계단을 선정하여 1층과 옥상의 출입구를 개방하고 화점층의 계단실 출입문을 폐쇄하여 계단실 내의 연기를 배출
② 직상층에 진입하는 경우 → 창을 최대한 개방하고 실내의 연기를 배출
③ 화점층에서 화염이 스팬드럴(spandrel)보다 높게 나올 때 → 창의 개방에 의해서 화염이나 연기가 실내에 유입되는 경우가 있으므로 개방하지 않는다.
④ 덕트스페이스(duct space), 파이프샤프트(pipe shaft) 등을 따라 화염과 연기가 최상층까지 분출하는 예가 많으므로 최상층에 신속히 관창을 배치한다.
⑤ 최상층의 창, 계단실 출입구를 개방한 후 덕트스페이스, 파이프샤프트 등의 점검구(점검구가 없는 경우는 부분파괴에 의해 개방)를 개방하고 내부 상황을 확인한다.
⑥ 직상층에서 깊숙이 진입할 때 → 특별피난계단, 피난사다리, 피난기구 등의 위치를 확인하고 반드시 퇴로를 확보
⑦ 직하층의 진입대와 긴밀한 연락을 취해 최대의 방어효과가 발휘되도록 활동 내용을 분담 또는 조정한다.
⑧ 연결송수관설비, 옥내소화전 설비, 기타 소화활동상 필요한 설비 등 당해 건물의 설비를 최대한 활용한다.

진입 및 행동요령★★ 12년 소방위/ 21년 소방장

09 정답 ③

엄호 방수 및 요령
① 관창압력 0.6Mpa정도로 분무방수를 한다.
② 관창각도는 60~70도로 하고 관창수 스스로가 차열을 필요로 할 때는 70~90도로 한다.
③ 엄호방수는 작업 중인 대원의 등 뒤에서 신체 전체를 덮을 수 있도록 분무방수로 한다.
④ 강렬한 복사열로부터 대원을 방호할 때는 열원과 대원 사이에 분무방수를 행한다.

10 정답 ②

압력조정기의 고장 및 관리상 주의
(고장)
① 충격이나 이물질로 인해서 고장이 발생할 수 있다.
② 이때에는 면체 좌측의 바이패스 밸브를 열어 공기를 직접 공급해 줄 수 있다.
③ 바이패스 밸브는 평소 쉽게 열리지 않지만 압력이 걸리면 개폐가 용이하다.
④ 바이패스 밸브를 사용할 때에는 숨 쉰 후에 닫아주고 다음번 숨 쉴 때마다 다시 열어준다.

(유지관리)
ⓐ 용기와 고압도관, 등받이 등을 결합할 때에는 공구를 사용하는 부분인지 정확히 판단한다. 대부분의 부품은 손으로 완전히 결합할 수 있다.
ⓑ 용기는 고온 직사광선을 피하여 보관하고 충격을 받지 않도록 조심스럽게 다룬다. 특히 개폐밸브의 보호에 유의하고 개폐는 가볍게 한다.
ⓒ 공기의 누설을 점검할 때는 개폐밸브를 서서히 열어 압력계 지침이 가장 높이 상승하는 것을 기다려 개폐밸브를 잠근다. 이 경우 압력계 지침이 1분당 1Mpa이내로 변화할 때에는 사용상에 큰 지장은 없다.
ⓓ 사용 후 고압도관에 남아있는 공기를 제거하고, 면체 유리부분에 이물질이 닿지 않도록 한다.
ⓔ 고압조정기와 경보기 부분은 분해조정 하지 않는다.
ⓕ 실린더는 고온 직사광선을 피하여 보관하고 충격을 받지 않도록 조심스럽게 다룬다. 특히 개폐밸브의 보호에 유의하고 개폐는 가볍게 한다.
ⓖ 사용한 후에는 깨끗이 청소하고 잘 닦은 후 고온 및 습기가 많은 장소를 피해서 보관한다.
ⓗ 최근에 보급되는 면체에는 김서림 방지(Anti-Fog) 코팅이 되어 있어 물로 세척하면 코팅이 벗겨질 수 있다.
ⓘ 젖은 수건으로 세척한 후에는 즉시 마른 수건으로 잘 닦고 그늘에서 건조시킨다.
ⓙ 실린더 내의 공기는 공기호흡기를 사용하는 안전에 직접적인 영향을 미치므로 항상 청결하게 유지되어야 한다. 고압용기에 충전된 호흡용 공기는 매 1년마다 공기를 배출한 후 새로운 공기를 충전하여 보관한다.

11 정답 ④

포위전술	관창을 화점에 포위 배치하여 진압하는 전술형태로 초기 진압 시에 적합하다.
공격전술	관창을 화점에 진입 배치하는 전술형태로 소규모 화재에 적합하다.
블록전술	주로 인접건물로의 화재확대방지를 위해 적용하는 전술형 태로 블록(Block)의 4방면 중 확대가능한 면을 동시에 방어하는 전술이다.
중점전술	화재발생장소 주변에 사회적, 경제적, 혹은 소방상 중요한 시설 또는 대상물이 있고 이것에 중점을 두어 진압하는 경우 또는 천재지변 등 보통의 전술로는 진압이 곤란한 경우의 전술이다. 예를 들면 대폭발 등으로 다수의 인명을 보호해야하는 경우 피난로, 피난예정지 확보와 같은 방어활동에 중점을 둔다.
집중전술	부대가 집중하여 일시에 진화하는 작전으로 예를 들면 위험물 옥외저장탱크 화재 등에 사용된다.

12 정답 ③

소방용수시설 유지관리
① 공설소화전, 저수조, 급수탑 등은 그 설치 재원을 각 시·도의 소방공동시설세로 하고 있으므로 유지·관리는 사용주체인 소방관서에서 해야 한다.
② 수도에 있어서는 그 설치자가 설치·유지와 관리를 한다. 이를 명확히 하기 위하여 소방기본법과 수도법에서 정하고 있다.
③ 소방 활동에 필요한 소화전·급수탑·저수조 기타의 소방용수시설은 관할 시·도가 설치하여 유지 관리하여야 한다.
④ 소방용수시설은 소방관서의 재산으로서 그 책임을 다하여야 하며, 고장개소가 발생 시 상수도 관리 부서인 각 수도사업소에 개·보수사항을 의뢰하여 보수하거나 소방기관 자체 예산으로 보수하고 있다.
※ 소방본부장 또는 소방서장은 원활한 소방 활동을 위하여 다음 각호의 조사를 월 1회 이상 실시하여야 한다.
  • 소방용수시설에 대한 조사
  • 소방대상물에 인접한 도로의 폭, 교통상황, 도로주변의 토지의 고저, 건축물의 개황, 그 밖에 소방 활동에 필요한 지리에 대한 조사를 실시하며, 조사결과를 2년간 보관하여야 한다.

13 정답 ②

흡수	주로 액체 물질에 적용하는 방법이다. 누출된 물질을 스펀지나 흙, 신문지, 톱밥 등의 흡수성 물질에 흡수시켜 회수한다. 2 이상의 서로 다른 물질을 동시에 흡수시키고자 하는 경우에는 화학반응에 따르는 위험성이 없는지 확인하여야 한다.
유화처리	유화제를 사용하여 오염물질의 친수성을 높이는 방법으로 처리한다. 주로 기름(Oil)이 누출되었을 경우에 사용하며, 특히 원유 등의 대량 누출시에 적용한다. 환경오염문제로 논란이 될 수 있다.
중화	주로 부식성 물질에 사용하는 방법이다. 중화과정에서 발열이나 유독성 물질생성, 기타 위험성이 발생할 수 있으므로 화학자의 검토가 필요하고 위험을 감소시키기 위해서 오염물질의 양보다 적게 조금씩 투입하여야 한다.
응고	오염물질을 약품이나 흡착제로 흡착, 응고시켜 처리할 수 있다. 오염물질의 종류와 사용된 약품에 따라 효과가 달라진다. 응고된 물질은 밀폐, 격납한다.
소독	주로 장비나 물자, 또는 환경 정화를 위해 표백제나 기타 화학약품을 사용해서 소독한다. 사람의 경우에는 화학약품을 사용하는 것보다 물로 세척하는 것이 더 효과적이다.

물리적방법

흡착	활성탄과 모래는 일반적으로 널리 사용되는 흡착제이다. 대부분의 화학물질을 사용하는 장소에는 기본적으로 활성탄이나 모래를 비치하고 있다.
덮기	고체, 특히 분말형태의 물질은 비닐이나 천 등으로 덮어서 확산을 방지한다. 휘발성이 약한 액체에도 적용할 수 있다.
희석	오염물질의 농도를 낮추어 위험성을 줄이는 방법이다. 가스가 누출된 장소에 신선한 공기를 불어넣거나 수용성 물질에 대량의 물을 투입하는 방법을 사용한다.
폐기	장비나 물품에 오염이 심각하여 제독이 곤란하거나 처리비용이 과도하게 소요되는 경우에는 해당 물품을 폐기한다.
밀폐, 격납	오염물질을 드럼통과 같은 밀폐 용기에 넣어 확산을 차단하는 방법이다.
세척, 제거	오염된 물질과 장비를 현장에서 세척, 제거한다. 제거된 물질은 밀폐 용기에 격납한다.
흡입	고형 오염물질은 진공청소기로 흡입, 청소하여 위험성을 줄일 수 있다. 일반 가정용 진공청소기는 미세분말을 통과시키기 때문에 분말 오염물질에는 적용할 수 없다. 정밀 제독을 위해서는 고효율미립자 필터를 사용한 전용 진공청소기를 사용한다.
증기 확산	실내의 오염농도를 낮추기 위해 창문을 열고 환기시킨다. 고압송풍기를 이용하면 보다 효과적으로 오염물질을 분산시켜 빠른 시간에 농도를 낮출 수 있다.

14   정답 ②

구 분	내 용
대형 화재	• 사망 5명이상이거나 사상자 10명 이상 발생화재 • 재산피해 50억원 이상 추정되는 화재
중요 화재	• 관공서, 학교, 정부미도정공장, 문화재, 지하철, 지하구 등 공공건물 및 시설의 화재 • 관광호텔, 고층건물, 지하상가, 시장, 백화점, 대량위험물을 제조·저장·취급하는 장소, 중점관리대상 및 화재경계지구 • 이재민 100명 이상 발생화재
특수 화재	• 철도, 항구에 매어둔 외항선, 항공기, 발전소 및 변전소의 화재 • 특수사고, 방화 등 화재원인이 특이하다고 인정되는 화재 • 외국공관 및 그 사택의 화재 • 기타 대상이 특수하여 사회적 이목이 집중될 것으로 예상되는 화재

소방청장에게 긴급으로 보고할 화재

15   정답 ②

소화전을 이용한 급수방법

㉠ 소방펌프 구동 → ㉡ 중계구 직결관을 이용하여 소화전 연결 → ㉢ 중계구 개방 (메인밸브는 잠금상태) → ㉣ 자체급수밸브 개방 → ㉤ 물탱크 급수 또는 소화전을 물탱크 보수에 직접연결하여 물탱크 급수

실제 잠수 시간이 최대 잠수 가능시간을 초과했을 때에 상승도중 감압표상에 지시된 수심에서 지시된 시간만큼 머무르는 것을 "감압정지"라 하고, 머무르는 시간을 "감압시간"이라 한다. 그리고 감압은 가슴 정 중앙이 지시된 수심에 위치하여야 한다.

16   정답 ①

수경 (Mask)	• 물속에서 사물을 관찰하고 눈을 보호하고 코로 물이 들어가는 것을 막아준다. • 수경을 선택할 때 가장 중요한 부분은 수경 내에 반드시 코가 들어가 수경압착에 대한 방지를 할 수 있는 것으로 자기 얼굴에 잘 맞고 사용하는데 불편하지 않아야 한다. • 수경을 사용한 후에는 민물로 깨끗이 세척한 후 습기를 완전히 제거하고 케이스에 넣어 직사광선에 의한 노출을 피하고 그늘지고 건조한 곳에 보관한다.
숨대롱 (Snorkel)	• 수면에서 숨대롱을 사용하여 공기통의 공기를 아낄 수 있으며 물밑을 관찰함과 동시에 수면에서 쉽게 수영할 수 있게 해준다. • 숨대롱은 간단하면서도 호흡저항이 적고 물을 빼기가 쉬워야 한다. • 내부의 물을 쉽게 배출시킬 수 있도록 배수밸브가 부착된 것을 많이 사용한다. • 보관할 때는 수경과 분리하여 민물에 씻어서 그늘지고, 건조한 곳에 보관한다.
오리발 (Fins)	• 오리발은 물에서 기동성과 효율성을 높여주고 최소의 노력으로 많은 추진력을 제공해 준다. • 오리발을 사용함으로서 다이버들은 수영을 할 때보다 손을 자유롭게 움직일 수 있다. • 오리발은 자기 발에 맞고 잘 벗겨지지 않는 것을 선택한다. • 사용 후에는 햇빛을 피하여 민물로 씻어서 보관하여야 하며 장기간 보관 시에는 고무부분에 분가루나 실리콘 스프레이를 뿌려 두는 것이 좋다.
잠수복 (Suit)	• 물속에서는 열손실이 아주 빠르기 때문에 찬 물 속이 아니더라도 체온을 보호해 주어야 한다. • 바닷가나 해저에서 입을 수 있는 상처로부터 몸을 보호해 주고 비상시에는 잠수복이 양성부력이므로 체력소모를 줄여 준다. • 잠수복은 신체와 잠수복 사이에 물이 들어오는 습식(wet suit)과 물을 완전히 차단하여 열의 손실을 막아주는 건식(dry suit)이 있다. • 보편적으로 수온이 24℃ 이하에서는 발포고무로 만든 습식잠수복을 착용하고 수온이 13℃ 이하로 낮아지면 건식잠수복을 착용하도록 권장한다. • 사용한 후에는 깨끗한 물로 씻어서 직사광선을 피해서 말리며, 옷걸이에 걸어서 보관하는 것이 바람직하다.
모자 신발 장갑	• 수중에서 머리는 잘 보호되어야 하며, 특히 열 손실이 많은 부위이기 때문에 차가운 물속에서는 반드시 보온을 해야 한다. • 잠수신발과 잠수장갑은 잠수복과 같은 네오프렌으로 된 것을 주로 사용하며 손발의 보호 및 보온 기능을 한다. • 사용 후에는 민물로 깨끗이 씻어 말리고 접어서 보관하지 않는다.

중량벨트 (Weight Belt)	• 사람의 몸은 물속에서 거의 중성 부력을 갖게 되나 잠수복을 착용하므로 잠수복의 원단과 스타일에 따라 부력이 더 증가된다. • 다이버는 적당한 무게의 중량벨트를 착용해야 한다. 중량벨트는 간단히 웨이트(weight)라고 부르며 납으로 만들어진다. • 현재 중량벨트에 쓰이는 납은 표면을 플라스틱이나 우레탄으로 코팅하여 오염을 방지하도록 하고 있다. • 본인에게 알맞은 중량벨트의 선택방법은 모든 장비를 착용한 상태에서 눈높이에 수면이 위치하도록 하는 것이다. • 호흡을 하게 되어도 수면이 눈높이에서 크게 이탈되지 않고 아래위로 움직임을 알 수 있다. 이것은 잠수 활동 시 매우 중요한 기술이다.
부력조절기 (BC)	• 수면에서 휴식을 위한 양성부력을 제공해 주며 비상 시에는 구조장비 역할까지 담당할 수 있다. • 잠수복과 중량벨트의 조화로 부력이 중성화되었으나, 잠수복의 네오프렌은 기포로 형성되었기 때문에 수압을 받으면 그 부피가 줄어들어 부력이 저하된다. • 이때 부력조절기 안에 공기를 넣어주면 자유롭게 부력을 조절할 수 있게 된다. • 사용 후 깨끗한 물로 씻어야 하고, 내부도 물로 헹구어서 공기를 넣어 통풍이 잘되는 곳에서 말려야 한다.

17   정답 ①

물과 반응하는 화학물질
① 금속류 외에 물과 반응하여 조연성·가연성 가스 또는 독성가스를 발생하는 화학물질이 있다.
② 제1류 위험물에 해당하는 무기과산화물(과산화나트륨, 과산화칼륨, 과산화칼슘 등), 삼산화크롬(CrO_3) 등은 물과 반응하여 산소를 발생한다.
③ 제3류 위험물에 해당하는 알킬알루미늄, 알킬리튬, 탄화칼슘($CaC2$), 탄화알루미늄 등은 물과 반응하여 메탄·에탄·아세틸렌 등 가연성가스를 생성한다.
④ 제3류 위험물인 금속의 인화물(인화칼륨, 인화칼슘 등)은 물과 만나면 맹독성 포스핀가스(PH_3)를 발생하며, 제6류 위험물인 질산은 물과 만나면 급격히 발열하여 폭발에 이르기도 한다.

18   정답 ①

명령통일
• 명령의 통일성을 유지하기 위해 자의적인 단독행동은 절대 금지한다.
• 한 사람이 오직 한사람의 지휘관에게만 보고하고 한 사람의 지휘만을 받는다.
• 대원의 안전에 위협이 되는 심각한 위험상황이 발생하여 현장에서 긴급히 대원을 철수시킨다든가 하는 급박한 경우 제외
  ※ 구조대원은 행동에 들어가기 전에 타인보다 자신의 안전을 먼저 확인해야 한다.

19   정답 ①

동결방지제 (부동제)	• 소화약제로서 물의 큰 단점은 저온에서의 동결이다. • 이와 같은 단점을 보완하기 위해서 첨가하는 약제가 동결방지제이며 물의 물리·화학적 성질을 고려하여 일반적으로 자동차 냉각수 동결방지제로 많이 사용되는 에틸렌글리콜(ethylene glycol, $C_2H_4(OH)_2$)을 가장 많이 사용하고 있다.
증점제	• 물은 유동성이 크기 때문에 소화 대상물에 장시간 부착되어 있지 못한다. • 화재에 방사되는 물소화약제의 가연물에 대한 접착 성질을 강화시키기 위하여 첨가하는 물질을 증점제라 하며, • 물의 사용량을 줄일 수 있고 높은 장소(공중 소화)에서 사용 시 물이 분산되지 않으므로 목표물에 정확히 도달할 수 있어 소화 효과를 높일 수 있는 장점이 있어 산림화재 진압용으로 많이 사용된다. 반면 증점제를 사용하면 가연물에 대한 침투성이 떨어지고 방수 시에 마찰손실이 증가하고, 분무 시 물방울의 직경이 커지는 등의 단점이 있다. • 증점제로 유기계는 알킨산나트륨염, 펙틴(pectin), 각종 껌 등의 고분자 다당류, 셀룰로오스 유도체, 비이온성 계면 활성제가 있고 무기계로는 벤토나이트, 붕산염 등이 사용되고 있으며 산림화재용으로 사용되는 대표적인 증점제로는 CMC(Sodium Carboxy Methyl Cellulose) 등이 있다.
침투제	• 물은 표면장력이 커서 방수 시 가연물에 침투되기가 어렵기 때문에 표면장력을 작게 하여 침투성을 높여주기 위해 첨가하는 계면활성제의 총칭을 침투제(Wetting Agent)라 한다. • 일반적으로 첨가하는 계면 활성제의 양은 1% 이하이다. • 침투제가 첨가된 물을 "Wet Water"라고 부르며, 이것은 가연물 내부로 침투하기 어려운 목재, 고무, 플라스틱, 원면, 짚 등의 화재에 사용되고 있다.
강화액 소화약제	• 동절기 물소화약제가 동결되는 단점을 보완하고 물의 소화력을 높이기 위하여 화재에 억제 효과가 있는 염류를 첨가한 것이다. • 염류로는 알칼리 금속염의 탄산칼륨(K_2CO_3), 인산암모늄[$(NH4)_2PO_4$] 등이 사용되고 여기에 침투제 등을 가하여 제조한다. • 수소 이온농도(pH)는 약알칼리성으로 11 ~ 120I며, 응고점은 -30℃ ~ -26℃ 이다. • 색상은 일반적으로 황색 또는 무색의 점성이 있는 수용액이다. • 강화액의 소화 효과는 물이 갖는 소화효과와 첨가제가 갖는 부촉매 효과를 합한 것이다. • 용도는 주로 소화기에 충약해서 목재 등의 고체 형태인 일반가연물 화재에 사용한다.

Rapid water	• 소방활동에서 호스 내의 물의 마찰손실을 줄이면 보다 많은 양의 방수가 가능해지고 가는 호스로도 방수가 가능해지므로 소방관의 부담이 줄게 된다. • 이와 같은 목적을 위해 첨가하는 약제로 미국 Union carbide사에서의 「rapid water」라는 명칭의 첨가제를 발매하고 있다. • 이것의 성분은 폴리에틸렌옥사이드(polyethylene oxide, HO-(CH$_2$CH$_2$)N-CH$_2$CH$_2$OHH$_2$O))이것을 첨가하면 물의 점성이 약 70% 정도 감소하여 방수량이 증가하게 된다.
유화제	중유나 엔진오일 등은 인화점이 높은 고 비점 유류이므로 화재 시 Emulsion형성을 증가시키기 위해 계면활성제(Poly Oxyethylene Alkylether)를 첨가하여 사용하는 약제이다.
산 알카리제	• 산(H$_2$SO$_4$)과 알카리(N$_a$HCO$_3$)의 두 가지 약제가 혼합되면 화학작용에 의하여 이산화탄소와 포(거품)이 형성되어 용기 내에서 발생된 이산화탄소의 증기압에 의하여 포가 방출된다. • 주로 소화기에 이용되며 내통과 외통으로 구분하여 따로 약제를 저장하며 내부 저장용기에 물 30%와 진한 황산 70%의 수용액, 외부저장용기에는 물 90%와 탄산수소나트륨 10% 수용액을 충전하여 사용하는데 저장 및 보관, 용기에 대한 부식성, 불완전한 약제의 혼합이 소화의 신뢰성이 떨어져 거의 사용을 하지 않고 있다. • 산과 알카리 소화약제는 수용액 상태로 분리 저장되어 있다가 방출시 중간 혼합실에서 알카리와 산의 화학작용에 의하여 CO$_2$의 발생에 의하여 방출원의 압력을 동력원으로 하여 사용되며 소화기에 사용하는 것으로서 A급 화재에만 사용되고 있다. 알카리와 산의 반응식은 아래와 같다. $2N_aHCO_3 + H_2SO_4 \rightarrow N_{a2}SO_4 + 2H_2O + 2CO_2$

20   정답 ③

중을 이용하지 않는 탐색

등고선 탐색★	① 해안선이나 일정 간격을 두고 평행선을 따라 이동하며 물체를 찾는 방법으로 물체가 있는 수심과 위치를 비교적 정확하게 알고 있을 경우에 유용하다. ② 탐색 형태라기보다는 탐색기술의 한 방법으로 물체가 있다고 예상되는 지점보다 바다 쪽으로 약간 벗어난 곳에서부터 시작한다. ③ 예를 들어 해변의 경우 예상되는 지점보다 약 30m 정도 외해 쪽으로 벗어난 곳에서 해안선과 평행하게 이동하며 탐색한다. ④ 계획된 범위에 도달하면 해안선 쪽으로 약간 이동한 뒤 지나온 경로와 평행하게 되돌아가며 탐색한다. ⑤ 평행선과 평행선과의 거리는 시야범위 정도가 적당하며 경사가 급한 곳에서는 수심계로 수심을 확인하며 경로를 유지할 수도 있다.
U자 탐색★	탐색 구역을 "ㄹ"자 형태로 탐색하는 방법으로 장애물이 없는 평평한 지형에서 비교적 작은 물체를 탐색하는데 적합하다. 각 평행선의 간격은 시야거리 정도가 적당하며, 수류가 있을 경우에는 수류와 평행한 방향으로 이동한다.
소용돌이 탐색★	비교적 큰 물체를 탐색하는 데 적합한 방법으로 탐색구역의 중앙에서 출발하여 이동거리를 조금씩 증가시키면서 매번 한 쪽 방향으로 90°씩 회전하며 탐색한다.

21   정답 ③

수심(m)	절대압력(atm)	소모시간(분)	공기소모율(L/분)
0	1	100	15
10	2	50	30
20	3	33	45
30	4	25	60
40	5	20	75

22   정답 ①

환자 1차 평가 단계 : 첫인상 - 의식수준 - 기도 - 호흡 - 순환 - 위급정도 판단

23   정답 ①

환자 2차평가
① 호흡보조근 사용을 보고, 호흡음을 듣고, 피부가 차갑고 축축한 것을 느끼고, 호흡에서 아세톤 냄새가 나는 것 등은 징후이다.
② 생체징후는 호흡, 맥박, 혈압을 포함하며 의식수준(AVPU)도 령가해야 한다.
③ 생체징후를 전부 평가하는 범위에는 피부와 동공상태도 포함된다.
④ SAMPLE력의 S는 증상 및 징후로써 문진이 아닌 청진, 시진, 촉진을 이용해서 알아낸 객관적인 사실이다.

24 정답 ②

FAST

F(face)	입 꼬리가 올라가도록 웃으면서 따라서 웃도록 시킨다. 치아가 보이지 않거나 양쪽이 비대칭인 경우 비정상
A(arm)	눈을 감고 양 손을 동시에 앞으로 들어 올려 10초간 멈추도록 한다. 양손의 높이가 다르거나 한 손을 전혀 들어 올리지 못할 경우 비정상이다.
S(speech)	하나의 문장을 얘기하고 따라하도록 시킨다. 말이 느리거나 못한다면 비정상이다.
T(time)	시계가 있다면 몇 시인지 물어보고 없다면 낮인지 밤인지 물어본다.

25 정답 ②

충수돌기염 (맹장염)	수술이 필요하며 증상 및 징후로는 오심/구토가 있으며 처음에는 배꼽부위 통증(처음)을 호소하다 우하복부(RLQ)부위의 지속적인 통증을 호소한다.
담낭염(쓸개염) /담석	쓸개염은 종종 담석으로 인해 야기되며 심한 통증 및 때때로 갑작스런 윗배 또는 우상복부(RUQ) 통증을 호소한다. 또한 이러한 통증을 어깨 또는 등쪽에서도 나타날 수 있다. 통증은 지방이 많은 음식물을 섭취할 때 더 악화될 수 있다.
췌장염(이자염)	만성 알콜환자에게 흔히 나타나며 윗배 통증을 호소한다. 췌장(이자)이 위 아래, 후복막에 위치해 있어 등/어깨에 통증이 방사될 수 있다. 심한 경우 쇼크 징후가 나타나기도 한다.

2025 소방승진 소방장 파이널 봉투모의고사

개정 2판 1쇄 인쇄	2025년 8월 25일
개정 2판 1쇄 발행	2025년 8월 29일
지은이	김진수, 문옥섭, 김경진
발행인	이재남
발행처	㈜이패스코리아
	[본사] 서울특별시 영등포구 경인로 775 에이스하이테크시티 2동 1104호
전화	02-511-4212
팩스	02-6345-6701
홈페이지	www.kfs119.co.kr
이메일	newsguy78@epasskorea.com
등록번호	제318-2003-000119호(2003년 10월 15일)

* 편저자와 협의하여 인지는 생략했습니다.
* 이 책을 무단으로 전재 또는 복제하면 [저작권법] 제136조에 의해 5년 이하의 징역 또는 5천만원 이하의 벌금에 처해지거나 병과될 수 있습니다.
* 파본은 구입처에서 교환해 드립니다.

최단기 소방승진 이패스 소방사관

www.kfs119.co.kr

※ 이 책은 저작권법에 의해 보호를 받는 저작물이므로 무단전재와 복제를 금합니다.
※ 본 교재의 저작권은 이패스코리아에 있습니다.

2025년 소방승진(소방장) 공개경쟁채용시험 답안지

2025년 소방승진(소방장) 공개경쟁채용시험 답안지

2025년 소방승진(소방장) 공개경쟁채용시험 답안지

2025년 소방승진(소방장) 공개경쟁채용시험 답안지

소방전술 / **소방법령 Ⅲ** / **소방법령 Ⅱ**

(OMR answer sheet with 25 questions per subject, choices ①②③④)

컴퓨터용 흑색사인펜만 사용

성 명

[필적 확인란]
※ 아래 예시문을 옮겨 적으시오.
본인은 000(응시자 성명)임을 확인함

기 재 란

시험감독관 서명
(성명을 정자로 기재 하시오)

- □ 성 명
- □ 필적확인
- □ 생년월일
- □ 응시번호

생 년 월 일
(주민등록번호 앞 6자리)

응 시 번 호
(응시표상 숫자 8자리)

3 - ① ② ● — ...

※ 응시자는 뒷면에 기재된 응시자 준수사항을 읽어본 후 답안을 작성하시기 바랍니다.

2025 소방승진 소방장 파이널 봉투모의고사 <정오표>

(2509027|준)

페이지	교정 전	교정 후
P.15	1회 <8번> 문제 수정 출동도중의 조치사항으로 옳은 것은?	출동도중의 조치사항으로 옳지 않은 것은?
P.16	5회 <12번> 문제 보기 ④ 수정 ④ 소방본부장 또는 소방서장은 원활한 소방 활동을 위하여 다음 각 호의 조사를 연 1회 이상 실시하여야 한다.	④ 소방본부장 또는 소방서장은 원활한 소방 활동을 위하여 **소방용수조사**를 연 1회 이상 실시하여야 한다.
P.48	3회 해설 <2번> 보기 수정 ㄴ (옳점)	ㄷ (옳점)
P.49	3회 해설 <6번> 정답 수정 ④	③
P.53	3회 해설 <22번> 정답 수정 ②	①
P.66	4회 해설 <7번> 정답 수정 ③	④
P.84	5회 해설 <7번> 정답 수정 ①	②, ③
P.86	5회 해설 <14번> 정답 수정 ②	
P.87	5회 해설 <19번> 정답 수정 ①	④

이상 끝.

2025년 소방장 소방승진 제1회

응시번호	
성명	

【시험 과목】

편철순서	제1과목	제2과목	제3과목
과목명	소방법령 II (25문항)	소방법령 III (25문항)	소방전술 (25문항)

응시자 준수사항

☞ 시험지를 받으면 "시험 감독관 또는 방송"의 안내에 따라 다음 사항을 반드시 지켜 주시기 바랍니다.

1. 시험지 표지의 응시번호 및 성명"을 기재하여 주십시오.

2. 시험이 시작되면 시험지의 "편철순서", "페이지 수량", "인쇄 상태"를 반드시 확인한 후에 문제를 푸십시오.
   ※ 본 시험지는 총 16페이지입니다.

3. 시험이 시작되면 문제를 주의 깊게 읽고, 문항의 취지에 가장 적합한 하나의 정답만을 고르십시오. 운영요원에게 문제 내용에 관한 질문은 하실 수 없습니다.

※ 본 시험지는 공개이므로 시험이 종료된 후 가지고 나갈 수 있습니다.

※ 본 표지는 실제 시험지를 모델로 제작되었습니다.

epasskorea

소방장 소방승진

제1회 모의고사

문 항 수 : 75문항
응시시간 : 75분

소방법령 II (25문항)

01 「소방기본법」상 강제처분에 대한 내용으로 옳지 않은 것은?

① 소방대장은 사람을 구출하거나 불이 번지는 것을 막기 위하여 필요할 때에는 화재가 발생하거나 불이 번질 우려가 있는 소방대상물 및 토지를 일시적으로 사용할 수 있다.
② 소방서장은 사람을 구출하거나 불이 번지는 것을 막기 위하여 긴급하다고 인정할 때에는 소방대상물과 토지에 대하여 그 사용의 제한 또는 소방활동에 필요한 처분을 할 수 있다.
③ 소방본부장은 소방활동을 위하여 긴급하게 출동할 때에는 소방자동차의 통행과 소방활동에 방해가 되는 주차 또는 정차된 차량 및 물건 등을 제거하거나 이동시킬 수 있다.
④ 소방본부장은 소방활동에 방해가 되는 주차 또는 정차된 차량의 제거나 이동을 위하여 관할 지방자치단체 등 관련 기관에 견인차량과 인력 등에 대한 지원을 요청할 수 있고, 소방청장은 견인차량과 인력 등을 지원한 자에게 비용을 지급할 수 있다.

02 「소방기본법」상 화재 등의 통지에 대한 설명으로 옳지 않은 것은?

① 화재 현장 또는 구조·구급이 필요한 사고 현장을 발견한 사람은 그 현장의 상황을 소방본부, 소방서 또는 관계 행정기관에 지체 없이 알려야 한다.
② 목조건물이 밀집한 지역에서 화재로 오인할 만한 우려가 있는 불을 피우려는 자는 관할 소방본부장 또는 소방서장에게 신고하여야 한다.
③ 창고가 밀집한 지역에서 연막 소독을 하려는 자는 관할 소방본부장 또는 소방서장에게 신고하여야 한다.
④ 석유화학제품을 생산하는 공장이 있는 지역에서 연막 소독을 하려는 자가 신고를 하지 아니하여 소방자동차를 출동하게 한 경우 200만원 이하의 과태료를 부과한다.

03 「소방기본법」상 소방자동차의 보험 가입 등에 관한 내용이다. ( ) 안에 적절한 것은?

- (ㄱ)는 소방자동차의 공무상 운행 중 교통사고가 발생한 경우 그 운전자의 법률상 분쟁에 소요되는 비용을 지원할 수 있는 보험에 가입하여야 한다.
- (ㄴ)는 위에 따른 보험 가입비용의 일부를 지원할 수 있다.

	ㄱ	ㄴ
①	시·도지사	국가
②	소방청장	시·도지사
③	소방본부장 또는 소방서장	시·도지사
④	소방청장	국가

04 「소방기본법」 및 같은 법 시행규칙상 소방안전교육훈련에 관한 설명으로 옳지 않은 것은?

① 소방청장, 소방본부장 또는 소방서장은 노인복지시설의 노인을 대상으로 소방안전교육훈련을 실시할 수 있다.
② 소방안전교육훈련은 이론교육과 실습(체험)교육을 병행하여 실시하되, 실습(체험)교육이 전체 교육시간의 100분의 30 이상이 되어야 한다.
③ 실습(체험)교육 인원은 특별한 경우가 아니면 강사 1명당 30명을 넘지 않아야 한다.
④ 소방청장, 소방본부장 또는 소방서장은 소방안전교육훈련의 실시결과, 만족도 조사결과 등을 기록하고 이를 3년간 보관하여야 한다.

05 「소방기본법 시행규칙」상 소방체험관의 설립 및 운영에 관한 내용으로 생활안전분야에 해당하는 체험실을 모두 고른 것으로 옳은 것은?

> ㄱ. 전기안전 체험실
> ㄴ. 가스안전 체험실
> ㄷ. 여가활동 체험실
> ㄹ. 작업안전 체험실
> ㅁ. 환경안전 체험실

① ㄱ, ㄴ, ㄹ
② ㄴ, ㄷ, ㅁ
③ ㄱ, ㄴ, ㄷ, ㄹ
④ ㄴ, ㄷ, ㄹ, ㅁ

06 「소방기본법」 및 같은 법 시행령 상 소방업무에 관한 종합계획 및 세부계획의 수립·시행에 관한 내용으로 괄호 안에 들어갈 단어로 옳은 것은?

> 가. (㉠)은/는 화재, 재난·재해, 그 밖의 위급한 상황으로부터 국민의 생명·신체 및 재산을 보호하기 위하여 소방업무에 관한 종합계획을 (㉡)마다 수립·시행하여야 하고, 이에 필요한 재원을 확보하도록 노력하여야 한다.
> 나. (㉠)은/는 소방업무에 관한 종합계획을 관계 중앙행정기관의 장과의 협의를 거쳐 계획 시행 전년도 (㉢)까지 수립해야 한다.
> 다. (㉣)은/는 종합계획의 시행에 필요한 세부계획을 계획 시행 전년도 (㉤)까지 수립하여 (㉠)에게 제출하여야 한다.

	㉠	㉡	㉢	㉣	㉤
①	소방청장	5년	10월 31일	시·도지사	12월 31일
②	시·도지사	5년	10월 31일	소방청장	11월 30일
③	소방청장	5년	10월 30일	시·도지사	12월 30일
④	소방청장	매년	10월 30일	시·도지사	12월 31일

07 「소방기본법」상 벌칙의 사항이 나머지와 <u>다른</u> 것은?

① 정당한 사유 없이 소방대의 생활안전활동을 방해한 자
② 정당한 사유 없이 소방대가 현장에 도착할 때까지 사람을 구출하는 조치 또는 불을 끄거나 불이 번지지 아니하도록 하는 조치를 하지 아니한 사람
③ 소방활동에 방해가 되는 주차 또는 정차된 차량 및 물건 등의 제거 또는 이동에 따른 처분을 방해한 자 또는 정당한 사유 없이 그 처분에 따르지 아니한 자
④ 정당한 사유 없이 물의 사용이나 수도의 개폐장치의 사용 또는 조작을 하지 못하게 하거나 방해한 자

08 「소방기본법」 및 같은 법 시행령 상 소방자동차 전용구역 등에 관한 내용으로 보기에 해당하는 것으로 볼 수 없는 것은?

> 〈보기〉
> 「건축법」 제2조제2항제2호에 따른 공동주택 중 <u>대통령령으로 정하는 공동주택</u>의 건축주는 제16조제1항에 따른 소방활동의 원활한 수행을 위하여 공동주택에 소방자동차 전용구역(이하 "전용구역"이라 한다)을 설치하여야 한다.

① 아파트 중 세대수가 200세대인 아파트
② 아파트 중 세대수가 150세대인 아파트
③ 기숙사 중 5층에 해당하는 기숙사
④ 기숙사 중 2층에 해당하는 기숙사

09 「소방기본법」상 소방자동차 교통안전 분석 시스템 구축·운영에 관한 내용으로 옳지 않은 것은?

① 소방청장 또는 소방본부장은 대통령령으로 정하는 소방자동차에 행정안전부령으로 정하는 기준에 적합한 운행기록장치를 장착하고 운용하여야 한다.
② 소방청장 또는 소방본부장은 소방자동차의 안전한 운행 및 교통사고 예방을 위하여 운행기록장치 데이터의 수집·저장·통합·분석 등의 업무를 전자적으로 처리하기 위한 시스템을 구축·운영할 수 있다.
③ 소방청장, 소방본부장 및 소방서장은 소방자동차 교통안전 분석 시스템으로 처리된 자료를 이용하여 소방자동차의 장비운용자 등에게 어떠한 불리한 제재나 처벌을 하여서는 아니 된다.
④ 소방자동차 교통안전 분석 시스템의 구축·운영, 운행기록장치 데이터 및 전산자료의 보관·활용 등에 필요한 사항은 행정안전부령으로 정한다.

10 「소방기본법 시행령」상 소방활동구역의 출입자에 해당하는 사람을 고른 것으로 옳은 것은?

> ㄱ. 소방활동구역 안에 있는 소방대상물의 소유자·관리자 또는 점유자
> ㄴ. 전기·가스·수도·통신·교통의 업무에 종사하는 사람으로서 원활한 소방활동을 위하여 필요한 사람
> ㄷ. 취재인력 등 보도업무에 종사하는 사람
> ㄹ. 수사업무에 종사하는 사람

① ㄱ, ㄴ, ㄷ, ㄹ
② ㄱ, ㄴ, ㄷ
③ ㄱ, ㄴ
④ ㄱ

11 「소방기본법」상 소방기관의 설치에 관한 내용이다. 옳지 않은 것은?

① 시·도의 화재 예방·경계·진압 및 조사, 소방안전교육·홍보와 화재, 재난·재해, 그 밖의 위급한 상황에서의 구조·구급 등의 업무를 수행하는 소방기관의 설치에 필요한 사항은 대통령령으로 정한다.
② 소방업무를 수행하는 소방본부장 또는 소방서장은 그 소재지를 관할하는 특별시장·광역시장·특별자치시장·도지사 또는 특별자치도지사의 지휘와 감독을 받는다.
③ 소방청장은 화재 예방 및 대형 재난 등 필요한 경우 시·도 소방본부장 및 소방서장을 지휘·감독하여야 한다.
④ 시·도에서 소방업무를 수행하기 위하여 시·도지사 직속으로 소방본부를 둔다.

12 「소방기본법」상 119종합상황실의 설치 목적에 해당하지 않는 것은?

① 정보의 수집·분석과 판단·전파
② 상황관리
③ 현장 지휘 및 조정·통제
④ 화재 예방과 안전관리의식 고취

13 「화재의 예방 및 안전관리에 관한 법률 시행령」상 특수가연물의 품명과 수량의 기준으로 옳지 않은 것은?

① 나무껍질 및 대팻밥 - 400킬로그램 이상
② 석탄·목탄류 - 10,000킬로그램 이상
③ 가연성 액체류 - 1세제곱미터 이상
④ 면화류 - 200킬로그램 이상

14 「화재의 예방 및 안전관리에 관한 법률 시행령」상 특급 소방안전관리대상물의 범위에 대한 설명이다. ( )에 적절한 것은?

> - (ㄱ)층 이상(지하층은 제외)이거나 지상으로부터 높이가 (ㄴ)미터 이상인 아파트
> - (ㄷ)층 이상(지하층을 포함)이거나 지상으로부터 높이가 (ㄹ)미터 이상인 특정소방대상물(아파트는 제외)

	ㄱ	ㄴ	ㄷ	ㄹ
①	50	100	50	120
②	50	200	30	120
③	30	100	30	150
④	30	200	50	150

15 「화재의 예방 및 안전관리에 관한 법률 시행령」상 특정소방대상물의 근무자등에게 불시에 소방훈련과 교육을 실시할 수 있는 경우로 규정되어 있지 아니한 것은?

① 노유자 시설
② 교육연구시설
③ 종교시설
④ 의료시설

16 「화재의 예방 및 안전관리에 관한 법률 시행령」상 화재안전취약자 지원 대상으로 가장 적절한 것은?

① 「국민기초생활 보장법」 제2조 제2호에 따른 수급자
② 「장애인복지법」 제6조에 따른 장애인
③ 「노인복지법」 제27조의2에 따른 노인
④ 「다문화가족지원법」 제2조 제1호에 따른 귀화허가 청구인

17 「화재의 예방 및 안전관리에 관한 법률 시행령」상 1급 소방안전관리자 자격시험의 응시자격으로 옳지 않은 것은?

① 대학 또는 고등학교에서 소방안전관리학과를 전공하고 졸업한 사람으로서 해당 학과를 졸업한 후 2년 이상 2급 소방안전관리대상물 또는 3급 소방안전관리대상물의 소방안전관리자로 근무한 실무경력이 있는 사람
② 대학 또는 고등학교에서 소방안전 관련 교과목을 12학점 이상 이수하고 졸업한 후 3년 이상 2급 소방안전관리대상물 또는 3급 소방안전관리대상물의 소방안전관리자로 근무한 실무경력이 있는 사람
③ 3년 이상 2급 소방안전관리대상물의 소방안전관리자로 근무한 실무경력이 있는 사람
④ 1급 소방안전관리대상물의 소방안전관리자가 되려는 사람을 대상으로 하는 강습교육을 수료한 사람

18 「화재의 예방 및 안전관리에 관한 법률」상 용어 정의에 관한 내용으로 <보기>가 설명하는 것은?

> 〈보기〉
> 소방청장, 소방본부장 또는 소방서장(이하 "소방관서장"이라 한다)이 소방대상물, 관계지역 또는 관계인에 대하여 소방시설등(「소방시설 설치 및 관리에 관한 법률」 제2조제1항제2호에 따른 소방시설등을 말한다. 이하 같다)이 소방 관계 법령에 적합하게 설치·관리되고 있는지, 소방대상물에 화재의 발생 위험이 있는지 등을 확인하기 위하여 실시하는 현장조사·문서열람·보고요구 등을 하는 활동을 말한다.

① 화재조사
② 화재현장검증
③ 화재안전조사
④ 화재예방안전진단

19 「소방시설의 설치 및 관리에 관한 법률」상 용어 정의로 옳은 것은?

① "성능위주설계"란 건축물 등의 재료, 공간, 이용자, 화재 특성 등을 종합적으로 고려하여 공학적 방법으로 화재 위험성을 평가하고 그 결과에 따라 화재안전성능이 확보될 수 있도록 특정소방대상물을 설계하는 것을 말한다.
② "화재안전성능"이란 화재안전 확보를 위하여 소방대상물의 재료, 공간 및 설비 등에 요구되는 안전성능을 말한다.
③ "소방용품"이란 소방장비등을 구성하거나 소방용으로 사용되는 제품 또는 기기로서 대통령령으로 정하는 것을 말한다.
④ "특정소방대상물"이란 건축물 등의 규모·용도 및 수용인원 등을 고려하여 소방시설을 설치하여야 하는 소방대상물로서 행정안전부령으로 정하는 것을 말한다.

20 「소방시설의 설치 및 관리에 관한 법률」상 소방시설 등의 자체점검에 대한 설명으로 옳은 것은?

① 소방시설등이 신설된 경우 사용승인에 따라 건축물을 사용할 수 있게 된 날부터 90일 이내에 자체점검을 하여야 한다.
② 자체점검의 구분 및 대상, 점검인력의 배치기준, 점검자의 자격, 점검 장비, 점검 방법 및 횟수 등 자체점검 시 준수하여야 할 사항은 대통령령으로 정한다.
③ 관계인은 자체점검 결과를 소방시설등에 대한 수리·교체·정비에 관한 이행계획을 첨부하여 소방청장에게 보고하여야 한다.
④ 관계인은 천재지변이나 그 밖에 대통령령으로 정하는 사유로 자체점검을 실시하기 곤란한 경우에는 대통령령으로 정하는 바에 따라 소방본부장 또는 소방서장에게 면제 또는 연기 신청을 할 수 있다.

21 「소방시설의 설치 및 관리에 관한 법률」상 소방기술심의위원회에 대한 내용으로 옳은 것은?

① 중앙소방기술심의위원회는 소방시설에 하자가 있는지의 판단에 관한 사항을 심의한다.
② 소방본부에 지방소방기술심의위원회를 둔다.
③ 지방소방기술심의위원회는 소방시설의 설계 및 공사감리의 방법에 관한 사항을 심의한다.
④ 중앙소방기술심의위원회 및 지방소방기술심의위원회의 구성·운영 등에 필요한 사항은 대통령령으로 정한다.

22 「소방시설의 설치 및 관리에 관한 법률 시행령」상 간이스프링클러설비를 설치해야 하는 특정소방대상물에 대한 내용이다. ( ) 안에 옳은 것은?

- 종합병원, 병원, 치과병원, 한방병원 및 요양병원(의료재활시설은 제외)으로 사용되는 바닥면적의 합계가 (ㄱ) 미만인 시설
- 정신의료기관 또는 의료재활시설로 사용되는 바닥면적의 합계가 (ㄴ) 미만인 시설
- 정신의료기관 또는 의료재활시설로 사용되는 바닥면적의 합계가 (ㄷ) 미만이고, 창살(철재·플라스틱 또는 목재 등으로 사람의 탈출 등을 막기 위하여 설치한 것을 말하며, 화재 시 자동으로 열리는 구조로 되어 있는 창살은 제외)이 설치된 시설

	ㄱ	ㄴ	ㄷ
①	600㎡	600㎡	600㎡
②	600㎡	300㎡ 이상 600㎡	300㎡
③	300㎡	300㎡ 이상 600㎡	600㎡
④	300㎡	600㎡	300㎡

23 「소방시설의 설치 및 관리에 관한 법률 시행령」상 화재안전기준이 변경되어 그 기준이 강화되는 경우, 전력 및 통신사업용 지하구에 강화된 소방시설을 적용하여야 하는 설비로 바르게 묶은 것은?

① 간이스프링클러설비, 자동화재탐지설비 및 단독경보형 감지기, 비상경보설비
② 소화기, 옥내소화전설비, 자동화재탐지설비, 단독경보형 감지기, 피난구조설비
③ 소화기, 자동소화장치, 자동화재탐지설비, 통합감시시설, 유도등 및 연소방지설비
④ 스프링클러설비, 간이스프링클러설비, 자동화재탐지설비 및 자동화재속보설비

24 「소방시설 설치 및 관리에 관한 법률」상 성능위주설계에 관한 내용으로 소방시설을 설치하려는 자가 성능위주설계를 한 경우 누구에게 신고하여야 하는가?

① 소방청장
② 시공지를 관할하는 소방본부장
③ 소재지를 관할하는 소방서장
④ 행정안전부장관

25 「소방시설 설치 및 관리에 관한 법률」 및 같은 법 시행령 상 주택에 설치하는 소방시설에 관한 내용으로 주택용 소방시설을 설치하여야 하는 주택의 종류와 시설의 연결이 옳은 것은?

① 단독주택 – 소화기 및 단독경보형 감지기
② 아파트 – 소화기 및 단독경보형 감지기
③ 기숙사 – 소화기 및 단독경보형 감지기
④ 공동주택 – 자동소화장치 및 단독경보형 감지기

소방법령 III (25문항)

01 「위험물안전관리법 시행령」상 제1류 위험물의 품명으로 옳은 것은?

① 질산
② 과염소산
③ 과산화수소
④ 과염소산염류

02 위험물안전관리법상 제조소등에서 흡연 금지등에 관한 내용으로 옳지 <u>않은</u> 것은?

① 누구든지 제조소등에서는 지정된 장소가 아닌 곳에서 흡연을 하여서는 아니 된다.
② 제조소등의 관계인은 해당 제조소등이 금연구역임을 알리는 표지를 설치하여야 한다.
③ 소방본부장 또는 소방서장은 제조소등의 관계인이 금연구역임을 알리는 표지를 설치하지 아니하거나 보완이 필요한 경우 일정한 기간을 정하여 그 시정을 명할 수 있다.
④ 흡연장소의 지정 기준·방법 등은 대통령령으로 정하고, 금연구역을 알리는 표지를 설치하는 기준·방법 등은 행정안전부령으로 정한다.

03 「위험물안전관리법 시행규칙」상 예방규정의 이행 실태 평가에 대한 규정내용이다. ( ) 들어갈 내용으로 옳은 것은?

〈보기〉
예방규정의 이행 실태 평가는 다음 각 호의 구분에 따라 실시한다.
1. 최초평가: 예방규정을 최초로 제출한 날부터 (ㄱ)이 되는 날이 속하는 연도에 실시
2. 정기평가: 최초평가 또는 직전 정기평가를 실시한 날을 기준으로 (ㄴ)마다 실시. 다만, 수시평가를 실시한 경우에는 수시평가를 실시한 날을 기준으로 (ㄷ)마다 실시한다.
3. 수시평가: 위험물의 누출·화재·폭발 등의 사고가 발생한 경우 소방청장이 제조소등의 (ㄹ)의 예방규정 준수 여부를 평가할 필요가 있다고 인정하는 경우에 실시

	ㄱ	ㄴ	ㄷ	ㄹ
①	4년	4년	4년	안전관리자 또는 종업원
②	3년	3년	3년	안전관리자 또는 종업원
③	4년	3년	3년	관계인 또는 종업원
④	3년	4년	4년	관계인 또는 종업원

04 「위험물안전관리법」상 위험물 안전관리에 관한 협회의 설립목적에 해당하지 않는 것은?

① 위험물의 안전관리
② 사고 예방을 위한 안전기술 개발
③ 위험물 안전관리의 건전한 발전을 도모
④ 소방기술과 안전관리에 관한 교육 및 조사·연구

05 「위험물안전관리법 시행규칙」상 안전관리대행기관 지정 등에 관한 내용이다. ( )에 들어갈 내용으로 옳은 것은?

가. 안전관리대행기관은 지정받은 사항의 변경이 있는 경우에는 그 사유가 있는 날부터 (ㄱ)이내에 위험물안전관리대행기관 변경신고서에 행정안전부령으로 정하는 서류를 첨부하여 (ㄷ)에게 제출해야 한다.
나. 안전관리대행기관은 휴업·재개업 또는 폐업을 하려는 경우에는 휴업·재개업 또는 폐업하려는 날 (ㄴ)전까지 위험물안전관리대행기관 휴업·재개업·폐업 신고서에 위험물안전관리대행기관지정서를 첨부하여 (ㄷ)에게 제출해야 한다.

	ㄱ	ㄴ	ㄷ
①	1일	14일	시·도지사
②	14일	1일	시·도지사
③	1일	14일	소방청장
④	14일	1일	소방청장

06 「위험물안전관리법」및 같은 법 시행령, 시행규칙상 <보기>의 옥외저장탱크의 주위에 보유하여야 하는 최소 공지의 너비로 옳은 것은?

<보기>
- 위험물의 종류 : 제4류 위험물 중 제2석유류 (비수용성)
- 저장하는 위험물의 최대수량 : 2,000,000리터
- 기준에 적합한 물분무설비에 의한 방호조치 여부 : 있음

① 2.5미터 ② 3.0미터
③ 4.5미터 ④ 9.0미터

07 「위험물안전관리법」및 같은 법 시행규칙상 아염소산염류를 운반하고자 수납할 때 그 운반용기의 외부에 표기해야 하는 주의사항으로 옳은 것만을 <보기>에서 모두 고른 것은? (다만, UN의 위험물 운송에 관한 권고에서 정한 기준 또는 소방청장이 정하여 고시하는 기준은 고려하지 않는다.)

<보기>
ㄱ. 가연물접촉주의
ㄴ. 공기접촉엄금
ㄷ. 화기엄금
ㄹ. 화기주의
ㅁ. 충격주의
ㅂ. 물기엄금

① ㄱ
② ㄴ, ㄷ
③ ㄱ, ㄹ, ㅁ
④ ㄱ, ㄹ, ㅁ, ㅂ

08 「위험물안전관리법 시행규칙」상 탱크안전성능시험자가 변경사항을 신고해야 하는 중요사항으로 옳지 않은 것은?

① 영업소 소재지의 변경
② 기술능력의 변경
③ 보유장비의 변경
④ 상호 또는 명칭의 변경

09 「위험물안전관리법」및 같은 법 시행령상 관계인이 예방규정을 정하여야 하는 제조소등에 해당하지 않는 것은?

① 6,000 L의 알코올류를 취급하는 제조소
② 30,000 kg의 황을 저장하는 옥외저장소
③ 15,000 kg의 염소산염류를 저장하는 옥내저장소
④ 150,000 L의 등유를 저장하는 옥외탱크저장소

10 「위험물안전관리법」및 같은 법 시행령, 시행규칙상 위험물의 지정수량과 위험등급의 연결이 옳지 않은 것은?

① 황린 — 20 kg — Ⅰ등급
② 금속분 — 500 kg — Ⅲ등급
③ 나트륨 — 10 kg — Ⅰ등급
④ 할로젠간화합물 — 300 kg — Ⅱ등급

11 「위험물안전관리법 시행규칙」상 제조소등의 변경허가를 받아야 하는 경우로 옳지 않은 것은?

① 옥내저장소의 건축물의 벽·기둥·바닥·보 또는 지붕을 증설 또는 철거하는 경우
② 옥외탱크저장소의 기초·지반을 정비하는 경우
③ 옥외저장소의 위치를 이전하는 경우
④ 제조소, 옥외탱크저장소, 지하탱크저장소, 주유취급소의 경우 300m(지상에 설치하지 않는 배관 의 경우에는 30m)를 초과하는 위험물의 배관을 신설하는 경우

12 「위험물안전관리법 시행규칙」상 제조소의 위치·구조 및 설비의 기준에 대한 내용으로 옳지 <u>않은</u> 것은?

① 취급하는 위험물의 최대수량이 지정수량 10배 이하인 경우 위험물을 취급하는 건축물 그 밖의 시설(위험물을 이송하기 위한 배관 그 밖에 이와 유사한 시설을 제외한다)의 주위에는 3m 이상의 공지를 보유하여야 한다.
② 벽·기둥·바닥·보·서까래 및 계단을 불연재료로 하고, 연소(延燒)의 우려가 있는 외벽(소방청장이 정하여 고시하는 것에 한한다. 이하 같다)은 출입구 외의 개구부가 없는 내화구조의 벽으로 하여야 한다.
③ 저장 또는 취급하는 위험물이 황화인인 경우 화기주의를 표시한 주의사항 게시판을 설치하여야 한다.
④ 환기설비의 급기구는 급기구가 설치된 바닥면적이 90 m² 일 경우 급기구의 크기는 350 cm² 이상으로 하여야 한다.

13 「위험물안전관리법 및 시행규칙」상의 규정 내용 중에서 ㄱ~ㄹ에 들어갈 숫자를 모두 합한 값으로 옳은 것은?

> (가) 제조소등의 설치자의 지위를 승계한 자는 승계한 날부터 (ㄱ)일 이내에 시·도지사에게 신고해야 한다.
> (나) 제조소등의 용도를 폐지한 때에는 용도를 폐지한 날부터 (ㄴ)일 이내에 시·도지사에게 신고해야 한다.
> (다) 제조소의 관계인은 안전관리자를 선임한 날부터 (ㄷ)일 이내에 소방본부장 또는 소방서장에게 신고해야 한다
> (라) 제조소등의 관계인은 제조소등의 사용을 중지하거나 중지한 제조소등의 사용을 재개하려는 경우에는 해당 제조소등의 사용을 중지하려는 날 또는 재개하려는 날의 14일 전까지 행정안전부령으로 정하는 바에 따라 제조소등의 사용 중지 또는 재개를 시·도지사에게 신고하여야 한다.

① 120 ② 88
③ 72   ④ 59

14 다음 중 다중이용업소의 안전관리 기본계획에 포함되어야 할 내용에 해당하지 <u>않은</u> 것은?

① 다중이용업소의 안전 관리에 관한 기본 방향
② 다중이용업소의 화재 안전에 관한 정보체계의 구축 및 관리
③ 다중이용업소 화재위험평가의 연구·개발에 관한 사항
④ 다중이용업소 밀집 지역의 소방시설 설치, 유지·관리와 개선계획

15 다음 <보기>는 「다중이용업소의 안전관리에 관한 특별법령」에 따른 내용이다. 빈 칸에 들어갈 내용이 <u>다른</u> 하나는?

> 〈 보기 〉
> 가. 최근 1년 이내에 (   )의 업무정지처분을 받고 다시 업무정지처분 사유에 해당하는 행위를 한 경우에는 등록취소해야 한다.
> 나. 다중이용업소 정기점검주기는 매 분기별 (   ) 이상 점검해야 한다.
> 다. 안전시설등의 작동·기능에 지장을 주지 않는 경미한 사항을 (   ) 이상 위반한 경우에는 100만 원의 과태료에 해당한다.
> 라. 소방청장, 소방본부장 또는 소방서장은 최초의 조치 명령을 한 날을 기준으로 매년 (   )회의 범위에서 그 조치 명령이 이행될 때까지 반복하여 이행강제금을 부과·징수할 수 있다.

① 가 ② 나
③ 다 ④ 라

16 「다중이용업소의 안전관리에 관한 특별법 시행령」상 다중이용업소 영업장에 설치·유지하는 안전시설등에서 피난설비에 해당하지 <u>않은</u> 것은?

① 비상구 ② 구조대
③ 피난유도선 ④ 휴대용비상조명등

17 「다중이용업소의 안전관리에 관한 특별법 시행령」상 다중이용업주가 화재배상책임보험 가입하지 않은 기간이 110일을 경과 했을 때 과태료부과 처분 금액으로 맞는 것은?

① 200만 원
② 330만 원
③ 220만 원
④ 300만 원

18 다음 <보기>는 「다중이용업소의 안전관리에 관한 특별법」 및 같은 법 시행규칙 상 내용이다. ㄱ~ㄷ까지 괄호 안에 들어갈 숫자를 모두 더한 값으로 옳은 것은?

〈 보기 〉

가. 보험회사는 화재배상책임보험의 계약을 체결하고 있는 다중이용업주에게 그 계약 종료일의 (ㄱ)일 전부터 30일 전까지의 기간 및 30일 전부터 10일 전까지의 기간에 각각 그 계약이 끝난다는 사실을 알려야 한다.

나. 소방본부장 또는 소방서장은 안전관리우수업소 표지를 발급한 날부터 2년이 되는 날 이후 (ㄴ)일 이내에 정기심사를 실시하여 안전관리우수업소 요건에 적합한 경우에는 안전관리우수업소표지를 갱신해 주어야 한다.

다. 보험기간이 (ㄷ)개월 이내인 계약의 경우의 경우 보험계약사실을 알리지 않아도 된다.

① 98   ② 96
③ 106   ④ 108

19 「다중이용업소의 안전관리에 관한 특별법 시행규칙」상 2층 이상 4층 이하에 위치한 영업장의 발코니 또는 부속실과 연결되는 비상구를 설치하는 경우의 기준이다. 다음 빈칸에 들어갈 단어 또는 숫자가 바르게 연결된 것은?

부속실을 설치하는 경우 부속실 입구의 문과 건물 외부로 나가는 문의 규격은 가로 75센티미터 이상, 세로 150센티미터 이상으로 할 것. 다만, (ㄱ)센티미터 이상의 난간이 있는 경우에는 발판 등을 설치하고 건축물 외부로 나가는 문의 규격과 재질을 가로 (ㄴ)센티미터 이상, 세로 (ㄷ)센티미터 이상의 (ㄹ)로 설치할 수 있다.

	ㄱ	ㄴ	ㄷ	ㄹ
①	100	75	120	발코니
②	120	75	150	창호
③	120	75	100	창호
④	100	75	150	발코니

20 「다중이용업소의 안전관리에 관한 특별법 시행규칙」상 비상구와 주된 출입구 문의 재질을 방화문이 아닌 불연재료로 설치 할 수 있는 경우에 해당하지 않은 것은?

① 주요 구조부(영업장의 벽, 천장 및 바닥을 말한다)가 내화구조가 아닌 경우
② 건물의 구조상 비상구 또는 주된 출입구의 문이 지표면과 접하는 경우로서 화재의 연소 확대 우려가 없는 경우
③ 비상구 또는 주 출입구의 문이 피난계단 또는 특별피난계단의 설치 기준에 따라 설치하여야 하는 문인 경우
④ 비상구 또는 주 출입구의 문이 방화구획이 아닌 곳에 위치한 경우

21 「다중이용업소의 안전관리에 관한 특별법 시행규칙」상 안전시설등의 설치·유지 기준에 관한 내용으로 옳은 것은?

① "방화문(防火門)"이란 60분+ 방화문, 60분 방화문, 30분 방화문으로서 언제나 닫힌 상태를 유지하거나 화재로 인한 연기의 발생 또는 온도의 상승에 따라 자동으로 닫히는 구조를 말한다. 다만, 자동으로 닫히는 구조 중 열에 의하여 녹는 퓨즈[도화선(導火線)을 말한다]타입 구조의 방화문은 포함한다.
② 소방청장·소방본부장 또는 소방서장은 해당 영업장에 대해 화재위험평가를 실시한 결과 화재안전등급이 기준 이상인 업종에 대해서는 소방시설·비상구 또는 그 밖의 안전시설등의 일부를 적용하지 않을 수 있다.
③ 소방본부장 또는 소방서장은 비상구의 크기, 비상구의 설치 거리, 간이스프링클러설비의 배관 구경(口徑) 등 소방청장이 정하여 고시하는 안전시설등에 대해서는 소방청장이 고시하는 바에 따라 안전시설등의 설치를 면제한다.
④ 2층 이상 4층 이하에 위치하는 영업장의 발코니 또는 부속실과 연결되는 비상구를 설치하는 경우의 기준에서 추락등의 방지를 위하여 발코니 및 부속실 입구의 문을 개방하면 경보음이 울리도록 경보음 발생 장치를 설치하고, 추락위험을 알리는 표지를 문(부속실의 경우 외부로 나가는 문도 포함한다)에 부착해야 한다.

22 「다중이용업소의 안전관리에 관한 특별법 시행규칙」상 평가대행자에 대한 행정처분의 개별기준 중 행정처분기준이 나머지 셋과 다른 것은?

① 1개월 이상 시험장비가 없는 경우
② 도급받은 화재위험평가 업무를 하도급한 경우
③ 최근 1년 이내에 2회의 업무정지처분을 받고 다시 업무정지처분 사유에 해당하는 행위를 한 경우
④ 화재위험평가서를 허위로 작성하거나 고의 또는 중대한 과실로 평가서를 부실하게 작성한 경우

23 「다중이용업소의 안전관리에 관한 특별법」상 소방청장, 소방본부장 또는 소방서장이 화재를 예방하고 화재로 인한 생명·신체·재산상의 피해를 방지하기 위하여 필요하다고 인정하는 경우 화재위험평가를 할 수 있는 지역 또는 건축물은?

① 3,000제곱미터 지역 안에 다중이용업소가 40개 이상 밀집하여 있는 경우
② 10층 이상인 건축물로서 다중이용업소가 5개 이상 있는 경우
③ 하나의 건축물에 다중이용업소로 사용하는 영업장 바닥면적의 합계가 1천제곱미터인 경우
④ 4층인 건축물로서 다중이용업소로 사용하는 영업장 바닥면적의 합계가 500제곱미터인 경우

24 「다중이용업소의 안전관리에 관한 특별법 시행령」상 간이스프링클러설비를 설치하여야 하는 다중이용업소의 영업장으로 옳지 않은 것은?

① 지하층에 설치된 수면방업의 영업장
② 지상 3층에 있는 밀폐구조의 영업장
③ 지상 2층에 있는 실내권총사격장의 영업장
④ 지상 1층에 있는 숙박을 제공하는 고시원업의 영업장

25 「다중이용업소의 안전관리에 관한 특별법 시행규칙」상 피난안내도 및 피난안내 영상물에 포함되어야 할 내용에 해당되지 않는 것은?

① 화재 시 대피할 수 있는 비상구 위치
② 구획된 실 등에서 비상구 및 출입구까지의 피난 동선
③ 장애인 및 노약자의 피난 및 구조 방법
④ 소화기, 옥내소화전 등 소방시설의 위치 및 사용방법

소방전술 (25문항)

01 가스의 열 균형에 관한 설명으로 옳지 않은 것은?

① 가장 온도가 높은 가스는 최상층에 모이는 경향이 있고, 반면 낮은 층에는 보다 차가운 가스가 모이게 된다.
② 온도가 가장 높은 가스층에 물을 뿌리게 되면, 물은 수증기로 급속히 변화하여 구획실 내의 가스와 급속히 섞이게 된다.
③ 열 균형을 이루고 있는 가스층에 직접 방수를 한다면, 높은 곳에서 배연구 밖으로 나가는 가장 뜨거운 가스층은 방해를 받을 수 있다.
④ 열균형에 대응하기 위한 적절한 조치로는 구획실을 배연시켜 뜨거운 가스를 빠져나가게 하고, 뜨거운 가스층으로부터 가장 위쪽에 있는 화점에 방수를 하는 것이다.

02 다음 중 구조대요청에 관한 설명으로 옳지 않은 것은?

① 구조대상자가 많거나 현장이 광범위하여 추가 인원이 필요한 경우
② 행정적, 사회적 영향으로부터 필요하다고 생각되는 경우
③ 특수한 지식, 기술을 필요로 하는 경우
④ 경계구역 설정이 필요하다고 판단되는 경우

03 화재대응매뉴얼의 종류에 대한 설명으로 다음 내용과 관계 깊은 것은?

> 대상별 매뉴얼 작성과 화재진압대원의 전문성 향상을 목적으로 작성되었다.

① 표준매뉴얼
② 실무매뉴얼
③ 대상별 매뉴얼
④ 특수대응매뉴얼

04 구조현장에서 생사가 걸린 의사결정방법에 대한 설명으로 옳은 것은?

① 화재진압전략의 활동과정은 생명보호-외부확대방지-내부확대방지-화재진압-점검, 조사의 순이다.
② 대류란 화염을 사방으로 확대시키는 대형화재의 주범이다.
③ 전도란 고체물질의 고온에서 저온으로 열이 전달되는 방식이며, 주로 기계적 시설이 작동되면서 마찰열에 의해 화재가 발생되는 기계적 화재원인의 주범이기도 하다.
④ 전술은 2개 이상 단위의 진압대가 현장에서 수행하는 구체적 작전을 말한다.

05 잠수병의 예방법으로 다음 내용과 관계 깊은 것은?

> • 부상할 때 절대로 호흡을 정지하지 말고 급속한 상승을 하지 않는다.
> • 해저에서는 공기가 없어질 때까지 있어서는 안 된다.

① 질소마취
② 탄산가스중독
③ 산소중독
④ 공기색전증

06 재해예방 대책의 기본원리 5단계 중 3단계에 해당하는 것은?

> ㉠ 사고원인 및 경향성 분석, 사고기록 및 관계자료 분석, 인적·물적 환경조건 분석, 작업공정 분석, 교육훈련 및 직장배치 분석, 안전수칙 및 방호장비의 적부 분석
> ㉡ 각종 사고 및 활동기록의 검토, 작업 분석, 안전점검 및 검사, 사고조사, 안전회의 및 토의, 근로자의 제안 및 여론 조사 등에 의하여 불안전 요소를 발견
> ㉢ 기술적 개선, 배치조정, 교육훈련의 개선, 안전행정의 개선, 규정 및 수칙 등 제도의 개선, 안전운동의 전개 등 효과적인 개선방법을 선정
> ㉣ 경영자의 안전목표 설정, 안전관리자 선임, 안전라인 및 참모조직, 안전활동 방침 및 계획수립, 조직을 통한 안전활동 전개
> ㉤ 시정책은 3E, 즉 기술(Engineering), 교육(Education), 관리(Enforcement)를 완성함으로써 이루어진다.

① ㉠   ② ㉡
③ ㉢   ④ ㉣

07 다음 중 비재호흡마스크에 대한 설명으로 옳지 않은 것은?

① 저장낭은 항상 충분한 산소를 갖고 있다가 환자가 깊게 들여 마실 때 1/3 이상 줄어들지 않게 해야 한다.
② 적절한 산소량은 보통 10~15ℓ/분으로 환자의 날숨은 저장낭으로 다시 들어오지 않는다.
③ 약간의 호흡곤란을 호소하는 COPD환자에게 주로 사용된다.
④ BVM과 자동식 인공호흡기를 제외하고 비재호흡마스크는 고농도의 산소를 제공할 수 있는 방법으로 구급대원에게 많이 사용된다.

08 출동도중의 조치사항으로 옳은 것은?

① 사고발생 장소와 무선정보 등에 의한 출동지령 장소에 변경이 없는가를 확인하고 관계기관 등에 연락을 취했는지에 따른 조치 상황을 확인한다.
② 교통사고의 경우 후속 차량들이 연쇄추돌 할 위험이 있으므로 현장에 출동한 구조차량은 원칙적으로 사고 차량의 뒤쪽에 부서토록 하여 작업 중인 대원들의 안전을 확보한다.
③ 구조대상자의 숫자와 상태를 파악하고 사용할 장비를 선정하고 필요한 장비가 있으면 추가로 적재한다.
④ 도로상황과 건물상황 그리고 필요시 진입로 확보를 위한 조치를 요청한다.

09 간접공격법에 의한 배연·배열 요령으로 옳은 것은?

① 연소물체의 온도가 높은 하층부를 향하여 방수한다.
② 방수 시 개구부는 가능한 한 크게 하는 것이 위험성을 감소시킨다.
③ 물의 큰 기화잠열(538cal)과 기화시의 체적팽창력을 활용하여 배연·배열하는 방법인 것이다.
④ 옥내의 연소가 급격하여 열기가 높은 연기의 경우는 간접공격의 전법을 이용하는 것은 효과가 적으므로 유의한다.

10 지하화재에 진압요령으로 옳지 않은 것은?

① 개구부가 2개소 이상일 때는 연기가 많이 분출되는 개구부를 배연구로 하고 반대쪽의 개구부를 진입구로 한다.
② 소화는 분무, 직사 또는 포그방수로 한다.
③ 짙은 연기 열기가 충만하여 진입이 곤란한 경우에는 상층부 바닥을 파괴하여 개구부를 만들고 직접 방수한다.
④ 화학차를 활용하여 고발포를 방사, 질식소화는 배기측 계단을 활용한다.

11 화재실 소화요령으로 옳지 <u>않은</u> 것은?

① 진입구에서 실내에 충만한 짙은 연기를 통해 희미한 화점 또는 연소가 확인된 때는 화점에 직사방수 및 확산방수를 병행해서 실시한다.
② 방수목표는 ㉠ 수용물 ㉡ 벽면 ㉢ 천장 ㉣ 바닥면 등의 순서로 한다.
③ 실내전체가 연소하고 있는 화재중기의 경우에는 직사방수에 의해 진입구로부터 실내전체에 확산 방수한다.
④ 화재 초기로 수용물 또는 벽면, 바닥면 혹은 천장 등이 부분적으로 연소하고 있을 때는 실내로 진입해 직사방수 또는 분무방수에 의해 소화한다.

12 분말소화설비 적응화재로 사용이 제한되는 것은?

① 컴퓨터실
② 유류 탱크, 도료 반응기, 도장실, 도장 건조로, 자동차 주차장, 보일러실 등
③ 변압기, 유입 차단기, 전기실 등
④ 송유관, 반응탑, 가스 플랜트, LNG 방유제 내 등

13 고층화재 진압전술에 대한 설명으로 옳지 <u>않은</u> 것은?

① 화점을 확인한 시점에서 전진 지휘소를 화점층에 설치하고 자원대기소를 전진지휘소 아래층에 설치하여 교대인력, 공기호흡 예비용기, 조명기구 등의 기자재를 집중시켜 관리한다.
② 화점층이 고층인 경우 소방대 진입은 엘리베이터 사용이 안전하다고 판명되는 경우 화재층을 기점으로 2층 이하까지 이용하고 화점층으로의 진입은 옥내 특별피난계단을 활용한다.
③ 경계대는 화점의 직상층 계단 또는 직상층에 배치한다.
④ 진입대의 활동거점은 화점층의 특별피난계단 부속실에 확보하는 것을 원칙으로 한다.

14 물의 방수 형태에 대한 설명으로 관계 깊은 것은?

㉠ 스프링클러 소화설비 헤드의 방수 형태로 살수(撒水)라고도 한다.
㉡ 저압으로 방출되기 때문에 물방울의 평균 직경은 0.5 ~ 6㎜ 정도이다.
㉢ 일반적으로 실내 고체 가연물의 화재에 사용된다.

① 봉상   ② 적상
③ 유화   ④ 무상

15 구조의 4단계에 대한 내용으로 순서대로 나열하세요.

㉠ 인명구조와 수색활동을 위해 일부의 잔해물은 제거되었지만 본격적인 구조작업을 위해서 제거하여야 할 잔해물을 신중히 선정하고 조심스럽게 작업을 시작한다.
㉡ 아직도 실종 중인 사람이 있거나 도저히 구조대상자에게 도달할 수 없는 경우 조직적으로 해당영역을 들어내는 방식으로 진행한다.
㉢ 위치가 분명하게 파악되고 구조방법을 신속히 결정할 수 있는 구조대상자에게만 적용된다.
㉣ 건물이 튼튼하게 보호받을 수 있는 부분, 특히 비상대피시설, 계단 아래의 공간, 지하실, 지붕근처, 부분적으로 무너진 바닥아래의 공간, 파편에 의해 닫힌 비상구가 있는 방 등 어느 정도 안전을 보장받을 수 있는 곳에 갇혀있는 사람들이나 심각한 부상으로 자력탈출이 불가능한 구조대상자의 위치를 파악하는 단계이다.

① ㉣ - ㉢ - ㉠ - ㉡
② ㉢ - ㉣ - ㉠ - ㉡
③ ㉠ - ㉣ - ㉢ - ㉡
④ ㉢ - ㉡ - ㉠ - ㉣

16 소방펌프조작 시 일어날 수 있는 현상에 대한 설명으로 옳지 않은 것은?

① 공동현상이란 소방펌프 내부에서 흡입양정이 높거나, 유속의 급변 또는 와류의 발생, 유로에서의 장애 등에 의해 압력이 국부적으로 포화증기압 이하로 내려가 기포가 발생되는 현상을 말한다.
② 캐비테이션 발생 시 조치사항으로 소방펌프 흡수량을 낮추고, 소방펌프의 회전수를 높인다.
③ 수격현상을 방지하기 위해 원심펌프에서는 임펠러 파손을 막기 위해 역류방지밸브를 설치하고 있다.
④ 소방펌프 사용 중에 한 숨을 쉬는 것과 같은 상태가 되어, 소방펌프 조작판의 연성계와 압력계의 바늘이 흔들리고 동시에 방수량이 변화하는 현상을 맥동현상이라 한다.

17 소방자동차 각종 장치에 대한 설명으로 옳지 않은 것은?

① 진공펌프의 회전속도는 1,000~1,200rpm이 적정하다.
② 진공오일의 작용은 윤활, 냉각, 밀봉작용이다.
③ 지수밸브는 펌프에서 토출된 물이 다시 펌프로 유입되지 않도록 체크밸브 역할과 펌프의 효율을 높이고 방수라인에서 발생할 수 있는 수격작용으로부터 펌프를 보호하는 역할을 한다.
④ 폼 혼합방식에서 CAFS는 수손 피해를 최소화 할 수 있다.

18 헬기콥터 하강 및 착륙에 대한 설명으로 옳은 것은?

① 헬리콥터에 다가갈 때에는 기체의 뒷면으로 접근하며 기장 또는 기내 안전원의 신호에 따라 탑승한다.
② 적합한 착륙지점을 선택하는 데에는 고려사항은 바람, 가시도, 야간인 경우에는 표면의 빛, 안전성, 그리고 통신 등이다.
③ 유도시에는 맞바람으로 서서 헬기가 뒷면에서 바람을 등지고 내릴 수 있도록 유도한다.
④ 착지점 약 10m 상공에서 서서히 제동을 걸기 시작 지상 약 5m 위치에서는 반드시 정지할 수 있는 스피드까지 낮추어 지상에 천천히 착지한다.

19 경계구역 설정 중 위험지역으로 볼 수 있는 것은?

① 구조대상자를 구조하고 안전조치를 취하는 등 구조활동을 위한 공간
② 구조활동에 필요한 각종 장비를 설치하고 필요한 지원을 수행
③ 사고가 발생한 장소와 그 부근으로서 누출된 물질로 오염된 지역
④ 지원인력과 장비가 머무를 수 있는 공간

20 기도확보 유지 장비에 대한 설명으로 옳지 않은 것은?

① 입인두 기도기 : 무의식 환자의 기도유지를 위해 사용되며 기도기 플랜지가 환자의 입술이나 치아에 걸려 있도록 한다.
② 코인두 기도기 : 기도기에 반드시 윤활제를 묻히고, 기도기를 집어넣는 동안 막히는 느낌이 들면 반대쪽 비공으로 집어넣는다.
③ 후두마스크 기도기 : 기본기도기보다 기도 확보가 효과적이며 후두경을 사용하지 않고 기도를 확보할 수 있다.
④ 아이 겔 : 병원 전 심정지 환자나 외상환자(경추손상 등) 기도확보 시 유용하며, 일반적인 성문위 기도기보다 삽입방법이 용이하고 일회용이 아닌 멸균재사용이 가능하다.

21 심폐소생술의 합병증에 대한 설명으로 옳지 않은 것은?

① 심폐소생술이 시행된 환자의 약 25%에서는 심각한 합병증이 발생하며, 약 3%에서는 치명적인 손상이 발생한다.
② 심폐소생술 중 발생하는 합병증은 주로 가슴압박에 의하여 유발된다. 가장 흔히 발생하는 합병증은 갈비뼈골절로서 약 40%에서 발생된다.
③ 가슴압박이 적절하여도 상부 갈비뼈 또는 하부갈비뼈의 골절, 기흉이 나타날 수 있다.
④ 허파흡인은 인공호흡에 의하여 발생하는 합병증이다.

22 개방성 가슴손상에 대한 설명으로 옳지 <u>않은</u> 것은?

① 종종 '빨아들이는 소리'나 '상처부위 거품'을 볼 수 있다
② 치명적인 손상으로 분류되며 공기는 가슴벽 안과 허파에 쌓이고 호흡곤란과 허파허탈을 초래한다.
③ 공기의 유입을 막기 위한 목적으로 드레싱은 상처부위보다 5cm 더 넓게 해야 하며 폐쇄해야 한다.
④ 만약 이송 중 환자가 의식저하, 호흡곤란 악화, 저혈압 징후를 보이면 폐쇄드레싱이나 삼면 드레싱을 해주어야 한다.

23 환자 흡인요령으로 옳지 <u>않은</u> 것은?

① 흡인기는 환자의 대개 측위를 취해 분비물이 입으로 잘 나오도록 해주어야 한다.
② 성인의 경우 15초 흡인하면 양압환기를 2분간 실시해야 한다.
③ 연성 카테터를 사용할 때 크기를 잴 필요는 없으나 경성 흡인관을 사용할 때는 입인두기도기 크기를 잴 때와 같은 방법으로 실시해야 한다.
④ 목 또는 척추손상 환자는 긴 척추 고정판에 고정시킨 후 흡인해 주어야 한다.

24 심실세동에 대한 설명으로 옳은 것은?

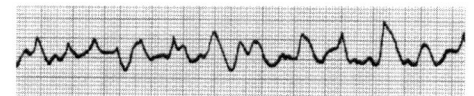

① 심장의 많은 다른 부위에서 불규칙한 전기적 자극으로 일어나며 심장은 진동할 뿐 효과적으로 피를 뿜어내지 못한다.
② 심장마비 후 8분 안에 심장마비 환자의 약 1/3에서 나타난다.
③ 심실세동에서 제세동이 1분 지연될 때마다 제세동의 성공 가능성은 5~7%씩 감소한다.
④ V-Tach은 심장마비환자의 10%에서 나타나며 제세동은 반드시, 무맥 또는 무호흡 그리고 무의식 환자에게만 실시해야 한다.

25 "환자자세 유형"에서 다음 내용과 관계 깊은 것은?

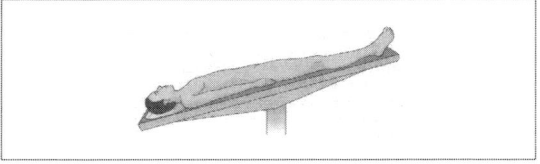

① 정맥 귀환량을 증가시켜 심박출력을 강화하는 데 효과가 있기 때문에 쇼크자세로 사용된다.
② 신체의 골격과 근육에 무리한 긴장을 주지 않는다.
③ 흉곽을 넓히고 폐의 울혈완화 및 가스교환이 용이하여 호흡상태 악화를 방지한다.
④ 쇼크 시에 사용하지만 장시간 사용 시 호흡을 힘들게 할 수 있어 사용하지 않도록 권하고 있다.

최단기 소방승진 이패스 소방사관
www.kfs119.co.kr

※ 이 책은 저작권법에 의해 보호를 받는 저작물이므로 무단전재와 복제를 금합니다.
※ 본 교재의 저작권은 이패스코리아에 있습니다.

2025년 소방장 소방승진 제2회

응시번호	
성명	

【시험 과목】

편철순서	제1과목	제2과목	제3과목
과목명	소방법령 II (25문항)	소방법령 III (25문항)	소방전술 (25문항)

응시자 준수사항

☞ 시험지를 받으면 "시험 감독관 또는 방송"의 안내에 따라 다음 사항을 반드시 지켜 주시기 바랍니다.

1. 시험지 표지의 응시번호 및 성명"을 기재하여 주십시오.

2. 시험이 시작되면 시험지의 "편철순서", "페이지 수량", "인쇄 상태"를 반드시 확인한 후에 문제를 푸십시오.
   ※ 본 시험지는 총 16페이지입니다.

3. 시험이 시작되면 문제를 주의 깊게 읽고, 문항의 취지에 가장 적합한 하나의 정답만을 고르십시오. 운영요원에게 문제 내용에 관한 질문은 하실 수 없습니다.

※ 본 시험지는 공개이므로 시험이 종료된 후 가지고 나갈 수 있습니다.

※ 본 표지는 실제 시험지를 모델로 제작되었습니다.

epasskorea

소방장 소방승진
제2회 모의고사

문 항 수 : 75문항
응시시간 : 75분

소방법령 Ⅱ [25문항]

01 「소방기본법」상 소방지원활동에 대한 설명으로 옳지 <u>않은</u> 것은?

① 자연재해에 따른 급수·배수 및 제설 등 지원활동을 포함한다.
② 단전사고 시 비상전원 또는 조명의 공급활동을 포함한다.
③ 소방지원활동은 소방활동 수행에 지장을 주지 아니하는 범위에서 할 수 있다.
④ 유관기관·단체 등의 요청에 따른 소방지원활동에 드는 비용은 지원요청을 한 유관기관·단체 등에게 부담하게 할 수 있다.

02 「소방기본법 시행규칙」상 소방신호의 종류 및 방법에 대한 설명으로 옳은 것은?

① 소방신호의 종류로 경계신호, 화재신호, 해제신호, 훈련신호가 있다.
② 경계신호는 난타하는 타종신고, 5초 간격을 두고 30초씩 3회의 사이렌신고 방법으로 한다.
③ 해제신호는 상당한 간격을 두고 1타씩 반복하는 타종신고, 30초간 1회의 사이렌신고 방법으로 한다.
④ 소방대의 비상소집을 하는 경우에는 훈련신호를 사용할 수 있다.

03 「소방기본법」상 과태료 부과대상인 것은?

① 정당한 사유 없이 소방대의 생활안전활동을 방해한 자
② 강제처분을 방해한 자 또는 정당한 사유 없이 그 처분에 따르지 아니한 자
③ 전용구역에 차를 주차하거나 전용구역에의 진입을 가로막는 등의 방해행위를 한 자
④ 정당한 사유 없이 소방대가 현장에 도착할 때까지 사람을 구출하는 조치 또는 불을 끄거나 불이 번지지 아니하도록 하는 조치를 하지 아니한 사람

04 「소방기본법」상 소방교육·훈련에 관한 내용으로 소방안전에 관한 교육과 훈련의 대상자에 해당하지 <u>않은</u> 것은?

① 「영유아보육법」 제2조에 따른 어린이집의 영유아
② 「유아교육법」 제2조에 따른 유치원의 유아
③ 「아동복지법」 제52조에 따른 아동복지시설에 거주하거나 해당 시설을 이용하는 아동
④ 「장애인복지법」 제58조에 따른 장애인복지시설에 거주하거나 해당 시설을 이용하는 장애인

05 「소방기본법 시행규칙」상 종합상황실의 실장의 업무 등에서 소방서의 종합상황실의 경우는 소방본부의 종합상황실에, 소방본부의 종합상황실의 경우는 소방청의 종합상황실에 각각 보고해야 하는 사항에 해당하지 <u>않은</u> 것은?

① 재산피해액이 60억원 발생한 화재
② 차량이 10개가 연결된 지하철에서 발생한 화재
③ 층수가 15층인 건축물에서 발생한 화재
④ 병실이 50개인 종합병원에서 발생한 화재

06 「소방기본법 시행령」상 국고보조 대상사업의 범위와 기준보조율에 관한 내용으로 옳지 <u>않은</u> 것은?

① 국고보조 대상사업의 범위에 소방자동차의 구입이 포함된다.
② 국고보조 대상사업의 범위에 소방관서용 청사의 건축이 포함된다.
③ 소방활동장비 및 설비의 종류와 규격은 행정안전부령으로 정한다.
④ 국고보조 대상사업의 기준보조율은 「소방장비 관리에 관한 법률 시행령」에서 정하는 바에 따른다.

07 「소방기본법」상 소방활동 종사 명령에 관한 내용으로 소방활동에 종사한 사람으로서 소방활동의 비용을 지급받을 수 있는 사람을 고른 것으로 옳은 것은?

> ㄱ. 소방대상물에 화재, 재난·재해, 그 밖의 위급한 상황이 발생한 경우 그 관계인
> ㄴ. 고의 또는 과실로 화재 또는 구조·구급 활동이 필요한 상황을 발생시킨 사람
> ㄷ. 화재 또는 구조·구급 현장에서 물건을 가져간 사람
> ㄹ. 그 현장에 있는 사람으로 하여금 사람을 구출하는 일을 한 사람

① ㄱ, ㄴ, ㄷ, ㄹ ② ㄴ, ㄷ, ㄹ
③ ㄷ, ㄹ ④ ㄹ

08 「소방기본법」상 한국소방안전원의 설립 등에 관한 내용으로 한국소방안전원의 설립 목적에 해당하지 않는 것은?

① 소방기술의 개발
② 소방기술과 안전관리기술의 향상 및 홍보
③ 교육·훈련 등 행정기관이 위탁하는 업무의 수행
④ 소방 관계 종사자의 기술 향상

09 「소방기본법」상 소방력의 기준 등과 소방장비 등에 대한 국고보조에 관한 내용으로 옳지 않은 것은?

① 소방기관이 소방업무를 수행하는 데에 필요한 인력과 장비 등에 관한 기준은 행정안전부령으로 정한다.
② 소방청장은 소방력의 기준에 따라 관할구역의 소방력을 확충하기 위하여 필요한 계획을 수립하여 시행하여야 한다.
③ 소방자동차 등 소방장비의 분류·표준화와 그 관리 등에 필요한 사항은 따로 법률에서 정한다.
④ 국가는 소방장비의 구입 등 시·도의 소방업무에 필요한 경비의 일부를 보조한다.

10 「소방기본법」상 생활안전활동으로 옳지 않은 것은?

① 단전사고 시 비상전원 또는 조명의 공급
② 소방시설 오작동 신고에 따른 조치활동
③ 위해동물, 벌 등의 포획 및 퇴치 활동
④ 끼임, 고립 등에 따른 위험제거 및 구출 활동

11 「화재의 예방 및 안전관리에 관한 법률 시행규칙」상 소방안전관리대상물의 관계인이 그 장소에 근무하거나 거주 또는 출입하는 사람들이 화재가 발생한 경우에 안전하게 피난할 수 있도록 수립·시행하여야 하는 피난계획에 포함되어야 하는 사항은 다음 중 모두 몇 개인가?

> ㄱ. 층별, 구역별 피난대상 인원의 연령별·성별 현황
> ㄴ. 소방시설의 변경 전후 현황
> ㄷ. 화재경보의 수단 및 방식
> ㄹ. 피난약자 및 피난약자를 동반한 사람의 피난동선과 피난방법
> ㅁ. 각 거실에서 옥외(옥상 또는 피난안전구역을 포함한다)로 이르는 피난경로

① 1개 ② 2개
③ 3개 ④ 4개

12 「화재의 예방 및 안전관리에 관한 법률」상 화재안전조사의 정의이다. ( ) 안에 적절한 것은?

> "화재안전조사"란 (ㄱ)이 소방대상물, 관계지역 또는 관계인에 대하여 소방시설등이 소방 관계 법령에 적합하게 설치·관리되고 있는지, 소방대상물에 화재의 발생 위험이 있는지 등을 확인하기 위하여 실시하는 (ㄴ) 등을 하는 활동을 말한다.

	ㄱ	ㄴ
①	소방청장, 소방본부장 또는 소방서장	현장조사, 문서열람, 보고요구
②	소방청장, 소방본부장	현장조사, 문서열람, 보고요구
③	소방청장, 소방본부장 또는 소방서장	현장조사, 감식 및 감정, 문서열람
④	소방본부장 또는 소방서장	현장조사, 감식 및 감정, 문서열람

13 「화재의 예방 및 안전관리에 관한 법률」 및 같은 법 시행령상, 다른 법령에 따라 전기·가스·위험물 등의 안전관리 업무에 종사하는 자는 소방안전관리업무의 전담이 필요한 소방안전관리대상물의 소방안전관리자를 겸할 수 없다. 이에 해당하는 소방안전관리대상물이 아닌 것은?

① 30층(지하층은 제외)인 아파트
② 가연성 가스를 800톤 저장·취급하는 시설
③ 연면적 2만제곱미터인 판매시설
④ 지상층의 층수가 11층인 복합건축물

14 「화재의 예방 및 안전관리에 관한 법률 시행규칙」상 소방안전관리자 등에 대한 실무교육의 설명으로 옳은 것은?

① 시·도지사는 실무교육의 대상·일정·횟수 등을 포함한 실무교육의 실시 계획을 매년 수립·시행해야 한다.
② 실무교육을 실시하려는 경우에는 실무교육 실시 2주 전까지 일시·장소, 그 밖에 실무교육 실시에 필요한 사항을 인터넷 홈페이지에 공고하고 교육대상자에게 통보해야 한다.
③ 소방안전관리자는 소방안전관리자로 선임된 날부터 6개월 이내에 실무교육을 받아야 하며, 그 이후에는 2년마다 1회 이상 실무교육을 받아야 한다.
④ 소방안전관리자 강습교육 또는 실무교육이나 소방안전관리보조자 실무교육을 받은 후 2년 이내에 소방안전관리보조자로 선임된 사람은 해당 강습교육을 수료하거나 실무교육을 이수한 날에 실무교육을 이수한 것으로 본다.

15 「화재의 예방 및 안전관리에 관한 법률」상 시·도지사가 화재예방강화지구로 지정하여 관리할 수 있는 지역은 다음 중 몇 개인가?

ㄱ. 시장지역
ㄴ. 공장·창고가 있는 지역
ㄷ. 위험물의 저장 및 처리 시설이 있는 지역
ㄹ. 석유화학제품을 생산하는 공장이 있는 지역
ㅁ. 「물류시설의 개발 및 운영에 관한 법률」에 따른 물류단지

① 1개 ② 2개
③ 3개 ④ 4개

16 「화재의 예방 및 안전관리에 관한 법률 시행규칙」상 소방안전관리업무 대행 기준에 관한 내용으로 1급 소방안전관리대상물에 스프링클러설비가 설치된 경우 대행인력의 기술등급 기준에 해당하는 것은? (단, 연면적 5천제곱미터 이상인 경우를 말한다.)

① 초급점검자 이상 1명 이상
② 중급점검자 이상 1명 이상
③ 고급점검자 이상 1명 이상
④ 특급점검자 이상 1명 이상

17 「화재의 예방 및 안전관리에 관한 법률 시행령」상 소방안전관리자 자격시험 응시자격에 관한 내용으로 특급 소방안전관리자 시험에 응시할 수 있는 자격기준에 해당하지 않는 것은?

① 1급 소방안전관리대상물의 소방안전관리자로 소방설비기사의 경우에는 자격 취득 후 2년 이상 관리업자를 감독하는 소방안전관리자로 선임되어 근무한 실무경력이 있는 사람
② 1급 소방안전관리대상물의 소방안전관리자로 선임될 수 있는 자격을 갖춘 후 1급 소방안전관리대상물의 소방안전관리보조자로 7년 이상 근무한 실무경력이 있는 사람
③ 특급 소방안전관리대상물의 소방안전관리보조자로 10년 이상 근무한 실무경력이 있는 사람
④ 총괄재난관리자로 지정되어 1년 이상 근무한 경력이 있는 사람

18 「소방시설의 설치 및 관리에 관한 법률 시행령」상 둘 이상의 특정소방대상물이 복도 또는 통로로 연결된 경우에 이를 하나의 특정소방대상물로 보지 않는 것은?

① 내화구조로 된 연결통로가 벽이 없는 구조로서 그 길이가 10m 이하인 경우
② 컨베이어로 연결되거나 플랜트설비의 배관 등으로 연결되어 있는 경우
③ 지하보도, 지하상가, 지하가로 연결된 경우
④ 자동방화셔터 또는 60분+ 방화문이 설치되지 않은 피트로 연결된 경우

19 「소방시설의 설치 및 관리에 관한 법률 시행령」상 스프링클러설비를 설치해야 하는 특정소방대상물에 대한 설명이다. ( ) 안에 적절한 것은?

> 판매시설, 운수시설 및 창고시설(물류터미널로 한정)로서 바닥면적의 합계가 (ㄱ) 이상이거나 수용인원이 (ㄴ) 이상인 경우에는 모든 층

	ㄱ	ㄴ
①	3천㎡	500명
②	3천㎡	300명
③	5천㎡	500명
④	5천㎡	300명

20 「소방시설의 설치 및 관리에 관한 법률」 및 같은 법 시행령 상 특정소방대상물의 관계인은 내용연수가 경과한 소방용품을 교체하여야 한다. 다음의 ( )에 알맞은 것은?

> • 내용연수를 설정해야 하는 소방용품은 (ㄱ) 형태의 소화약제를 사용하는 소화기로 한다.
> • 소방용품의 내용연수는 (ㄴ)으로 한다.

	ㄱ	ㄴ			ㄱ	ㄴ
①	분말	5년		②	분말	10년
③	액체	5년		④	액체	10년

21 「소방시설의 설치 및 관리에 관한 법률 시행령」상 내진설계기준에 맞게 설치하여야 하는 소방시설에 해당하지 않는 것은?

① 스프링클러설비
② 옥내소화전설비
③ 물분무등소화설비
④ 연결살수설비

22 「소방시설의 설치 및 관리에 관한 법률」상 소방시설관리사에 대한 설명으로 옳지 않은 것은?

① 소방시설관리사가 되려는 사람은 소방청장이 실시하는 관리사시험에 합격하여야 한다.
② 소방시설관리사는 소방청장의 허가가 있으면 동시에 둘 이상의 업체에 취업할 수 있다.
③ 소방시설관리사증을 발급받은 사람이 소방시설관리사증을 잃어버렸거나 못 쓰게 된 경우에는 행정안전부령으로 정하는 바에 따라 소방시설관리사증을 재발급받을 수 있다.
④ 관리업의 기술인력으로 등록된 소방시설관리사는 성실하게 자체점검 업무를 수행하여야 한다.

23 「소방시설 설치 및 관리에 관한 법률 시행규칙」상 소방시설등의 자체점검 결과의 조치 등에 관한 내용으로 괄호 안에 들어갈 단어로 옳은 것은?

> 가. 관리업자 또는 소방안전관리자로 선임된 소방시설관리사 및 소방기술사(이하 "관리업자등"이라 한다)는 자체점검을 실시한 경우에는 법 제22조제1항 각 호 외의 부분 후단에 따라 그 점검이 (㉠) 이내에 별지 제9호서식의 소방시설등 자체점검 실시결과 보고서(전자문서로 된 보고서를 포함한다)에 소방청장이 정하여 고시하는 소방시설등점검표를 첨부하여 (㉡)에게 제출해야 한다.
> 나. 자체점검 실시결과 보고서를 제출받거나 스스로 자체점검을 실시한 (㉢)은 법 제23조제3항에 따라 자체점검이 (㉣) 이내에 별지 제9호서식의 소방시설등 자체점검 실시결과 보고서(전자문서로 된 보고서를 포함한다)에 다음 각 호의 서류를 첨부하여 (㉤)에게 서면이나 소방청장이 지정하는 전산망을 통하여 보고해야 한다.

	㉠	㉡	㉢	㉣	㉤
①	끝난 날부터 10일	관계인	관계인	끝난 날부터 15일	소방본부장 또는 소방서장
②	끝난 날부터 10일	관계인	소방본부장 또는 소방서장	끝난 다음날부터 15일	소방본부장 또는 소방서장
③	끝난 다음날부터 10일	소방본부장 또는 소방서장	관계인	끝난 다음날부터 15일	관계인
④	끝난 다음날부터 10일	소방본부장 또는 소방서장	소방본부장 또는 소방서장	끝난 날부터 15일	관계인

24 「소방시설 설치 및 관리에 관한 법률 시행령」상 유사한 소방시설의 설치 면제의 기준에 관한 내용으로 제연설비가 면제될 수 있는 기준으로 괄호 안에 들어갈 단어로 옳은 것은?

> 직접 외부 공기와 통하는 배출구의 면적의 합계가 해당 제연구역[제연경계(제연설비의 일부인 천장을 포함한다)에 의하여 구획된 건축물 내의 공간을 말한다] 바닥면적의 (㉠) 이상이고, 배출구부터 각 부분까지의 (㉡) 이내이며, 공기유입구가 화재안전기준에 적합하게 (외부 공기를 직접 자연 유입할 경우에 유입구의 크기는 배출구의 크기 이상이어야 한다) 설치되어 있는 경우

	㉠	㉡
①	100분의 1	수평거리 30m
②	100분의 2	수평거리 50m
③	100분의 1	보행거리 30m
④	100분의 2	보행거리 50m

25 「소방시설 설치 및 관리에 관한 법률 시행령」상 화재위험작업 및 임시소방시설 등에 관한 내용으로 시행령 별표8 임시소방시설을 설치해야 하는 공사의 종류와 규모에 관한 사항 가운데 괄호 안에 들어갈 단어로 옳은 것은?

> 나. 간이소화장치: 다음의 어느 하나에 해당하는 공사의 화재위험작업현장에 설치한다.
>   1) 연면적 (㉠) 이상
>   2) 지하층, 무창층 또는 (㉡) 이상의 층. 이 경우 해당 층의 바닥면적이 (㉢) 이상인 경우만 해당한다.
> 다. 비상경보장치: 다음의 어느 하나에 해당하는 공사의 화재위험작업현장에 설치한다.
>   1) 연면적 (㉣) 이상
>   2) 지하층 또는 무창층. 이 경우 해당 층의 바닥면적이 (㉤) 이상인 경우만 해당한다.
> 라. 가스누설경보기: 바닥면적이 (㉥) 이상인 지하층 또는 무창층의 화재위험작업현장에 설치한다.
> 마. 간이피난유도선: 바닥면적이 (㉦) 이상인 지하층 또는 무창층의 화재위험작업현장에 설치한다.
> 바. 비상조명등: 바닥면적이 (㉧) 이상인 지하층 또는 무창층의 화재위험작업현장에 설치한다.

	㉠	㉡	㉢	㉣	㉤	㉥	㉦	㉧
①	3천㎡	4층	600㎡	400㎡	150㎡	100㎡	100㎡	100㎡
②	3천㎡	4층	600㎡	400㎡	150㎡	150㎡	150㎡	150㎡
③	3천㎡	6층	400㎡	600㎡	100㎡	100㎡	100㎡	100㎡
④	2천㎡	6층	500㎡	600㎡	100㎡	150㎡	150㎡	150㎡

소방법령 Ⅲ (25문항)

01 「위험물안전관리법 시행령」상 제2류 위험물의 품명으로 옳은 것은?

① 칼륨 ② 나트륨
③ 금속분 ④ 금속의 수소화물

02 「위험물안전관리법 시행령」상 예방규정의 이행 실태 평가에 대상으로 옳은 것은?

① 이송취급소
② 암반탱크저장소
③ 자위소방대를 설치해야 할 제조소등
④ 지정수량 100만배 이상의 위험물를 저장하는 옥외탱크저장소

03 「위험물안전관리법 시행규칙」상 셀프주유취급소의 고정주유설비 및 고정급유설비 연속주유량과 주유시간 상한에 관한 내용에서 ( )에 들어갈 내용으로 옳은 것은?

- 셀프용고정주유설비 1회의 연속주유량 및 주유시간의 상한을 미리 설정할 수 있는 구조일 것. 이 경우 연속주유량 및 주유시간의 상한은 휘발유는 (ㄱ)L 이하, (ㄴ)분 이하로 하고, 경유는 (ㄷ)L 이하, (ㄹ)분 이하로 할 것
- 셀프용고정급유설비의 1회의 연속급유량 및 급유시간의 상한을 미리 설정할 수 있는 구조일 것 이 경우 급유량의 상한은 (ㅁ)ℓ 이하, 급유시간의 상한은 (ㅂ)분 이하로 할 것.

	ㄱ	ㄴ	ㄷ	ㄹ	ㅁ	ㅂ
①	100	4	200	12	100	6
②	100	4	600	12	100	6
③	50	6	200	6	100	4
④	50	6	100	6	100	4

04 「위험물안전관리법」 및 같은 법 시행령상 정기점검을 하여야 하는 제조소등에 해당하지 않는 것은?

① 지정수량의 10배의 위험물을 취급하는 제조소
② 제4류 위험물(특수인화물을 제외한다)만을 지정수량의 50배 이하로 위험물을 보일러·버너 또는 이와 비슷한 것으로서 위험물을 소비하는 장치로 이루어진 일반취급소
③ 지정수량의 150배의 위험물을 저장하는 옥외저장소
④ 지정수량의 10배의 위험물을 저장하는 이동탱크저장소

05 「위험물안전관리법 시행규칙」상 제조소등에서의 위험물의 저장 및 취급에 관한 기준 중 위험물의 유별 저장·취급의 공통기준으로 옳은 것은?

① 제1류 위험물은 가연물과의 접촉·혼합이나 분해를 촉진하는 물품과의 접근 또는 과열·충격·마찰 등을 피하는 한편, 알카리금속의 과산화물 및 이를 함유한 것에 있어서는 물과의 접촉을 피하여야 한다.
② 제2류 위험물 중 자연발화성물질에 있어서는 불티·불꽃 또는 고온체와의 접근·과열 또는 공기와의 접촉을 피하고, 금수성물질에 있어서는 물과의 접촉을 피하여야 한다.
③ 제3류 위험물은 산화제와의 접촉·혼합이나 불티·불꽃·고온체와의 접근 또는 과열을 피하는 한편, 철분·금속분·마그네슘 및 이를 함유한 것에 있어서는 물이나 산과의 접촉을 피하고 인화성 고체에 있어서는 함부로 증기를 발생시키지 아니하여야 한다.
④ 제4류 위험물은 가연물과의 접촉·혼합이나 분해를 촉진하는 물품과의 접근 또는 과열을 피하여야 한다.

06 「위험물안전관리법 시행규칙」상 옥외탱크저장소의 위치·구조 및 설비의 기준에 관한 내용이다. 빈칸에 들어갈 숫자로 옳은 것은?

> 가. 지정수량의 950배를 저장하는 옥외탱크저장소의 보유공지는 (ㄱ)m 이상이다.
> 나. 펌프설비의 주위에는 너비 (ㄴ)m 이상의 공지를 보유해야 한다. 다만, 방화상 유효한 격벽을 설치하는 경우와 제6류 위험물 또는 지정수량의 (ㄷ)배 이하 위험물의 옥외저장탱크의 펌프설비에 있어서는 그러하지 아니하다.

	ㄱ	ㄴ	ㄷ
①	3	3	20
②	3	5	10
③	5	3	10
④	5	5	20

07 「위험물안전관리법 시행규칙」상 소화설비 설치기준으로 옳지 않은 것은?

① 위험물은 지정수량의 10배를 1소요단위로 한다.
② 저장소의 건축물은 외벽이 내화구조인 것은 연면적 100㎡를 1소요단위로 할 것
③ 제조소등에 전기설비(전기배선, 조명기구 등은 제외한다)가 설치된 경우에는 당해 장소의 면적 100㎡마다 소형수동식소화기를 1개 이상 설치할 것
④ 옥내소화전은 제조소등의 건축물의 층마다 당해 층의 각 부분에서 하나의 호스접속구까지의 수평거리가 25m 이하가 되도록 설치할 것

08 「위험물안전관리법」 및 같은 법 시행령상 운송책임자의 감독 및 지원을 받아 운송해야 하는 위험물로 옳은 것은?

① 아세트알데하이드
② 유기과산화물
③ 알킬리튬
④ 질산염류

09 「위험물안전관리법 시행규칙」상 화학소방자동차에 갖추어야 하는 소화능력 또는 설비의 기준으로 옳은 것은?

① 포수용액 방사차 : 포수용액의 방사능력이 매분 1,000 L 이상일 것
② 분말 방사차 : 1,000 kg 이상의 분말을 비치할 것
③ 할로젠화합물 방사차 : 할로젠화합물의 방사능력이 매초 40 kg 이상일 것
④ 이산화탄소 방사차 : 1,000 kg 이상의 이산화탄소를 비치할 것

10 다음은 「위험물안전관리법 시행규칙」상 특정·준특정 옥외탱크저장소의 관계인이 소방본부장 또는 소방서장으로부터 받아야 하는 정밀정기검사 및 중간정기검사 시기이다. ( ) 안에 들어갈 수치합으로 옳은 것은?

> 1. 정밀정기검사는 다음의 어느 하나에 해당하는 기간 내에 1회
>   가. 특정·준특정 옥외탱크저장소의 설치허가에 따른 완공검사필증을 발급받은 날부터 (㉠)년
>   나. 최근의 정밀정기검사를 받은 날부터 (㉡)년
> 2. 중간정기검사는 다음의 어느 하나에 해당하는 기간 내에 1회
>   가. 특정·준특정 옥외탱크저장소의 설치허가에 따른 완공검사필증을 발급받은 날부터 (㉢)년
>   나. 최근의 정밀정기검사 또는 중간정기검사를 받은 날부터 (㉣)

① 30 ② 31
③ 32 ④ 33

11 「위험물안전관리법 시행규칙」상 위험물제조소등의 위치·구조·설비기준 중 위험물의 유출을 방지하기 위한 방유턱과 출입문 등 턱 높이 기준을 맞게 설명하고 있는 것은?

① 제조소에서 옥외에 액체위험물을 취급하는 설비의 바닥은 바다의 둘레에 높이 0.15m 이상의 턱을 등 위험물이 외부로 흘러나가지 아니하도록 하여야 한다.
② 판매취급소 배합실의 출입구에는 0.15m 이상의 문턱을 설치해야 한다.
③ 옥외저장탱크의 펌프설비는 펌프실의 바닥의 주위에는 높이 0.2m 이상의 턱을 만들어야 한다.
④ 주유취급소 펌프실 등의 출입구에는 바닥으로부터 0.15m 이상의 턱을 설치할 것

12 「위험물안전관리법령」상 한국소방산업기술원에 위탁할 수 있는 소방본부장 또는 소방서장의 업무 내용으로 옳은 것은?

① 저장용량이 50만 리터 이상인 옥외탱크저장소의 정기검사
② 지정수량의 1천배 이상의 위험물을 취급하는 제조소 또는 일반취급소의 설치 또는 변경(사용 중인 제조소 또는 일반취급소의 보수 또는 부분적인 증설을 제외한다)에 따른 완공검사
③ 위험물 운반용기 검사
④ 용량이 100만리터 이상인 액체위험물을 저장하는 탱크안전성능검사

13 위험물안전관리법상 판매취급소의 배합실에서 배합하거나 옮겨 담는 작업을 할 수 없는 위험물로 옳은 것은?

① 도료류
② 윤활유
③ 염소산염류
④ 제1석유류

14 「다중이용업소의 안전관리에 관한 특별법 시행규칙」상 2층 이상 4층 이하에 위치하는 영업장의 발코니 또는 부속실과 연결되는 비상구를 설치하는 경우의 기준에서 추락 등의 방지를 위한 설치 기준이다. 다음 빈칸에 들어갈 단어 또는 숫자가 바르게 연결된 것은?

> 가. 발코니 및 부속실 입구의 문을 개방하면 경보음이 울리도록 경보음 발생 장치를 설치하고, 추락위험을 알리는 표지를 문(부속실의 경우 외부로 나가는 문도 포함한다)에 부착할 것
> 나. 부속실에서 건물 외부로 나가는 문 안쪽에는 기둥·바닥·벽 등의 견고한 부분에 탈착이 가능한 (ㄱ) 또는 (ㄴ) 등을 바닥에서부터 (ㄷ)cm 이상의 높이에 가로로 설치할 것. 다만, (ㄷ)cm 이상의 난간이 설치된 경우에는 (ㄱ) 또는 (ㄴ) 등을 설치하지 않을 수 있다.

	ㄱ	ㄴ	ㄷ
①	쇠사슬	문개방 경보장치	100
②	안전로프	문개방 경보장치	150
③	안전로프	추락위험 표지	100
④	쇠사슬	안전로프	120

15 「다중이용업소의 안전관리에 관한 특별법」상 다중이용업소의 영업장 내부를 구획하고자 할 때에는 불연재료로 구획하여야 한다. 이 경우 천장(반자속)까지 구획해야 하는 다중이용업소 영업장이 있는데 여기에 해당되지 않은 것은?

① 단란주점 영업
② 유흥주점영업
③ 노래연습장업
④ 고시원업

16 「다중이용업소의 안전관리에 관한 특별법」 상 관할 세무관서의 장에게 과세정보 제공을 요청할 수 있는 내용이다. ( )들어갈 내용의 순서 옳은 것은?

> 소방청장, 소방본부장 또는 소방서장은 다중이용업주의 (ㄱ) 또는 (ㄴ) 사실을 확인하기 위하여 필요한 경우에는 (ㄷ)를 기재하여 관할 세무관서의 장에게 이 법이 정하는 사항에 대한 과세정보 제공을 요청할 수 있다. 이 경우 요청을 받은 세무관서의 장은 정당한 사유가 없으면 그 요청에 따라야 한다.

	ㄱ	ㄴ	ㄷ
①	대표자 변경	휴업·폐업	주민등록번호
②	휴업·폐업	사업자등록말소	주민등록번호
③	대표자 변경	휴업·폐업	사업자등록번호
④	휴업·폐업	사업자등록말소	사업자등록번호

17 「다중이용업소의 안전관리에 관한 특별법」 및 같은 법 시행령 상 화재안전조사 결과 공개에 관한 규정 내용으로 맞는 것은?

> 가. 화재안전조사 결과의 공개는 해당 조사를 실시한 날부터 10일 이내에 소방청, 시·도 소방본부 또는 소방서의 인터넷 홈페이지에 30일 이내의 기간 동안 게시하는 방법으로 한다.
> 나. 화재안전조사 결과의 공개가 제3자의 법익을 침해할 우려가 있는 경우에는 제3자와 관련된 사실을 공개해서는 안 된다.
> 다. 화재안전조사 결과를 공개하는 경우 그 내용·기간 및 방법 등에 필요한 사항은 대통령령으로 정한다.
> 라. 화재안전조사결과를 공개하려면 공개내용과 공개방법 등을 그 업소의 관계인(영업주와 소속 종업원을 말한다)에게 미리 알려야 한다.

① 상기 다 맞다
② 나, 다
③ 가, 나, 다
④ 나, 다, 라

18 「다중이용업소의 안전관리에 관한 특별법 시행령」 상 소방청장은 보험회사가 보험요율을 차등 적용하는 데 활용할 수 있도록 매년 1월 31일까지 보험요율 산출기관에 제공해야 자료에 해당하는 것을 모두 고르시오.

> 가. 화재위험평가 결과
> 나. 안전시설등에 대한 정기점검 현황
> 다. 안전관리우수업소 현황
> 라. 소방안전교육 이수 현황
> 마. 법령위반업소 현황
> 바. 화재배상책임보험 가입 현황

① 가, 나, 다, 라
② 가, 나, 마, 바
③ 가, 다, 마
④ 가, 나, 다, 라, 마, 바

19 「다중이용업소의 안전관리에 관한 특별법 시행령」 상 다중이용업소의 안전관리집행계획의 포함되어야 하는 내용으로 옳지 않은 것은?

① 화재위험평가결과에 따른 조치계획
② 다중이용업주와 종업원에 대한 소방안전교육·훈련 계획
③ 다중이용업소의 화재위험평가의 연구·개발에 관한 사항
④ 다중이용업주와 종업원에 대한 자체 지도 계획

20 다음 <보기>는 「다중이용업소의 안전관리에 관한 특별법 시행령」 상 이행강제금의 개별기준이다. 위반행위마다 각각 이행강제금을 부과하면 총합은 얼마인가?

〈보기〉
가. 다중이용업소의 공사의 정지 또는 중지 명령을 위반한 경우
나. 안전시설등을 고장상태로 방치하여 대하여 보완 등 필요한 조치명령을 위반한 경우
다. 실내장식물에 대한 교체 또는 제거 등 필요한 조치 명령을 위반한 경우
라. 영업장의 내부구획에 대한 보완 등 필요한 조치 명령을 위반한 경우

① 2,000만 원
② 2,400만 원
③ 2,800만 원
④ 4,000만 원

21 「다중이용업소의 안전관리에 관한 특별법 시행규칙」 상 안전시설등 설치(완공)신고서를 접수한 소방본부장 소방서장이 행정정보의 공동이용을 통하여 전기안전점검 확인서를 확인해야 하는 다중이용업소를 맞게 짝지어진 것을 고르시오?

① 고시원업, 산후조리원업, 방탈출 카페업, 수면방업
② 키즈카페업, 만화카페업, 방탈출카페업
③ 노래연습장업, 목욕장업, 학원, 안마시술소
④ 고시원업, 전화방업·화상대화방업, 안마시술소, 콜라텍업

22 「다중이용업소의 안전관리에 관한 특별법」, 같은 법 시행령 및 시행규칙 상 정기점검 결과의 보관등에 관한 규정 내용이다. ( )의 내용으로 옳은 것은?

가. 다중이용업주는 다중이용업소의 안전관리를 위하여 정기적으로 안전시설등을 점검하고 그 점검결과서를 (ㄱ) 보관하여야 한다.
나. 평가대행자가 준수해야 할 사항으로 화재위험평가결과보고서를 소방청장·소방본부장 또는 소방서장 등에게 제출한 날부터 (ㄴ)을 보존해야 한다.
다. 안전관리우수업소의 요건의 일부에서 자체계획을 수립하여 종업원의 소방교육 또는 소방훈련을 정기적으로 실시하고 공표일 기준으로 최근 (ㄷ) 동안 그 기록을 보관하고 있어야 한다.

	ㄱ	ㄴ	ㄷ
①	1년간	2년간	3년
②	2년간	1년간	3년
③	1년간	2년간	5년
④	2년간	1년간	5년

23 「다중이용업소의 안전관리에 관한 특별법 시행규칙」 상 안전시설등의 규격(크기)에 대한 내용의 연결이 옳은 것은?

① 화재배상책임보험 가입 영업소 표지의 규격: 지름 120mm 이상
② 안전관리우수업소 표지의 규격: 가로 450밀리미터 이상 × 세로 300밀리미터 이상
③ 비상구의 규격: 가로 150센티미터 이상, 세로 75센티미터 이상
④ 고시원업의 창문: 가로 50센티미터 이상, 세로 50센티미터 이상

24 「다중이용업소의 안전관리에 관한 특별법」 및 같은 법 시행령 상 다중이용업소의 화재위험평가에 대한 설명으로 옳지 않은 것은?

① 화재안전등급에서 "평가점수"란 다중이용업소에 대하여 화재예방, 화재감지·경보, 피난, 소화설비, 건축방재등의 항목별로 소방청장이 정하여 고시하는 기준을 갖추었는지에 대하여 평가한 점수를 말한다.
② 화재안전등급이 대통령이 정하는 기준 이상인 경우에는 다중이용업주에게 그 업소의 개수(改修)·이전·제거, 사용의 금지 또는 제한, 사용폐쇄, 공사의 정지 또는 중지, 그 밖의 필요한 조치를 명할 수 있다.
③ 하나의 건축물에 다중이용업소로 사용하는 영업장 바닥면적의 합계가 1천제곱미터 이상인 경우에 화재위험평가를 할 수 있는 대상 중 하나이다.
④ 소방청장·소방본부장 또는 소방서장은 해당 영업장에 대해 화재위험평가를 실시한 결과 화재안전등급이 기준 이상인 업종에 대해서는 소방시설·비상구 또는 그 밖의 안전시설등의 설치를 면제한다.

25 「다중이용업소의 안전관리에 관한 특별법령」상 다중이용업소 안전관리를 위한 정기점검자의 자격으로 옳지 않은 것은?

① 해당 영업장의 다중이용업주
② 해당 업소의 종업원 중 소방설비기사·소방설비산업기사 또는 위험물산업기사 자격을 취득한 자
③ 해당 업소의 종업원 중 소방안전관리자 자격을 취득한 자,
④ 소방시설관리업자

소방전술 (25문항)

01 백드래프트를 예방하거나 발생 가능성을 줄일 수 있는 3가지 전술에서 다음 내용과 관계 깊은 것은?

> 백드래프트의 위험으로부터 소방관을 보호할 수 있는 가장 효과적인 방법 중 하나이다.

① 정면공격법　② 담금질
③ 급냉법　　　④ 배연법

02 대상별 관창배치 요령으로 옳지 않은 것은?

① 일반목조건물 화재 시 방수구는 3구를 원칙으로 한다.
② 도로에 면하는 화재는 도로의 접하는 쪽을 우선하여 배치하고 풍횡측, 풍상측의 순으로 포위한다.
③ 구획 중앙부 화재는 풍하측을 우선으로 하고 풍횡측, 풍상측의 순으로 포위한다.
④ 풍속이 3m/sec 초과할 때는 풍하측의 연소위험이 크므로 풍하측을 중점으로 관창 배치한다.

03 화재조사의 과학적 조사방법에서 연역적 추론과 관계 깊은 것은?

① 데이터 수집　② 가설개발
③ 가설검정　　 ④ 데이터 분석

04 소방자동차 폼 혼합 방식으로 다음 내용과 관계있는 것은?

> 소화 효과가 매우 뛰어나고 부착성이 우수할 뿐 만 아니라 높은 분사 속도로 원거리 방수가 가능하며 또한 수손 피해를 최소화 할 수 있다.

① 프레져사이드 프로포셔너 방식
② 펌프 프로포셔너 방식
③ 압축공기포 방식
④ 프레져 프로포셔너 방식

05 옥외호스연장에 대한 설명으로 옳지 않은 것은?

① 옥외계단에서 3층 이하의 경우는 손으로 연장하거나 소방호스를 매달아 올려 연장한다.
② 사다리등반에 의한 소방호스연장 방법은 3층 이하의 경우에 실시한다.
③ 사다리 등반 시는 아래로 소방호스를 사다리와 분리해서 연장하고, 진입 후에는 소방호스를 사다리 위로 연장한다.
④ 인접건물 사이가 떨어져 있는 경우는 사다리를 접은 상태로 인접건물에 걸쳐 연장한다.

06 다음 중 저층건물에서 짙은 연기의 흐름을 좌우하는 요소와 성격이 다른 하나는?

① 대류의 흐름
② 연소 압력
③ 공조시스템
④ 창문 등 개구부 개방을 통한 외부 공기

07 고속분무방수 요령 및 특성에 대한 설명으로 옳은 것은?

① 옥외 또는 풍하에서 활용하는 것이 효과적이다.
② 소규모 유류화재, 가스화재의 소화에 유효하다.
③ 용기, 작은탱크의 냉각에 유효하다.
④ 노즐압력 0.3Mpa 이상, 노즐 전개각도는 30도 이상으로 한다.

08 다음 중 고층건물화재 진압활동에서 가장 중요한 성공요인으로 볼 수 있는 것은?

① 무선통신
② 내화구조
③ 중앙공조
④ 건물설비시스템

09 하인리히의 이론에서 사고를 방지하기 위해 제거해야 할 것은?

① 제어의 부족
② 기본원인
③ 불안전한 행동과 상태
④ 직접원인

10 물탱크에 물 보수 방법으로써 다음 내용과 관계 깊은 것은?

> 흡수구, 중계구를 통해 소화전 또는 소방자동차로부터 나오는 물을 물탱크로 보수할 경우

① 자체급수밸브를 개방하여 직접 받는다.
② 보수구 밸브를 개방하여 직접 받는다.
③ 흡수구 밸브를 개방하여 직접 받는다.
④ 물탱크 상부 뚜껑 개방 후 직접 받는다.

11 소방용수시설 설치기준에 대한 설명으로 다음 내용에서 "급수탑"과 관계없는 것은?

㉠ 4.5m	㉡ 0.5m	㉢ 100㎜
㉣ 1.5㎜	㉤ 1.7m	㉥ 65㎜

① ㉠ - ㉡ - ㉥
② ㉠ - ㉢ - ㉣
③ ㉡ - ㉤ - ㉥
④ ㉠ - ㉡ - ㉢

12 미국 교통국 수송표지의 각 Placard 색상의 의미에 대한 설명으로 연결이 바르게 된 것은?

① 빨간색 : 폭발성
② 오렌지 : 불연성
③ 노란색 : 산화성
④ 파란색 : 중독성

13 화재의 특수현상과 대처법에 대한 설명으로 옳지 <u>않은</u> 것은?

① 성장기 진행순서 : 플레임오버-백드래프트-롤오버-플래시오버이다.
② 플레임오버 : 통로나 출구를 따라 진행되는 화염 확산은 일반적인 구획 공간 내의 화염 확산보다 치명적이다.
③ 백드래프트 : 물리적 폭발로써 연소폭발과 같이 가연물, 산소(산화제), 열(점화원)이 기본적으로 필요하다.
④ 롤오버 : 전형적으로 공간 내의 화재가 성장단계에 있고, 소방관들이 화점에 진입하기 전 복도에 머무를 때 발생한다.

14 구조방법을 결정하는데 있어서 구조 활동의 순서로써 옳은 것은?

> ㉠ 구조대상자의 구명에 필요한 조치를 취한다.
> ㉡ 2차 재해의 발생위험을 제거한다.
> ㉢ 구조대상자의 상태 악화 방지에 필요한 조치를 취한다.
> ㉣ 현장활동에 방해되는 각종 장해요인을 제거한다.
> ㉤ 구출활동을 개시한다.

① ㉣-㉢-㉠-㉡-㉤
② ㉠-㉡-㉣-㉢-㉤
③ ㉣-㉡-㉠-㉢-㉤
④ ㉣-㉢-㉠-㉡-㉤

15 과태료 기준으로 다음내용과 관계 깊은 것은?

> 구조·구급활동이 필요한 위급상황을 거짓으로 알린 경우(2회 위반)

① 100만원   ② 200만원
③ 400만원   ④ 500만원

16 다음 그림과 관계 깊은 것은?

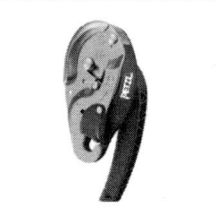

① 고소작업 및 로프엑세스 작업용으로 제작된 개인 하강용 장비이다.
② 우발적인 급강하 사고를 방지할 수 있기 때문에 최근 구조대에서 사용이 증가하고 있는 추세이다.
③ 로프의 역회전을 방지할 수 있는 구조로 주로 확보용 장비이다.
④ 주로 암벽 등에서 확보하는 장비로 사용되며 짧은 거리를 하강할 때 이용하기도 한다.

17 "구조대원이 갇혔거나 길을 잃었을 경우" 조치사항으로 옳은 것은?

① 긴급한 경우 창문 밖으로 방화복이나 헬멧 등 보호장비를 던져서 구조를 요청하는 신호를 보낸다.
② 커플링의 결합부위를 찾아서 암 커플링이 향하는 쪽으로 기어 나간다.
③ 의식이 흐려지면 랜턴이 천장을 비추도록 놓고 출입문 가운데나 벽에 누워서 발견되기 쉽게 한다.
④ 긴급한 상황이라도 처음 검색을 시작했던 방향을 기억해 내어 돌아가서는 안 된다.

18 구조현장에서 관계자 배려와 관련된 사항으로 옳은 것은?

① 희생자의 유족들의 감정에 신경 쓰지 않는 대원은 즉시 교육 후 투입한다.
② 언제부터 구조작업이 재개된다는 것을 가족들에게 명확히 알려줄 수 없다.
③ 구조작업 재개는 예정된 시간보다 조금 빨리 시작하는 것이 좋다.
④ 구조작업에 대한 회의나 브리핑은 가족과 같이 진행한다.

19 헬기유도 수신호다. 다음 내용과 관계 깊은 것은?

① 하강
② 상승
③ 전진
④ 후진

20 다음 GHS 표시와 관계있는 것은?

① 인화성고체   ② 폭발성물질
③ 산화성고체   ④ 화약류

21 신생아 평가와 처치에 대한 조치사항으로 옳은 것은?

㉠ 피부색 : 청색증
㉡ 심장박동 : 100회 이하
㉢ 반사흥분도 : 얼굴을 찡그림
㉣ 근육의 강도 : 흐늘거림/부진함
㉤ 호흡 : 약하고/느림/불규칙

① 입, 코 흡인
② 부드럽게 자극
③ CPR
④ 호흡을 보조함

22 복통에 대한 설명으로 옳은 것은?

① 내장통증 : 배내 장기는 많은 신경섬유를 갖고 있지 않아 종종 둔하고 아픈 듯 또는 간헐적으로 통증이 나타나 정확한 위치를 알아내기 힘들다.
② 쥐어뜯는 듯한 통증 : 내부출혈로 인한 자극 또는 감염·염증에 의해 나타날 수도 있으며, 날카롭거나 지속적이며 국소적인 경향을 나타낸다.
③ 벽쪽통증 : 복통으로는 흔하지 않은 유형으로 대동맥을 제외한 대부분의 배내 장기는 이러한 통증을 느끼는 감각을 갖고 있지 않다.
④ 심근경색으로 인한 통증 : 배의 불편감(마치 소화가 안 되는 듯한)으로 나타나기도 하며, 이러한 통증은 보통 아랫배에 나타나므로 주의해야 한다.

23 성인 화상의 중증도 분류에서 중등도에 해당하는 것은?

① 체표면적 10% 이상의 3도 화상인 모든 환자
② 체표면적 20% 이상의 2도 화상인 10세 미만 50세 이후의 환자
③ 체표면적 2% 이상 10% 미만의 3도 화상인 모든 화상
④ 원통형 화상, 전기화상

24 일반적인 부목 사용방법으로써 옳은 것은?

① 근골격계 손상환자가 쇼크 징후 등을 보이면 즉각적으로 응급처치 후 이송해야 한다.
② 부목 고정 전에 팔·다리 손상 면쪽의 맥박, 운동기능 그리고 감각을 평가해야 한다. 부목 고정 후에도 다시 한 번 평가한다.
③ 뼈가 손상 부위 밖으로 나와 있다면 다시 원래 위치로 넣으려고 해서는 안 된다..
④ 위급한 상황이나 치명적인 상태인 경우에는 환자를 움직인 후에 부목을 대준다.

25 START분류법에서 남아있는 환자에 대한 우선순위 분류방법으로 긴급환자로 볼 수 없는 것은?

① 호흡이 없는 환자가 기도개방처치 후 호흡이 없다.
② 의식장애가 있다.
③ 호흡은 없고 맥박이 있다.
④ 호흡수가 분당 30회 이상이다.

최단기 소방승진 이패스 소방사관

www.kfs119.co.kr

※ 이 책은 저작권법에 의해 보호를 받는 저작물이므로 무단전재와 복제를 금합니다.
※ 본 교재의 저작권은 이패스코리아에 있습니다.

2025년 소방장 소방승진 제3회

응시번호	
성명	

【시험 과목】

편철순서	제1과목	제2과목	제3과목
과목명	소방법령 Ⅱ(25문항)	소방법령 Ⅲ(25문항)	소방전술 (25문항)

응시자 준수사항

☞ 시험지를 받으면 "시험 감독관 또는 방송"의 안내에 따라 다음 사항을 반드시 지켜 주시기 바랍니다.

1. 시험지 표지의 응시번호 및 성명"을 기재하여 주십시오.

2. 시험이 시작되면 시험지의 "편철순서", "페이지 수량", "인쇄 상태"를 반드시 확인한 후에 문제를 푸십시오.
   ※ 본 시험지는 총 16페이지입니다.

3. 시험이 시작되면 문제를 주의 깊게 읽고, 문항의 취지에 가장 적합한 하나의 정답만을 고르십시오. 운영요원에게 문제 내용에 관한 질문은 하실 수 없습니다.

※ 본 시험지는 공개이므로 시험이 종료된 후 가지고 나갈 수 있습니다.

※ 본 표지는 실제 시험지를 모델로 제작되었습니다.

epasskorea

소방장 소방승진

제3회 모의고사

문 항 수 : 75문항
응시시간 : 75분

소방법령 Ⅱ (25문항)

01 「소방기본법 시행규칙」상 원활한 소방활동을 위하여 실시하는 소방용수시설 및 지리조사에 대한 설명으로 옳지 않은 것은?

① 소방본부장 또는 소방서장은 원활한 소방활동을 위하여 소방용수시설 및 지리조사를 2개월마다 1회 이상 실시하여야 한다.
② 소방대상물에 인접한 도로의 폭·교통상황, 도로주변의 토지의 고저·건축물의 개황에 대한 조사를 포함한다.
③ 조사결과는 전자적 처리가 불가능한 특별한 사유가 없으면 전자적 처리가 가능한 방법으로 작성·관리하여야 한다.
④ 지리조사의 결과를 2년간 보관하여야 한다.

02 「소방기본법 시행령」상 소방차 전용구역의 설치 방법으로 옳지 않은 것은?

① 전용구역 노면표지의 외곽선은 빗금무늬로 표시한다.
② 빗금은 두께를 30센티미터로 하여 50센티미터 간격으로 표시한다.
③ 전용구역 노면표지 도료의 색채는 황색을 기본으로 한다.
④ 문자(P, 소방차 전용)는 적색으로 표시한다.

03 「소방기본법」상 공장·창고가 밀집한 지역에서 화재로 오인할 만한 우려가 있는 불을 피우거나 연막 소독을 하려는 자는 신고하여야 한다. 이 경우 신고를 하지 아니하여 소방자동차를 출동하게 한 자에게 부과하는 과태료의 부과·징수권자로 옳은 것은?

① 시·도지사
② 소방본부장 또는 소방서장
③ 시·도지사, 소방본부장 또는 소방서장
④ 소방청장

04 「소방기본법 시행규칙」상 소방용수시설 및 비상소화장치의 설치기준으로 옳지 않은 것은?

① 소방청장은 설치된 소방용수시설에 대하여 소방용수표지를 보기 쉬운 곳에 설치하여야 한다.
② 비상소화장치는 비상소화장치함, 소화전, 소방호스, 관창을 포함하여 구성한다.
③ 소방호스 및 관창은 소방청장이 정하여 고시하는 형식승인 및 제품검사의 기술기준에 적합한 것으로 설치한다.
④ 비상소화장치의 설치기준에 관한 세부 사항은 소방청장이 정한다.

05 「소방기본법」상 소방의날 제정과 운영 등에 관한 내용으로 옳은 것은?

① 국민의 안전의식과 화재에 대한 경각심을 높이고 안전문화를 정착시키기 위하여 매년 11월 19일을 소방의 날로 정하여 기념행사를 한다.
② 소방의 날 행사에 관하여 필요한 사항은 소방청장 또는 소방서장이 따로 정하여 시행할 수 있다.
③ 소방서장은 소방행정 발전에 공로가 있다고 인정되는 사람을 명예직 소방대원으로 위촉할 수 있다.
④ 소방청장은 「의사상자 등 예우 및 지원에 관한 법률」 제2조에 따른 의사상자(義死傷者)로서 같은 법 제3조제3호 또는 제4호에 해당하는 사람을 명예직 소방대원으로 위촉할 수 있다.

06 「소방기본법」상 용어 정의에서 소방대에 해당하는 사람을 고른 것으로 옳은 것은?

> ㄱ. 소방공무원
> ㄴ. 소방안전관리자
> ㄷ. 의무소방원
> ㄹ. 자체소방대원
> ㅁ. 위험물안전관리자
> ㅂ. 의용소방대원

① ㄱ, ㄴ, ㄷ
② ㄱ, ㄷ, ㄹ
③ ㄱ, ㄷ, ㅂ
④ ㄱ, ㅁ, ㅂ

07 「소방기본법」상 소방업무에 관한 종합계획의 수립·시행 등에 관한 내용으로 종합계획에 포함되어야할 사항으로 옳지 않은 것은?

① 소방서비스의 질 향상을 위한 정책의 기본방향
② 소방업무에 필요한 장비의 구비
③ 소방업무에 필요한 기반조성
④ 소방업무의 교육 및 홍보(소방자동차의 우선 통행 등에 관한 홍보를 제외한다)

08 「소방기본법 시행령」상 소방안전교육사 시험방법, 시험과목, 시험위원 등에 관한 내용으로 옳지 않은 것은?

① 소방안전교육사시험은 제1차 시험 및 제2차 시험으로 구분하여 시행한다.
② 소방안전교육사시험의 제1차 시험 과목은 소방학개론, 소방관계법규, 재난관리론 및 교육학개론 중 응시자가 선택하는 3과목으로 한다.
③ 소방안전교육사시험의 응시자격심사위원으로 소방위 이상의 소방공무원도 자격이 된다.
④ 소방안전교육사시험의 시험위원 중 채점위원은 5명으로 한다.

09 「소방기본법 시행규칙」상 소방신호의 종류 및 방법에 관한 내용으로 옳지 않은 것은?

① 경계신호는 타종으로 1타와 연2타를 반복, 싸이렌으로 5초 간격을 두고 30초씩 3회 발령한다.
② 발화신호는 타종으로 난타, 싸이렌으로 5초 간격을 두고 15초씩 3회 발령한다.
③ 해제신호는 타종으로 상당한 간격을 두고 1타씩 반복, 싸이렌으로 1분간 1회 발령한다.
④ 훈련신호는 타종으로 연3타반복, 싸이렌으로 10초 간격을 두고 1분씩 3회 발령한다.

10 「소방기본법」상 화재 등의 통지에 관한 내용으로 화재로 오인할 만한 우려가 있는 불을 피우거나 연막(煙幕) 소독을 하려는 자가 관할 소방본부장 또는 소방서장에게 신고하여야 하는 지역 또는 장소에 해당하는 것으로 옳은 것은?

> ㄱ. 시장지역
> ㄴ. 공장·창고가 밀집한 지역
> ㄷ. 목조건물이 밀집한 지역
> ㄹ. 위험물의 저장 및 처리시설이 밀집한 지역
> ㅁ. 노후 및 불량건축물이 밀집한 지역

① ㄱ, ㄴ
② ㄱ, ㄴ, ㄷ
③ ㄱ, ㄴ, ㄷ, ㄹ
④ ㄱ, ㄴ, ㄷ, ㄹ, ㅁ

11 「소방기본법」상 강제처분에 관한 내용으로 옳지 <u>않은</u> 것은?

① 소방본부장, 소방서장 또는 소방대장은 사람을 구출하거나 불이 번지는 것을 막기 위하여 필요할 때에는 화재가 발생하거나 불이 번질 우려가 있는 소방대상물 및 토지를 일시적으로 사용하거나 그 사용의 제한 또는 소방활동에 필요한 처분을 할 수 있다.
② 사람을 구출하거나 불이 번지는 것을 막기 위하여 긴급하다고 인정할 때에 소방대상물 또는 토지 외의 소방대상물과 토지에 대하여 처분을 할 경우 처분을 방해한 자 또는 정당한 사유 없이 그 처분에 따르지 아니한 자 3년이하의 징역 또는 3천만원 이하의 벌금에 처한다.
③ 소방본부장, 소방서장 또는 소방대장은 소방활동을 위하여 긴급하게 출동할 때에는 소방자동차의 통행과 소방활동에 방해가 되는 주차 또는 정차된 차량 및 물건 등을 제거하거나 이동시킬 수 있다.
④ 소방본부장, 소방서장 또는 소방대장은 소방활동에 방해가 되는 주차 또는 정차된 차량의 제거나 이동을 위하여 관할 지방자치단체 등 관련 기관에 견인차량과 인력 등에 대한 지원을 요청할 수 있고, 요청을 받은 관련 기관의 장은 정당한 사유가 없으면 이에 협조하여야 한다.

12 「소방기본법」상 다음 중 괄호 안에 들어갈 단어로 옳은 것은?

> 이 법은 화재를 (㉠)하거나 진압하고 화재, 재난·재해, 그 밖의 위급한 상황에서의 (㉡) 활동 등을 통하여 국민의 생명·신체 및 재산을 보호함으로써 (㉢) 및 질서 유지와 (㉣)에 이바지함을 목적으로 한다.

	㉠	㉡	㉢	㉣
①	예방·대비	구조·구급	공공의 안전	복리향상
②	예방·경계	구조·구급	공공의 안녕	복리증진
③	예방·대비	구조·구급	공공의 안녕	복리향상
④	예방·경계	구조·구급	공공의 안전	복리증진

13 「화재의 예방 및 안전관리에 관한 법률 시행령」상 소방안전 특별관리시설물에 해당하지 않는 것은?

① 수용인원 1천명 이상인 영화상영관
② 점포가 300개 이상인 전통시장
③ 연면적 10만제곱미터 이상인 물류창고
④ 전력용 및 통신용 지하구

14 「화재의 예방 및 안전관리에 관한 법률」 및 같은 법 시행령, 시행규칙상 통계의 작성 및 관리에 대한 설명으로 옳지 <u>않은</u> 것은?

① 소방청장은 화재의 예방 및 안전관리에 관한 통계를 3년마다 작성·관리하여야 한다.
② 소방청장은 통계를 체계적으로 작성·관리하고 분석하기 위하여 전산시스템을 구축·운영할 수 있으며, 빅데이터를 활용하여 화재발생 동향 분석 및 전망 등을 할 수 있다.
③ 소방청장은 통계자료를 작성·관리하기 위하여 관계 중앙행정기관의 장, 지방자치단체의 장, 공공기관의 장 또는 관계인 등에게 필요한 자료와 정보의 제공을 요청할 수 있다.
④ 소방청장은 한국소방안전원으로 하여금 통계자료의 작성·관리에 관한 업무를 수행하게 할 수 있다.

15 「화재의 예방 및 안전관리에 관한 법률 시행령」상 옮긴 물건 등의 보관기간 및 보관기간 경과 후 처리에 관한 내용으로 옳은 것은?

① 소방관서장은 옮긴 물건 등을 보관하는 경우에는 그 날부터 10일 동안 해당 소방관서의 인터넷 홈페이지에 그 사실을 공고해야 한다.
② 옮긴 물건 등의 보관기간은 공고기간의 종료일 다음 날부터 7일까지로 한다.
③ 소방관서장은 보관기간이 종료된 때에는 보관하고 있는 옮긴 물건 등을 매각할 수 있다.
④ 보관하고 있는 옮긴 물건 등이 부패·파손 또는 이와 유사한 사유로 정해진 용도로 계속 사용할 수 없는 경우에는 폐기해야 한다.

16 「화재의 예방 및 안전관리에 관한 법률 시행령」 제28조에 따른 소방안전관리 업무의 대행 대상 및 업무에 대하여 옳지 <u>않은</u> 것은?

① 지상층의 층수가 11층 이상인 1급 소방안전관리대상물(연면적 1만5천제곱미터 이상인 특정소방대상물과 아파트는 제외)은 대행 대상이 될 수 있다.
② 3급 소방안전관리대상물은 대행 대상이 될 수 있다.
③ 피난시설, 방화구획 및 방화시설의 관리는 대행 업무가 될 수 있다.
④ 소방훈련 및 교육은 대행 업무가 될 수 있다.

17 「화재의 예방 및 안전관리에 관한 법률」 및 같은 법 시행규칙 상 통계의 작성 및 관리에 관한 내용으로 통계자료의 작성·관리에 관한 업무의 전부 또는 일부를 전문성이 있는 기관을 지정하여 수행하게 할 경우 기관에 해당하지 <u>않은</u> 것은?

① 「소방기본법」 제40조제1항에 따라 설립된 한국소방안전원
② 「소방산업의 진흥에 관한 법률」 제14조제1항에 따라 설립된 한국소방산업기술원
③ 「정부출연연구기관 등의 설립·운영 및 육성에 관한 법률」 제8조에 따라 설립된 정부출연연구기관
④ 「통계법」 제15조에 따라 지정된 통계작성지정기관

18 「화재의 예방 및 안전관리에 관한 법률」상 화재의 예방 및 안전관리 기본계획 등의 수립·시행에 관한 내용으로 기본계획에 포함되어야 하는 사항에 해당하지 <u>않은</u> 것은?

① 화재예방정책의 기본목표 및 추진방향
② 화재의 예방과 안전관리를 위한 대국민 교육·홍보
③ 화재예방정책의 여건 변화에 관한 사항
④ 화재의 예방과 안전관리 관련 전문인력의 육성·지원 및 관리

19 「소방시설의 설치 및 관리에 관한 법률 시행령」상 정수장, 수영장, 목욕장과 같이 화재안전기준을 적용하기 어려운 특정소방대상물에 대하여 설치하지 않을 수 있는 소방시설은?

① 연결송수관설비
② 자동화재탐지설비
③ 옥외소화전
④ 비상경보설비

20 「소방시설의 설치 및 관리에 관한 법률」상 특정소방대상물별로 설치하여야 하는 소방시설의 정비 등에 관한 내용이다. ( ) 안에 알맞은 것은?

> 소방청장은 건축 환경 및 화재위험특성 변화사항을 효과적으로 반영할 수 있도록 소방시설 규정을 ( )에 1회 이상 정비하여야 한다.

① 6개월
② 1년
③ 2년
④ 3년

21 「소방시설의 설치 및 관리에 관한 법률 시행령」상 피난층 및 무창층에 대한 설명으로 옳지 <u>않은</u> 것은?

① "피난층"이란 곧바로 지상으로 갈 수 있는 출입구가 있는 층을 말한다.
② "무창층"이란 지상층 중 개구부(건축물에서 채광·환기·통풍 또는 출입 등을 위하여 만든 창·출입구, 그 밖에 이와 비슷한 것을 말한다)의 면적의 합계가 해당 층의 바닥면적의 30분의 1 이하가 되는 층을 말한다.
③ 무창층의 개구부 요건으로 내부 또는 외부에서 쉽게 부수거나 열 수 없어야 한다.
④ 무창층의 개구부 요건으로 해당 층의 바닥면으로부터 개구부 밑부분까지의 높이가 1.2미터 이내이어야 한다.

22 「소방시설의 설치 및 관리에 관한 법률 시행령」상 화재안전기준에 따라 옥내소화전설비를 설치하여야 하는 특정소방대상물에 대한 설명이다. ( ) 안에 옳은 것은? (위험물 저장 및 처리 시설 중 가스시설, 지하구 및 업무시설 중 무인변전소은 제외)

> 다음의 어느 하나에 해당하는 경우에는 모든 층
> • 연면적 (ㄱ)㎡ 이상인 것(터널은 제외한다)
> • 지하층·무창층(축사는 제외한다)으로서 바닥면적이 (ㄴ)㎡ 이상인 층이 있는 것
> • 층수가 4층 이상인 것 중 바닥면적이 (ㄷ)㎡ 이상인 층이 있는 것

	ㄱ	ㄴ	ㄷ
①	3천	600	600
②	1천5백	600	600
③	3천	600	500
④	1천5백	600	500

23 「소방시설의 설치 및 관리에 관한 법률 시행령」상 성능위주설계를 해야 하는 특정소방대상물의 범위로 옳지 않은 것은?

① 50층 이상(지하층은 제외)이거나 지상으로부터 높이가 200미터 이상인 아파트의 신축
② 터널 중 수저(水底)터널 또는 길이가 3천미터 이상인 것의 신축
③ 하나의 건축물에 영화상영관이 10개 이상인 특정소방대상물의 신축
④ 「초고층 및 지하연계 복합건축물 재난관리에 관한 특별법」에 따른 지하연계 복합건축물에 해당하는 특정소방대상물

24 「소방시설 설치 및 관리에 관한 법률 시행규칙」상 등록사항의 변경신고 등에 관한 내용으로 변경사항별 첨부하여야 하는 서류의 연결이 옳은 것만 고른 것은?

> ㄱ. 명칭·상호가 변경된 경우: 소방시설관리업 등록증 및 등록수첩
> ㄴ. 영업소 소재지가 변경된 경우: 소방시설관리업 등록증 및 등록수첩
> ㄷ. 대표자가 변경된 경우: 소방시설관리업 등록증 및 등록수첩
> ㄹ. 기술인력이 변경된 경우: 소방시설관리업 등록증, 변경된 기술인력의 기술자격증(경력수첩을 포함한다) 및 소방기술인력대장

① ㄱ, ㄴ
② ㄱ, ㄴ, ㄷ
③ ㄱ, ㄷ, ㄹ
④ ㄴ, ㄷ

25 「소방시설 설치 및 관리에 관한 법률」상 과징금처분에 관한 내용으로 옳지 않은 것은?

① 시·도지사는 영업정지를 명하는 경우로서 그 영업정지가 이용자에게 불편을 주거나 그 밖에 공익을 해칠 우려가 있을 때에는 영업정지처분을 갈음하여 3천만원 이하의 과징금을 부과할 수 있다.
② 과징금을 부과하는 위반행위의 종류와 위반 정도 등에 따른 과징금의 금액, 그 밖에 필요한 사항은 행정안전부령으로 정한다.
③ 시·도지사는 과징금을 내야 하는 자가 납부기한까지 내지 아니하면 「국가행정제재·부과금의 징수 등에 관한 법률」에 따라 징수한다.
④ 시·도지사는 과징금의 부과를 위하여 필요한 경우에는 납세자의 인적사항, 과세정보의 사용 목적 및 과징금의 부과 기준이 되는 매출액을 적은 문서로 관할 세무관서의 장에게 「국세기본법」 제81조의13에 따른 과세정보의 제공을 요청할 수 있다.

소방법령 III (25문항)

01 「위험물안전관리법」 및 같은 법 시행령, 시행규칙 상 위험물의 품명이 제3류 위험물에 해당하는 것은?

① 질산구아니딘
② 염소화규소화합물
③ 아이오딘의 산화물
④ 염소화아이소사이아누르산

02 「위험물안전관리법 시행규칙」 상 이동저장탱크로부터 직접 위험물을 자동차의 연료탱크에 주입하지 말아야 함에도 불구하고 그렇지 않을 수 있는 저장·취급기준으로 옳지 않은 것은?

① 건설공사를 하는 장소에서 주입설비를 부착한 이동탱크저장소로부터 해당 건설공사와 관련된 건설기계 중 덤프트럭과 콘크리트믹서트럭의 연료탱크에 인화점 40℃ 이상의 위험물을 주입하는 경우
② 재난이 발생한 장소에서 주입설비를 부착한 이동탱크저장소로부터 「소방장비관리법」 제8조에 따른 소방자동차의 연료탱크에 인화점 40℃ 이상의 위험물을 주입하는 경우
③ 재난이 발생한 장소에서 주입설비를 부착한 이동탱크저장소로부터 긴급구조지원기관 소속의 자동차의 연료탱크에 인화점 40℃ 이상의 위험물을 주입하는 경우
④ 그 밖에 재난에 긴급히 대응할 필요가 있는 경우로서 소방본부장 또는 소방서장이 지정하는 자동차

03 「위험물안전관리법」 상 위험물 안전관리에 관한 협회의 설립하기 위한 발기인에 해당되는 사람을 다음 <보기>에서 모두 고르시오.

<보기>
ㄱ. 제조소등의 관계인
ㄴ. 위험물운반자
ㄷ. 탱크시험자
ㄹ. 안전관리대행기관으로 소방청장의 지정을 받은 자
ㅁ. 위험물안전관리자
ㅂ. 위험물운송자

① ㄱ, ㄴ, ㄷ, ㄹ, ㅁ, ㅂ
② ㄱ, ㄴ, ㄷ, ㄹ
③ ㄱ, ㄷ, ㄹ, ㅂ
④ ㄱ, ㅁ, ㅂ

04 다음 <보기>는 「위험물안전관리법 시행규칙」 상 제조소의 위치·구조 및 설비 중 배관에 관한 기준이다. ( ) 안에 들어갈 내용으로 옳은 것은?

<보기>
위험물제조소 내의 위험물을 취급하는 배관은 다음 각 호의 구분에 따른 압력으로 (ㄱ)을 실시하여 누설 그 밖의 이상이 없는 것으로 해야 한다.
가. 불연성 기체를 이용하는 경우에는 최대상용압력의 (ㄴ) 이상
나. 불연성 액체를 이용하는 경우에는 최대상용압력의 (ㄷ) 이상

	ㄱ	ㄴ	ㄷ
①	내압시험	1.1배	1.5배
②	내압시험	1.5배	1.1배
③	수압시험	1.1배	1.5배
④	수압시험	1.5배	1.1배

05 「위험물안전관리법」 및 같은 법 시행규칙상 소화난이도등급 I 의 제조소등에 해당하지 않는 것은?

① 일반취급소 : 연면적 600㎡ 이상인 것
② 옥내저장소 : 연면적 150㎡를 초과하는 것
③ 옥외탱크저장소 : 지중탱크 또는 해상탱크로서 지정수량의 100배 이상인 것
④ 암반탱크저장소 : 지정수량의 100배의 고체위험물만을 저장하는 경우

06 「위험물안전관리법 시행령」 별표 1의 위험물 및 지정수량에서 규정한 내용으로 옳지 않은 것은?

① 황 : 순도가 60중량퍼센트 이상인 것을 말한다.
② 인화성고체 : 고형알코올 그 밖에 1기압에서 인화점이 섭씨 40도 이하인 고체를 말한다.
③ 철분 : 철의 분말로서 53마이크로미터의 표준체를 통과 하는 것이 50중량퍼센트 미만인 것은 제외한다.
④ 가연성고체 : 고체로서 화염에 의한 발화의 위험성 또는 인화의 위험성을 판단하기 위하여 고시로 정하는 시험에서 고시로 정하는 성질과 상태를 나타내는 것을 말한다.

07 「위험물안전관리법 시행규칙」 상 소화난이도 III등급의 소화설비 기준에서 이동탱크저장소에 설치해야하는 자동차용 소화기 설치 기준으로 옳지 않은 것은?

① 무상의 강화액 8L 이상, 2개 이상
② 이산화탄소 3.2kg 이상, 2개 이상
③ 소화분말 3.3kg 이상, 2개 이상
④ $C_2F_4Br_2$ 2L 이상, 2개 이상

08 「위험물안전관리법 시행규칙」상 위험물의 운반에 관한 기준 중 적재 방법에 대한 내용으로 옳지 않은 것은? (다만, 덩어리 상태의 유황을 운반하기 위하여 적재하는 경우 또는 위험물을 동일구내에 있는 제조소등의 상호간에 운반하기 위하여 적재하는 경우는 제외한다.)

① 하나의 외장용기에는 다른 종류의 위험물을 수납하지 아니할 것
② 자연발화성물질 있어서는 파라핀·경유·등유 등의 보호액으로 채워 밀봉하거나 불활성 기체를 봉입하여 밀봉하는 등 수분과 접하지 아니하도록 할 것
③ 액체 위험물은 운반용기 내용적의 98 % 이하의 수납율로 수납하되, 55 ℃의 온도에서 누설되지 아니하도록 충분한 공간용적을 유지하도록 할 것
④ 자연발화물질 중 알킬알루미늄등은 운반용기 내용적의 90 % 이하의 수납율로 수납하되, 50 ℃의 온도에서 5% 이상의 공간용적을 유지하도록 할 것

09 위험물안전관리법 시행규칙 상 이동탱크저장소에 의하여 위험물 장거리 운송 시 위험물 운송자를 2명 이상의 운전자로 해야 하는 경우는?

① 운송 위험물이 알코올류인 경우
② 운송 위험물이 제2류 위험물 적린인 경우
③ 운송 위험물이 제3류 위험물이 칼슘 또는 알루미늄의 탄화물과 이것만을 함유한 것인 경우
④ 운송 위험물이 제6류 과염소산인 경우

10 「위험물안전관리법 시행규칙」 상 주유취급소 담 또는 벽의 일부분에 방화상 유효한 구조의 유리를 부착할 수 있는 기준에 해당되지 않는 것은?

① 유리를 부착하는 위치
② 유리판의 부착하는 높이
③ 유리를 부착하는 방법
④ 유리를 부착하는 범위

11 「위험물안전관리법」 및 같은 법 시행령 상 시·도지사의 권한 중 소방서장에게 위임한 사항으로 옳지 않은 것은?

① 용량이 100만리터 이상인 액체위험물을 저장하는 탱크안전성능검사
② 제조소등 사용중지 대상에 대한 안전조치의 이행명령
③ 과징금 처분
④ 제조소등의 관계인이 금연구역임을 알리는 표지를 설치하지 아니하거나 보완이 필요한 경우 일정한 기간을 정하여 그 시정을 명할 수 있는 권한

12 「위험물안안전관리법」 및 같은 법 시행령 상 다수의 제조소등을 설치한 자가 1인의 안전관리자를 중복하여 선임할 수 있는 경우로 옳지 않은 것은?

① 동일 구내에 위치하거나 상호 100미터 이내의 거리에 있고 각 제조소 등에서 저장 또는 취급하는 위험물의 최대수량이 지정수량의 3천배 미만인 4개의 제조소를 동일인이 설치한 경우
② 보일러·버너 또는 이와 비슷한 것으로서 위험물을 소비하는 장치로 이루어진 5개 이하의 일반취급소와 그 일반취급소에 공급하기 위한 위험물을 저장하는 저장소(일반취급소 및 저장소가 모두 같은 건물 안 또는 같은 울 안에 있는 경우에 한한다)를 동일인이 설치한 경우
③ 동일 구내에 있거나 상호 100미터 이내의 거리에 있는 저장소로서 저장소의 규모, 저장하는 위험물의 종류 등을 고려하여 30개의 옥외탱크저장소를 동일인이 설치한 경우
④ 위험물을 차량에 고정된 탱크 또는 운반용기에 옮겨 담기 위한 6개의 일반취급소와 그 일반취급소에 공급하기 위한 위험물을 저장하는 저장소를 동일인이 설치하고 일반취급소 간의 거리가 300미터 이내인 경우

13 「위험물안전관리법」 및 같은 법 시행령상 사고조사위원회의 구성과 운영 등에 관한 내용으로 옳지 않은 것은?

① 기술원의 임직원 중 위험물 안전관리 관련 업무에 2년 이상 종사한 사람은 위원회의 위원으로 임명 또는 위촉할 수 있는 대상에 해당한다.
② 사고조사위원회는 위원장 1명을 포함하여 7명 이내의 위원으로 구성한다.
③ 위험물의 누출·화재·폭발 등의 사고가 발생한 경우 사고의 원인 및 피해 등을 조사해야하는 권한은 소방청장, 소방본부장 또는 소방서장이다.
④ 위원회의 위원장과 위원은 소방청장, 소방본부장 또는 소방서장이 임명 또는 위촉한다.

14 「다중이용업소의 안전관리에 관한 특별법」 상 화재위험평가 대행자가 할 준수해야 하는 사항으로 옳지 않은 것은?

① 평가서를 거짓으로 작성하지 아니할 것
② 다른 평가서의 내용을 복제(複製)하지 아니할 것
③ 화재위험평가 결과보고서를 소방청장·소방본부장 또는 소방서장 등에게 제출한 날부터 2년간 보존할 것
④ 고의 또는 중대한 과실로 평가서를 부실하게 작성하지 아니할 것

15 「다중이용업소의 안전관리에 관한 특별법」 상 다중이용업소의 안전관리 기본계획에 포함되어야 할 사항 중에서 그 밖에 다중이용업소의 안전관리에 관하여 대통령령으로 정하는 사항에서 "대통령령으로 정하는 사항" 해당하지 않은 사항은?

① 안전관리 중·장기 기본계획에 관한 사항에서 다중이용업소의 안전관리체제
② 안전관리 중·장기 기본계획에 관한 사항에서 안전관리실태평가 및 개선계획
③ 안전관리정보의 전달·관리체계 구축
④ 시·도 안전관리기본계획에 관한 사항

16 「다중이용업소의 안전관리에 관한 특별법」 같은 법 시행령 상 다중이용업소에 설치하는 안전시설등 중 그 밖의 안전시설에 해당하지 <u>않은</u> 것은?

① 영상음향차단장치
② 영업장 내부 피난통로
③ 누전차단기
④ 창문

17 다음 <보기>는 「다중이용업소의 안전관리에 관한 특별법」 및 같은 법 시행규칙에 따른 내용이다. ( )에 알맞은 것은?

<보기>
가. 소방청장, 소방본부장 또는 소방서장은 다중이용업주가 안전시설등의 보완 및 화재위험평가결과에 따른 조치 명령을 (ㄱ) 이상 받고도 이행하지 아니하였을 때에는 그 조치 내용(그 위반사항에 대하여 수사기관에 고발된 경우에는 그 고발된 사실을 포함한다)을 인터넷 등에 공개할 수 있다.
나. 다중이용업주 및 종업원은 신규 교육 또는 직전의 보수 교육을 받은 날이 속하는 달의 마지막 날부터 2년 이내에 (ㄴ) 이상 보수교육을 받아야 한다.

	ㄱ	ㄴ
①	3회	1회
②	1회	2회
③	2회	1회
④	3회	2회

18 「다중이용업소의 안전관리에 관한 특별법」 및 같은 법 시행규칙 상 다중이용업주 및 다중이용업을 하려는 자가 설치·유지하는 안전시설등 중 추락위험을 알리는 표지 등 추락방지를 위한 장치 등을 설치해야 할 비상구올 맞는 것은?

① 영업장의 위치가 2층 이상 4층 이하(지하층인 경우는 포함한다)인 경우 그 영업장에 설치하는 비상구
② 영업장의 위치가 2층 이상 4층 이하(지하층인 경우는 제외한다)인 경우 그 영업장에 설치하는 비상구
③ 영업장의 위치가 4층 이하(지하층인 경우는 제외한다)인 경우 그 영업장에 설치하는 비상구
④ 영업장의 위치가 3층 이하(지하층인 경우는 포함한다)인 경우 그 영업장에 설치하는 비상구

19 「다중이용업소의 안전관리에 관한 특별법 시행령」 제15조의2 제3호의 평가대행자의 등록 결격사유 대한 내용이다. ( )들어갈 내용의 순서 옳은 것은?

「치매관리법」 제2조제1호에 따른 치매, (ㄱ)·조현 정동장애·양극성 정동장애·(ㄴ) 등의 정신질환이나 (ㄷ) (ㄹ)으로 평가대행자의 업무를 정상적으로 수행할 수 없다고 해당 분야의 전문의가 인정하는 사람

	ㄱ	ㄴ	ㄷ	ㄹ
①	조현병	만성 우울장애	정신 발육지연	뇌전증
②	조울병	재발성 우울장애	신체 발육지연	뇌졸중
③	조현병	재발성 우울장애	정신 발육지연	뇌전증
④	조울병	만성 우울장애	신체 발육지연	뇌졸중

20 「다중이용업소의 안전관리에 관한 특별법 시행규칙」상 소방안전교육 대상자 등에 대한 연기를 할 수 있는 사유로 옳은 것은?

① 국외에 체류하고 있는 경우 소방청장이 정하는 바에 따라 3개월 범위에서 소방안전교육을 연장할 수 있다.
② 국외에 체류하고 있는 경우 시·도지사가 정하는 바에 따라 3개월 범위에서 소방안전교육을 연장할 수 있다.
③ 국외에 체류하고 있는 경우 소방청장이 정하는 바에 따라 6개월 범위에서 소방안전교육을 연장할 수 있다.
④ 국외에 체류하고 있는 경우 시·도지사가 정하는 바에 따라 6개월 범위에서 소방안전교육을 연장할 수 있다.

21 「다중이용업소의 안전관리에 관한 특별법 시행령」에 따른 안전관리우수업소의 지정 요건으로 옳지 않은 것은?

① 공표일 기준으로 최근 3년 동안 피난시설, 방화구획 및 방화시설 관련 법령 위반 사실이 없을 것
② 공표일 기준으로 최근 3년 동안 소방·건축·전기·위험물 및 가스 관련 법령 위반 사실이 없을 것
③ 자체계획을 수립하여 종업원의 소방교육 또는 소방훈련을 정기적으로 실시하고 공표일 기준으로 최근 3년 동안 그 기록을 보관하고 있을 것
④ 공표일 기준으로 최근 3년 동안 화재 발생 사실이 없을 것

22 「다중이용업소의 안전관리에 관한 특별법 시행규칙」상 안전시설등 설치·유지 기준에서 창문에 관한 내용이다. ( )에 들어갈 내용으로 옳은 것은?

> 가. 영업장 층별로 가로 (ㄱ)센티미터 이상, 세로 (ㄴ)센티미터 이상 열리는 창문을 1개 이상 설치할 것
> 나. 영업장 내부 피난통로 또는 복도에 (ㄷ)공기와 접하는 부분에 설치할 것(구획된 실에 설치하는 것을 제외한다)

	(ㄱ)	(ㄴ)	(ㄷ)
①	75	150	안쪽
②	150	75	안쪽
③	50	50	바깥
④	120	150	바깥

23 「다중이용업소 안전관리에 관한 법률」상 다중이용업소에 합판 또는 목재의 실내장식물을 설치하는 경우로서 그 면적이 영업장 천장과 벽을 합한 면적이 600제곱미터인 경우에 방염성능기준 이상의 것으로 설치할 수 있는 최대면적으로 옳은 것은?

① 100제곱미터 ② 200제곱미터
③ 180제곱미터 ④ 300제곱미터

24 「다중이용업소의 안전관리에 관한 특별법」상 관련 행정기관 통보사항과 보험금의 지급에 관한 내용이다. ( )에 들어갈 숫자의 합은?

> 가. 허가등를 하는 허가관청은 허가등을 한 날부터 ( )일 이내에 행정안전부령의 정하는 바에 따라 다중이용업소의 소재지를 관할하는 소방본부장 또는 소방서장에게 다중이용업주의 성명 및 주소등을 통보하여야 한다.
> 나. 보험회사는 화재배상책임보험의 보험금 청구를 받은 때에는 지체 없이 지급할 보험금을 결정하고 보험금 결정 후 ( )일 이내에 피해자에게 보험금을 지급하여야 한다.

① 34 ② 44
③ 24 ④ 28

25 「다중이용업소의 안전관리에 관한 특별법 시행규칙」 상 다중이용업주는 발급받은 안전시설등 완비증명서를 재발급 받고자 하는 경우에는 안전시설등 완비증명서 재발급 신청서에 이전에 발급받은 안전시설등 완비증명서를 첨부하여 소방본부장 또는 소방서장에게 제출해야 하는 경우로 옳지 않은 것은?

① 안전시설등 완비증명서를 잃어버린 경우
② 안전시설등 완비증명서가 헐어서 쓸 수 없게 된 경우
③ 건축물의 내부 마감재료를 변경하는 경우
④ 안전시설등을 추가하지 아니하는 업종으로 업종 변경을 한 경우. 다만, 내부구조 변경 등이 있거나 업종 변경에 따라 강화된 기준을 적용받는 경우는 제외한다.

소방전술 (25문항)

01 화재의 진행단계에 대한 설명으로 옳지 않은 것은?

① 발화기 : 연소하는 가연물 위로 화염이 형성되기 시작하며, 화염이 커짐에 따라 주위 공간으로부터 화염이 상승하는 공간으로 공기를 끌어들이기 시작한다.
② 성장기 : 구획실 온도는 가스가 구획실 천장과 벽을 통과하면서 생성된 열의 양과 최초 가연물의 위치 및 공기 유입량 등에 의해 결정되고, 연구결과에 의하면 화염의 중심으로부터 거리가 멀어지면, 가스의 온도가 내려간다는 것을 보여주고 있다.
③ 플래시오버 : 성장기 천장 부분에서 발생하는 뜨거운 가스층은 발화원으로부터 멀리 떨어진 가연성물질에 복사열을 발산한다.
④ 최성기 : 구획실 연소에서는 산소공급이 잘 되지 않으므로 많은 양의 연소하지 않은 가스가 생성된다.

02 연소용어에 대한 설명으로 다음 ( )안에 들어갈 내용이 순서대로 옳은 것은?

> ㉠ ( ) : 가연성 액체 또는 고체로부터 발생한 인화성 증기의 농도가 점화원에 의해 착화될 수 있는 최저온도를 말한다.
> ㉡ ( ) : 외부의 직접적인 점화원이 없이 가열된 열의 축적으로 연소가 되는 최저온도이다.
> ㉢ ( ) : 대기압(1atm)에서 고체가 녹아 액체가 되는 온도이다.
> ㉣ ( ) : 어떤 물질에 열의 출입이 있더라도 물질의 온도는 변하지 않고 상태변화에만 사용된다.

① 발화점, 연소점, 잠열, 비점
② 연소점, 인화점, 융점, 비열
③ 인화점, 발화점, 융점, 잠열
④ 발화점, 연소점, 점도, 잠열

03 열의 전달에 대한 설명으로 옳은 것은?

① 열은 차가운 물체에서 상대적으로 따뜻한 물체로 움직인다.
② 물체들 간에 온도의 격차가 적으면 적을수록, 전달율은 더욱 커지게 된다.
③ 위층으로 창문을 통해서 연소가 확대되는 것을 복사현상이라 한다.
④ 모든 화재의 초기단계에 있어서 열의 전달은 전적으로 전도에 기인한다.

04 알람밸브가 작동될 때 그 원인을 찾는 5단계 활동으로 다음 내용과 관계 깊은 것은?

> 스프링클러 시스템을 리세팅(resetting) 한 후 경보가 다시 발생하는지 확인한다.
> 경보가 다시 울리면 화재이거나 배관 누수일 가능성이 크다.

① 1단계 ② 2단계
③ 3단계 ④ 4단계

05 고층건물화재진압 전략에 대한 설명으로 옳지 않은 것은?

① 정면공격 : 고층건물 화재에서 가장 흔하고 성공적으로 사용되는 전략으로 고층화재 사례 중 95% 정도는 이와 같은 정면공격 전략에 의해 진압된다.
② 측면공격 : 정면공격이 시행되고 있는 동안 보조적 수단으로도 실행될 수 있으나 단일 접근통로의 주거전용 고층건물의 경우 측면공격은 거의 사용할 수 없다.
③ 공격유보 : 심각한 화재상황이 진행 중이며 화재가 통제될 수 없다는 판단이 내려질 때 이용되는 전략이다.
④ 고수전략 : 대피로 인한 대량 인명피해위험성이 공간방어전략에 의한 위험성 보다 적을 경우로 한정하여 사용하여야 한다.

06 화재조사업무 관련 벌칙에 대한 설명으로 다음 내용과 관계 깊은 것은?

> 관계인의 정당한 업무를 방해하거나 화재조사를 수행하면서 알게 된 비밀을 다른 용도로 사용하거나 다른 사람에게 누설

① 벌금 100만원 이하 ② 벌금 200만원 이하
③ 벌금 300만원 이하 ④ 과태료 500만원 이하

07 제1류 위험물에 대한 설명으로 옳지 않은 것은?

① 불연성이지만 분자 내에 산소를 다량 함유하여 그 산소에 의하여 다른 물질을 연소시키는 이른바 산화제이다.
② 모두 연소하기 쉬운 고체이고 비교적 저온에서 발화한다.
③ 대부분이 무색의 결정 또는 백색의 분말이며 물보다 무겁고 수용성이다.
④ 소화방법으로 분말소화는 인산염류를 사용한 것을 사용한다.

08 현장지휘관의 책임완수를 위해 요구되는 능력으로써 의사결정능력에 해당되는 것은?

① 스트레스관리 ② 가정과 사실의 구별
③ 부족자원관리 ④ 중간점관리

09 에어백 사용법 및 주의사항에 대한 설명으로서 옳은 것은?

① 커플링으로 공기용기와 압력조절기, 에어백을 연결할 때 반드시 스패너나 렌치 등을 활용하도록 한다.
② 2개의 백을 사용하는 경우 작은 백을 위에 놓고 위의 백을 먼저 부풀려 위치를 잡고 균형유지에 주의하면서 두 개의 백을 교대로 부풀게 한다.
③ 에어백이 필요한 높이까지 부풀어 오르면 공기를 조금 빼내서 에어백과 버팀목으로 하중이 분산되도록 해야 안전하다.
④ 2개의 에어백을 겹쳐 사용하면 부양능력이 증가한다.

10 공기호흡기 이상 발견 시 조치사항으로 옳은 것은?

① 공기가 얼마 남지 않았다면 카운트 호흡법을 고려할 수 있다.
② 대원 고립 시 가장 오래 버틸 수 있는 호흡법은 건너뛰기 호흡법을 활용한다.
③ 양압조정기가 손상을 입어 공기공급이 중단되었을 경우에는 바이패스 밸브를 열어 면체에 직접 공급되도록 한다.
④ 공기소모량을 최소화 하기위해 호흡을 들이쉬는 속도는 천천히 하고 내쉴 때는 평소와 같이 하여 폐 속의 이산화탄소 농도를 조절한다.

11 잠수용어에 대한 설명으로 옳지 않은 것은?

① 실제잠수시간이란 수면에서 하강하여 최대수심에서 활동하다가 상승을 시작할 때까지의 시간을 말한다.
② 안전정지란 모든 스쿠버잠수 후 상승할 때에 수심 5m 지점에서 약 5분간 정지하여 상승속도를 완화한다.
③ 최대잠수가능조정시간이란 최대 잠수 가능조정 시간은 최대 잠수 가능시간에서 잔류질소 시간을 뺀 나머지 시간이다.
④ 실제 잠수 시간이 최대 잠수 가능시간을 초과했을 때에 상승도중 감압표상에 지시된 수심에서 지시된 시간만큼 머무르는 것을 "감압정지"라 하고, 감압은 얼굴 정 중앙이 지시된 수심에 위치하여야 한다.

12 들것의 종류 중 다음 내용과 관계없는 것은?

> ㉠ 좁은 곳을 통과할 때 유용하며 천이나 유연물질로 만들어져 있다.
> ㉡ 주로 고지대·저지대 구출용과 산악용으로 사용된다.
> ㉢ 척추손상이나 하체손상 환자 그리고 기도유지를 못하는 의식장애 환자에게 사용해서는 안 된다.

① 바스켓형 들것 ② 의자형 들것
③ 가변형 들것 ④ 분리형 들것

13 화재가 콘크리트에 미치는 영향에서 연홍색이 붉은색으로 변색될 때 온도는 얼마인가?

① 230℃
② 900℃ 이상
③ 590℃~900℃
④ 290℃~590℃

14 초기대응절차(LAST)에서 다음 내용과 관계 깊은 것은?

> 구조대상자를 위험상황에서 구출하고 부상이 있으면 적절한 응급처치를 한다.

① 1단계 : 현장 확인
② 2단계 : 접근
③ 3단계 : 상황의 안정화
④ 4단계 : 후송

15 다음은 구조활동의 우선순위로서 맨 마지막 내용으로 옳은 것은?

> 구명, 정신적·육체적 고통경감, 피해의 최소화, 신체구출

① 피해의 최소화
② 구명
③ 신체구출
④ 정신적·육체적 고통경감

16 다음 중 "특수구조대 및 비상설구조대"에 해당되지 않은 것은?

① 수난구조대
② 테러대응구조대
③ 직할구조대
④ 국제구조대

17 분진폭발성에 영향을 미치는 인자에 대한 설명으로 옳지 않은 것은?

① 분진의 발열량이 클수록 폭발성이 크며 휘발성분의 함유량이 많을수록 폭발하기 쉽다.
② 평균 입자경이 작고 밀도가 작을수록 비표면적은 크게 되고 표면 에너지도 크게 되어 폭발이 용이해진다.
③ 입자표면이 공기에 대하여 활성이 있는 경우 폭로시간이 길어질수록 폭발성이 낮아진다.
④ 분진 속에 존재하는 수분은 대전성을 증가시켜 폭발성을 민감하게 한다.

18 소화약제에 대한 설명으로 옳지 않은 것은?

① 제거소화 : 가스화재에서는 공급밸브를 차단하는 방법이 있다
② 질식소화 : 밀폐공간의 화재실 전체에 주로 불연성 가스의 퍼지에 의해 산소의 농도가 낮게 함으로서 소화하는 방법이다.
③ 부촉매 소화 : 화학적인 소화방법으로 소화약제의 화학적인 성질을 이용하는 것으로 연쇄반응을 차단하는 방법이다.
④ 유화소화 : 목재나 유류의 표면화재에서 공기보다 무거운 기체를 방사하면 연소면은 불연성 물질로 피복되어 연소에 필요한 산소는 차단되어 질식하게 하는 것이다.

19 제3류 위험물에 대한 설명으로 옳은 것은?

① 무기 화합물과 유기 화합물로 구성되어 있다.
② 칼륨(K), 나트륨(Na), 알킬알루미늄(RAl), 알킬리튬(RLi)을 제외하고 물보다 가볍다.
③ 황린은 물과 반응하여 가연성가스를 발생한다.
④ 알킬알루미늄, 알킬리튬을 포함한 대부분은 고체이다.

20 소방안전교육의 종류와 방법으로 옳지 않은 것은?

① 태도교육 : 안전작업에 대한 몸가짐 마음가짐을 몸에 붙게 하고 의욕을 갖게 한다.
② 기능교육의 실시순서는 청취-이해-모범-권장-평가이다.
③ 문제해결교육은 사고력과 종합능력을 육성한다.
④ 지식교육은 재해발생 원리를 이해시키고 취급하는 기계·설비의 구조, 기능, 성능의 개념을 형성한다.

21 GCS 의식상태 측정에서 다음 내용과 관계 깊은 것은?

> ㉠ 소리를 질렀더니 눈을 뜸
> ㉡ 팔을 꼬집었더니 손을 뿌리침
> ㉢ 질문에 엉뚱한 대답을 하고 있음

① 6점
② 7점
③ 9점
④ 11점

22 죽음에 대한 정서적 반응으로서 다음 내용에 대한 순서가 바르게 된 것은?

> ㉠ '그래요. 내가, 하지만...' 이란 태도를 나타낸다.
> ㉡ 의사의 실수라 믿으며 기적이 일어나길 바란다.
> ㉢ 현실에 대한 가장 명백하고 일반적인 반응이다.
> ㉣ 이 기간 동안 가족이나 친구의 적극적이고 많은 도움이 필요하다.
> ㉤ 경청과 대화를 통해 공감대를 형성하는 것도 좋은 방법이다.

① ㉡-㉤-㉠-㉢-㉣
② ㉠-㉤-㉣-㉡-㉢
③ ㉡-㉠-㉤-㉢-㉣
④ ㉠-㉡-㉢-㉣-㉤

23 구급차 현장 최초 도착 시 배치요령으로 옳지 않은 것은?

① 화학물질이나 유류가 누출되는 경우에는 물질이 유출되어 흘러내리는 방향에 위치시킨다.
② 차량화재가 있는 경우에는 화재차량으로부터 30m 밖에 위치시킨다.
③ 폭발물이나 유류를 적재한 차량으로부터 600~800m 밖에 위치한다.
④ 구급차량의 전면이 주행차량의 전면을 향한 경우에는 경광등과 전조등을 끄고 비상등만 작동시킨다.

24 화상의 깊이에 대한 설명으로 1도 화상에 대한 설명으로 옳은 것은?

① 손상부위는 체액이 나와 축축한 형태를 띠며 진피에 많은 신경섬유가 지나가 심한 통증을 호소한다.
② 화상부위는 발적, 동통, 압통이 나타나며, 범위가 넓은 경우 심한 통증을 호소할 수 있으므로 처치가 필요한 경우가 있다.
③ 내부 조직으로 체액손실과 2차 감염과 같은 심각한 합병증을 유발할 수 있다.
④ 표피와 진피가 손상된 경우로 열에 의한 손상이 많다.

25 순환계에 대한 설명으로 옳은 것은?

① 순환계는 3가지 주요 요소(심장, 허파, 혈액)로 구성되어 있으며 인체의 모든 부분에 혈액을 공급하는 기능을 갖고 있다.
② 심장은 심전도계의 전기자극에 의해 수축하는 심장근육으로 구성되어 있으며 수의근으로 주변 심장근육세포의 수축을 야기하는 전기자극을 전달하기도 한다.
③ 동맥은 심장으로부터 조직으로 혈액을 이동시키며 오른심실에서 허파로 혈액을 이동시키는 허파동맥을 제외하고는 모든 동맥은 산소가 풍부한 혈액으로 되어 있다.
④ 혈액은 혈구와 혈장으로 되어있으며, 백혈구는 산소를 운반하는 역할을 한다.

최단기 소방승진 이패스 소방사관
www.kfs119.co.kr

※ 이 책은 저작권법에 의해 보호를 받는 저작물이므로 무단전재와 복제를 금합니다.
※ 본 교재의 저작권은 이패스코리아에 있습니다.

2025년 소방장 소방승진 제4회

응시번호	
성명	

【시험 과목】

편철순서	제1과목	제2과목	제3과목
과목명	소방법령 II (25문항)	소방법령 III (25문항)	소방전술 (25문항)

응시자 준수사항

☞ 시험지를 받으면 "시험 감독관 또는 방송"의 안내에 따라 다음 사항을 반드시 지켜 주시기 바랍니다.

1. 시험지 표지의 응시번호 및 성명"을 기재하여 주십시오.

2. 시험이 시작되면 시험지의 "편철순서", "페이지 수량", "인쇄 상태"를 반드시 확인한 후에 문제를 푸십시오.
   ※ 본 시험지는 총 16페이지입니다.

3. 시험이 시작되면 문제를 주의 깊게 읽고, 문항의 취지에 가장 적합한 하나의 정답만을 고르십시오. 운영요원에게 문제 내용에 관한 질문은 하실 수 없습니다.

※ 본 시험지는 공개이므로 시험이 종료된 후 가지고 나갈 수 있습니다.

※ 본 표지는 실제 시험지를 모델로 제작되었습니다.

epasskorea

소방장 소방승진

제4회 모의고사

문 항 수 : 75문항
응시시간 : 75분

소방법령 II (25문항)

01 「소방기본법」상 용어의 정의에 대한 설명으로 적합하지 않은 것은?

① 특정소방대상물이란 건축물, 차량, 항구에 매어둔 선박, 선박 건조 구조물, 산림, 그 밖의 인공 구조물 또는 물건을 말한다.
② 관계지역이란 소방대상물이 있는 장소 및 그 이웃 지역으로서 화재의 예방·경계·진압, 구조·구급 등의 활동에 필요한 지역을 말한다.
③ 소방본부장이란 특별시·광역시·특별자치시·도 또는 특별자치도에서 화재의 예방·경계·진압·조사 및 구조·구급 등의 업무를 담당하는 부서의 장을 말한다.
④ 소방대장이란 소방본부장 또는 소방서장 등 화재, 재난·재해, 그 밖의 위급한 상황이 발생한 현장에서 소방대를 지휘하는 사람을 말한다.

02 「소방기본법」상 소방안전교육사의 결격사유로 옳지 않은 것은?

① 피성년후견인
② 금고 이상의 형의 집행유예를 선고받고 그 유예기간 중에 있는 사람
③ 법원의 판결 또는 다른 법률에 따라 자격이 정지되거나 상실된 사람
④ 금고 이상의 실형을 선고받고 그 집행이 끝나거나 (집행이 끝난 것으로 보는 경우를 포함한다) 집행이 면제된 날부터 3년이 지나지 아니한 사람

03 「소방기본법」상 소방대의 긴급통행에 관한 설명으로 옳은 것은?

① 모든 차와 사람은 소방자동차(지휘를 위한 자동차와 구조·구급차를 포함한다)가 화재진압 및 구조·구급 활동을 위하여 출동을 할 때에는 이를 방해하여서는 아니 된다.
② 모든 차와 사람은 소방자동차가 화재진압 및 구조·구급 활동을 위하여 사이렌을 사용하여 출동하는 경우에는 앞에 끼어들거나 가로막는 행위를 하여서는 아니 된다.
③ 우선 통행에 관하여는 「도로교통법」에서 정하는 바에 따른다.
④ 화재, 재난·재해, 그 밖의 위급한 상황이 발생한 현장에 신속하게 출동하기 위하여 긴급할 때에는 일반적인 통행에 쓰이지 아니하는 도로·빈터 또는 물 위로 통행할 수 있다.

04 「소방기본법」상 소방공무원이 소방활동, 소방지원활동, 생활안전활동으로 인하여 민·형사상 책임과 관련된 소송을 수행할 경우 변호인 선임 등 소송수행에 필요한 지원을 할 수 있는 자를 모두 열거하면?

① 소방청장, 소방본부장 또는 소방서장
② 소방청장, 시·도지사
③ 시·도지사
④ 소방청장

05 「소방기본법 시행규칙」상 종합상황실의 실장의 업무 등에 관한 내용으로 종합상황실 실장의 업무를 고른 것으로 옳은 것은?

> ㄱ. 재난상황의 발생의 신고접수
> ㄴ. 하급소방기관에 대한 출동지령
> ㄷ. 재난상황의 전파 및 보고
> ㄹ. 재난상황의 수습에 필요한 정보수집 및 제공

① ㄱ
② ㄱ, ㄴ
③ ㄱ, ㄴ, ㄷ
④ ㄱ, ㄴ, ㄷ, ㄹ

06 「소방기본법 시행령」상 소방기술민원센터의 설치·운영에 관한 내용으로 소방기술민원센터의 업무를 고른 것으로 옳은 것은?

> ㄱ. 소방시설, 소방공사와 위험물 안전관리 등과 관련된 법령해석 등의 민원의 처리
> ㄴ. 소방기술민원과 관련된 질의회신집 및 해설서 발간
> ㄷ. 소방기술과 안전관리에 관한 교육 및 조사·연구
> ㄹ. 소방업무에 관하여 행정기관이 위탁하는 업무

① ㄱ
② ㄱ, ㄴ
③ ㄱ, ㄴ, ㄷ
④ ㄱ, ㄴ, ㄷ, ㄹ

07 「소방기본법」상 손실보상의 대상이 아닌 것은?

① 위험 구조물 등의 제거활동으로 인하여 손실을 입은 자
② 소방대의 위법한 소방업무 또는 소방활동으로 인하여 손실을 입은 자
③ 위해동물, 벌 등의 포획 및 퇴치 활동으로 인하여 손실을 입은 자
④ 화재 진압 등 소방활동을 위하여 필요할 때에는 소방용수 외에 댐·저수지 또는 수영장 등의 물을 사용하거나 수도(水道)의 개폐장치 등의 조작으로 인하여 손실을 입은 자

08 「소방기본법 시행령」상 소방청장의 한국소방안전원에 대한 감독 사항을 모두 고른 것으로 옳은 것은?

> ㄱ. 이사회의 중요의결 사항
> ㄴ. 회원의 가입·탈퇴 및 회비에 관한 사항
> ㄷ. 사업계획 및 예산에 관한 사항
> ㄹ. 회원에 대한 기술지원 등 정관으로 정하는 사항

① ㄱ, ㄴ, ㄷ
② ㄱ, ㄴ, ㄹ
③ ㄱ, ㄷ, ㄹ
④ ㄴ, ㄷ, ㄹ

09 「소방기본법 시행규칙」상 소방업무의 상호응원협정에 관한 내용으로 상호응원협정사항에 포함되어야 할 사항으로 옳지 않은 것은?

① 화재의 예방·경계·진압활동에 관한 사항
② 응원출동대상지역 및 규모에 관한 사항
③ 소방장비 및 기구의 정비와 연료의 보급에 관한 사항
④ 응원출동의 요청방법에 관한 사항

10 「소방기본법」 및 같은 법 시행령 상 소방안전교육사의 배치에 관한 내용으로 옳지 않은 것은?

① 소방안전교육사를 소방청, 소방본부 또는 소방서에 배치할 수 있다.
② 소방안전교육사를 한국소방안전원, 한국소방산업기술원 또는 한국화재보험협회에 배치할 수 있다.
③ 소방안전교육사를 소방청과 소방본부에 2명 이상 배치할 수 있다.
④ 소방안전교육사를 소방서와 한국소방안전원(시·도지부)에 1명 이상 배치할 수 있다.

11 「소방기본법 시행규칙」상 소방용수표지에 관한 내용으로 괄호 안에 들어갈 단어로 옳은 것은?

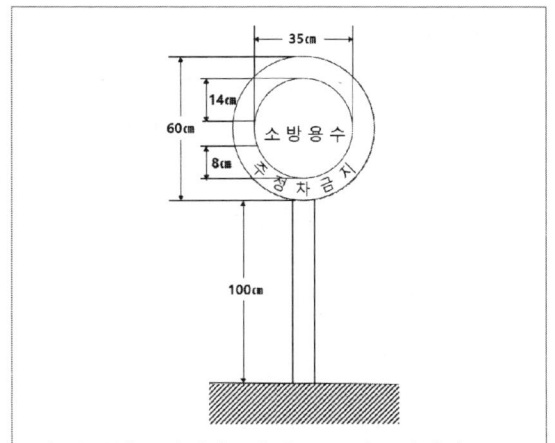

안쪽 문자는 (㉠), 바깥쪽 문자는 (㉡)으로, 안쪽 바탕은 (㉢), 바깥쪽 바탕은 (㉣)으로 하고, 반사재료를 사용해야 한다.

	㉠	㉡	㉢	㉣
①	노란색	파란색	흰색	붉은색
②	붉은색	노란색	파란색	붉은색
③	흰색	노란색	붉은색	파란색
④	흰색	붉은색	파란색	노란색

12 「소방기본법」상 자체소방대의 설치·운영 등에 관한 내용으로서 자체소방대는 소방대가 현장에 도착한 경우 (   )의 지휘·통제에 따라야 한다.에서 괄호 안에 들어갈 단어로 옳은 것은?

① 소방청장
② 소방본부장
③ 소방서장
④ 소방대장

13 「화재의 예방 및 안전관리에 관한 법률 시행령」상 화재의 예방 및 안전관리에 관한 기본계획 등의 수립·시행에 관한 설명으로 옳지 <u>않은</u> 것은?

① 소방청장은 화재의 예방 및 안전관리에 관한 기본계획을 계획 시행 전년도 8월 31일까지 관계 중앙행정기관의 장과 협의한 후 계획 시행 전년도 9월 30일까지 수립해야 한다.
② 소방청장은 기본계획을 시행하기 위한 계획을 계획 시행 전년도 10월 31일까지 수립해야 한다.
③ 소방청장은 관계 중앙행정기관의 장과 특별시장·광역시장·특별자치시장·도지사 또는 특별자치도지사에게 기본계획 및 시행계획을 각각 계획 시행 전년도 11월 31일까지 통보해야 한다.
④ 관계 중앙행정기관의 장 및 시·도지사는 세부시행계획을 수립하여 계획 시행 전년도 12월 31일까지 소방청장에게 통보해야 한다.

14 「화재의 예방 및 안전관리에 관한 법률 시행령」상 이동식난로를 사용할 수 없는 장소에 해당하지 않는 것은?(난로가 쓰러지지 않도록 받침대를 두어 고정시키거나 쓰러지는 경우 즉시 소화되고 연료의 누출을 차단할 수 있는 장치가 부착된 경우는 제외)

① 한방병원   ② 도서관
③ 가설건축물   ④ 공연장

15 「화재의 예방 및 안전관리에 관한 법률 시행령」상 소방청장은 소방안전관리자 자격의 정지 및 취소에 관한 업무를 누구에게 위임하는가?

① 시·도지사
② 소방본부장
③ 소방서장
④ 화재안전조사위원회 위원장

16 「화재의 예방 및 안전관리에 관한 법률 시행령」상 소방안전관리대상물의 관계인이 관리업자로 하여금 소방안전관리업무를 대행하게 할 수 있는 경우이다. ( ) 안에 적절한 것은?

> - 지상층의 층수가 (ㄱ)층 이상인 1급 소방안전관리대상물[연면적 (ㄴ) 제곱미터 이상인 특정소방대상물과 아파트는 제외한다]
> - 2급 소방안전관리대상물
> - 3급 소방안전관리대상물

	ㄱ	ㄴ		ㄱ	ㄴ
①	6	2만	②	6	1만5천
③	11	2만	④	11	1만5천

17 「화재의 예방 및 안전관리에 관한 법률 시행령」상 소방안전 특별관리기본계획 등에 대한 설명으로 옳지 않은 것은?

① 소방청장은 소방안전 특별관리기본계획을 3년마다 수립하여 시·도에 통보해야 한다.
② 특별관리기본계획에는 화재예방을 위한 교육·홍보 및 점검·진단, 화재대응을 위한 훈련 사항이 포함되어야 한다.
③ 시·도지사는 매년 소방안전 특별관리시행계획을 수립·시행하고, 그 결과를 다음 연도 1월 31일까지 소방청장에게 통보해야 한다.
④ 시·도지사는 특별관리시행계획을 수립하는 경우 성별, 연령별, 화재안전취약자별 화재 피해현황 및 실태 등을 고려해야 한다.

18 「화재의 예방 및 안전관리에 관한 법률 시행규칙」상 실태조사의 방법 및 절차 등에 관한 내용으로 옳지 않은 것은?

① 실태조사는 통계조사, 문헌조사 또는 현장조사의 방법으로 하며, 정보통신망 또는 전자적인 방식을 사용할 수 있다.
② 소방청장은 실태조사를 실시하려는 경우 실태조사 시작 14일 전까지 조사 일시, 조사 사유 및 조사 내용 등을 포함한 조사계획을 조사대상자에게 서면 또는 전자우편 등의 방법으로 미리 알려야 한다.
③ 소방청장은 실태조사를 전문연구기관·단체나 관계 전문가에게 의뢰하여 실시할 수 있다.
④ 관계 공무원 및 실태조사를 의뢰받은 관계 전문가 등이 실태조사를 위하여 소방대상물에 출입할 때에는 그 권한 또는 자격을 표시하는 증표를 지니고 이를 관계인에게 내보여야 한다.

19 「화재의 예방 및 안전관리에 관한 법률」상 화재예방안전진단에 관한 내용으로 옳지 않은 것은?

① 소방안전 특별관리시설물의 관계인은 화재의 예방 및 안전관리를 체계적·효율적으로 수행하기 위하여 대통령령으로 정하는 바에 따라 「소방산업의 진흥에 관한 법률」 제14조에 따른 한국소방산업기술원 또는 소방청장이 지정하는 화재예방안전진단기관으로부터 정기적으로 화재예방안전진단을 받아야 한다.
② 비상대응조직 및 교육훈련에 관한 사항은 화재예방안전진단의 범위에 해당한다.
③ 소방본부장 또는 소방서장은 제출받은 화재예방안전진단 결과에 따라 보수·보강 등의 조치가 필요하다고 인정하는 경우에는 해당 소방안전 특별관리시설물의 관계인에게 보수·보강 등의 조치를 취할 것을 명할 수 있다.
④ 화재예방안전진단 업무에 종사하고 있거나 종사하였던 사람은 업무를 수행하면서 알게 된 비밀을 이 법에서 정한 목적 외의 용도로 사용하거나 다른 사람 또는 기관에 제공하거나 누설하여서는 아니 된다.

20 「화재의 예방 및 안전관리에 관한 법률」상 청문에 관한 내용으로 옳게 고른 것은?

> ㄱ. 소방안전관리자의 자격 취소
> ㄴ. 소방안전관리자의 자격 정지
> ㄷ. 진단기관의 지정 취소
> ㄹ. 진단기관의 업무 정지

① ㄱ, ㄴ   ② ㄴ, ㄷ
③ ㄱ, ㄷ   ④ ㄴ, ㄹ

21 「화재의 예방 및 안전관리에 관한 법률」상 과태료에 관한 내용으로 100만원 이하의 과태료에 해당하는 것은?

① 소방훈련 및 교육을 하지 아니한 자
② 실무교육을 받지 아니한 소방안전관리자 및 소방안전관리보조자
③ 소방설비등의 설치 명령을 정당한 사유 없이 따르지 아니한 자
④ 소방안전관리업무를 하지 아니한 소방안전관리대상물의 소방안전관리자

22 「소방시설 설치 및 관리에 관한 법률」 및 같은 법 시행령 상 자체점검 결과 중대위반사항이 발견된 경우에 특정소방대상물의 관계인이 지체 없이 수리 등 필요한 조치를 하여야 하는 것으로 규정되어 있지 않은 것은?

① 소화펌프, 동력·감시 제어반 또는 소방시설용 전원의 고장으로 소방시설이 작동되지 않는 경우
② 가스누설경보기의 전원표시등에 점등이 되지 않거나 화재탐지기의 작동시 점멸이 되지 않는 경우
③ 소화배관 등이 폐쇄·차단되어 소화수(消火水) 또는 소화약제가 자동 방출되지 않는 경우
④ 방화문 또는 자동방화셔터가 훼손되거나 철거되어 본래의 기능을 못하는 경우

23 「소방시설 설치 및 관리에 관한 법률 시행령」 상 특정소방대상물의 소방시설 설치의 면제 기준으로 옳지 않은 것은?

① 스프링클러설비를 설치해야 하는 전기저장시설에 소화설비를 소방청장이 정하여 고시하는 방법에 따라 설치한 경우에는 그 설비의 유효범위에서 설치가 면제된다.
② 비상경보설비 또는 단독경보형 감지기를 설치해야 하는 특정소방대상물에 자동화재탐지설비 또는 화재알림설비를 화재안전기준에 적합하게 설치한 경우에는 그 설비의 유효범위에서 설치가 면제된다.
③ 누전경보기를 설치해야 하는 특정소방대상물에 화재알림설비를 화재안전기준에 적합하게 설치한 경우에는 그 설비의 유효범위에서 설치가 면제된다.
④ 연소방지설비를 설치해야 하는 특정소방대상물에 스프링클러설비, 물분무소화설비 또는 미분무소화설비를 화재안전기준에 적합하게 설치한 경우에는 그 설비의 유효범위에서 설치가 면제된다.

24 「소방시설 설치 및 관리에 관한 법률 시행령」 상의 특정소방대상물 중 근린생활시설을 설명한 것으로 옳지 않은 것은?

① 인터넷컴퓨터게임시설제공업의 시설로서 같은 건축물에 해당 용도로 쓰는 바닥면적의 합계가 500㎡ 미만인 것
② 종교집회장으로서 같은 건축물에 해당 용도로 쓰는 바닥면적의 합계가 300㎡ 미만인 것
③ 골프연습장, 물놀이형 시설(안전성검사의 대상이 되는 물놀이형 시설)로서 같은 건축물에 해당 용도로 쓰는 바닥면적의 합계가 500㎡ 미만인 것
④ 단란주점으로서 같은 건축물에 해당 용도로 쓰는 바닥면적의 합계가 200㎡ 미만인 것

25 「소방시설 설치 및 관리에 관한 법률 시행규칙」상 건축허가등의 동의 절차이다. ( )에 들어갈 적절한 숫자는?

> • 동의 요구를 받은 소방본부장 또는 소방서장은 건축허가등의 동의 요구서류를 접수한 날부터 (ㄱ)일[허가를 신청한 건축물 등이 특급 소방안전관리대상물인 경우에는 (ㄴ)일] 이내에 건축허가등의 동의 여부를 회신해야 한다.
> • 소방본부장 또는 소방서장은 동의요구서 및 첨부서류의 보완이 필요한 경우에는 (ㄷ)일 이내의 기간을 정하여 보완을 요구할 수 있다.

	ㄱ	ㄴ	ㄷ		ㄱ	ㄴ	ㄷ
①	7	14	5	②	10	14	3
③	5	10	4	④	3	5	3

소방법령 III (25문항)

01 위험물의 성질 및 품명의 정의로 옳지 <u>않은</u> 것은?

① "인화성고체"라 함은 고형알코올 그 밖에 1기압에서 인화점이 섭씨 40도 미만인 고체를 말한다.
② "제1석유류"라 함은 아세톤, 휘발유 그 밖에 1기압에서 인화점이 섭씨 21도 미만인 것을 말한다.
③ "특수인화물"이라 함은 이황화탄소, 디에틸에테르 그 밖에 1기압에서 발화점이 섭씨 100도 이하인 것 또는 인화점이 섭씨 영하 20도 이하이고 비점이 섭씨 40도 이하인 것을 말한다.
④ "자연발화성물질 및 금수성물질"이라 함은 고체 또는 액체로서 공기 중에서 발화의 위험성이 있거나 산과 접촉하여 발화하거나 고압 수증기를 발생하는 위험성이 있는 것을 말한다

02 「위험물안전관리법 시행령」상 제조소등에서 흡연장소의 지정기준 등에 관한 내용으로 옳지 <u>않은</u> 것은?

① 흡연장소는 폭발위험장소 외의 장소에 지정하는 등 위험물을 저장·취급하는 건축물, 공작물 및 기계·기구, 그 밖의 설비로부터 안전 확보에 필요한 일정한 거리를 둘 것
② 흡연장소는 옥외로 지정할 것. 다만, 부득이한 경우에는 건축물 내에 지정할 수 있다.
③ 소형수동식소화기(이에 준하는 소화설비를 포함한다)를 1개 이상 비치할 것
④ 흡연장소에는 보유공지를 두고 흡연장소 내 화재가 발생하더라도 번지지 않도록 조치를 해야 한다.

03 「위험물안전관리법 시행규칙」상 안전관리대행기관이 휴업 재개업 신고를 연간 2회 이상 하지 아니한 경우 행정처분 기준으로 옳은 것은?

	1차	2차	3차
①	업무정지 30일	업무정지 60일	지정취소
②	경고 또는 업무정지 30일	업무정지 90일	지정취소
③	경고	업무정지 90일	지정취소
④	업무정지 10일	업무정지 30일	지정취소

04 「위험물안전관리법」 및 같은 법 시행령상 탱크시험자가 갖추어야 하는 <보기> 장비의 종류에서 필요한 경우에 두는 장비만을 모두 고른 것은?

<보기>
ㄱ. 자기탐상시험기
ㄴ. 진공누설시험기
ㄷ. 수직·수평도 측정기
ㄹ. 초음파두께측정기
ㅁ. 영상초음파시험기
ㅂ. 방사선투과시험기 및 초음파시험기

① 상기 모두 해당 한다.
② ㄱ, ㄹ, ㅁ, ㅂ
③ ㄴ, ㄷ
④ ㄱ, ㄷ

05 「위험물안전관리법 시행규칙」상 위험물제조소에 저장 또는 취급하는 위험물에 따라 설치해야 하는 주의사항을 표시한 게시판의 내용으로 옳지 <u>않은</u> 것은?

① 제1류 위험물 중 알칼리금속의 과산화물 — 물기엄금
② 제2류 위험물 중 황화인, 적린, 황 — 화기엄금
③ 제3류 위험물 중 자연발화성물질 — 화기엄금
④ 제5류 위험물 — 화기엄금

06 「위험물안전관리법 시행규칙」상 주유취급소의 고정주유설비 설치기준이다. ( ) 안에 들어갈 내용의 합은?

> • 고정주유설비의 중심선을 기점으로 하여 도로경계선까지 ( )m 이상, 부지경계선·담 및 건축물의 벽까지 ( )m 이상의 거리를 유지하고, 고정급유설비의 중심선을 기점으로 하여 도로경계선까지 ( )m 이상, 부지경계선 및 담까지 1m 이상, 건축물의 벽까지 ( )m 이상의 거리를 유지할 것
> • 고정주유설비와 고정급유설비의 사이에는 ( )m 이상의 거리를 유지할 것

① 14 ② 17
③ 15 ④ 16

07 「위험물안전관리법 시행령」상 지정수량 이상의 위험물을 옥외저장소에 저장할 수 있는 것으로 옳지 않은 것은? (다만, 「국제해사기구에 관한 협약」에 의하여 설치된 국제해사기구가 채택한 「국제해상위험물규칙」(IMDG Code)에 적합한 용기에 수납된 위험물은 제외한다.)

① 제1류 위험물 중 염소산염류
② 제2류 위험물 중 황
③ 제4류 위험물 중 알코올류
④ 제6류 위험물 중 과염소산

08 「위험물안전관리법 시행령」상 <보기>의 위험물 중에서 중량퍼센트(Wt%)로 위험물을 구분하는 것과 관계 없는 위험물만 고르면?

> 〈보기〉
> 철분, 금속분, 알코올류, 과산화수소, 질산, 황, 과염소산

① 금속분, 철분
② 과산화수소, 황
③ 질산, 과염소산
④ 알코올류, 과산화수소, 철분, 금속분

09 「위험물안전관리법 시행규칙」상 위험물제조소의 옥내에 인화성 액체위험물 취급탱크(4개)를 하나의 방유제에 다음과 같이 설치하였을 경우 방유제 용량을 계산하면?

> • A탱크 : 80,000L
> • B탱크 : 30,000L
> • C탱크 : 20,000L
> • D탱크 : 20,000L

① 88,000L ② 47,000L
③ 80,000L ④ 40,500L

10 「위험물안전관리법」상 벌칙규정의 법정형이 같은 것 만을 고른 것은?

> 가. 정기점검을 하지 아니하거나 점검기록을 허위로 작성한 관계인으로서 허가를 받은 자
> 나. 정기검사를 받지 아니한 관계인으로서 허가를 받은 자
> 다. 제조소등의 완공검사를 받지 아니하고 위험물을 저장·취급한 자
> 라. 위험물 운반용기에 대한 검사를 받지 아니하고 운반용기를 사용하거나 유통시킨 자
> 마. 소방공무원이 위험물 제조소 등 관계인의 정당한 업무를 방해하거나 출입·검사 등을 수행하면서 알게 된 비밀을 누설한 자

① 가, 나, 다, 라, 마
② 가, 나, 라
③ 가, 나
④ 다, 마

11 「위험물안전관리법 시행규칙」상 위험물 제조소의 위치·구조 및 설비의 기준에 있어서 위험물을 취급하는 건축물의 구조로 옳지 <u>않은</u> 것은?

① 벽·기둥 및 바닥은 내화구조로 하고, 보와 서까래는 불연재료로 하여야 한다.
② 지붕은 폭발력이 위로 방출될 정도의 가벼운 불연재료로 덮어야 한다.
③ 연소의 우려가 있는 외벽에 설치하는 출입구에는 수시로 열 수 있는 자동폐쇄식의 60분+방화문 또는 60분방화문을 설치하여야 한다.
④ 제2류 위험물(분말상태의 것과 인화성고체를 제외한다), 제4류 위험물 중 제4석유류·동식물유류 또는 제6류 위험물을 취급하는 건축물인 경우 지붕을 내화구조로 할 수 있다.

12 「위험물안전관리법 시행규칙」상 옥내저장창고의 면적을 1,000㎡ 이하로 해야할 위험물을 모두 고르시오.

㉠ 황린	㉡ 알코올류
㉢ 할로젠간화합물	㉣ 알칼리금속
㉤ 금속분	㉥ 질산염류

① ㉡, ㉢, ㉤
② ㉡, ㉢, ㉣
③ ㉢, ㉣, ㉤
④ ㉠, ㉡, ㉢

13 「위험물안전관리법 시행규칙」에 따른 정기점검의 기록·유지에서 제조소등의 관계인은 정기점검 후 기록해야 하는 사항으로 옳지 <u>않은</u> 것은?

① 점검을 실시한 제조소등의 명칭
② 점검을 한 안전관리자 또는 점검을 한 탱크시험자와 점검에 참관한 관계인의 성명
③ 점검의 방법 및 결과
④ 점검연월일

14 「다중이용업소의 안전관리에 관한 특별법」상 소방청장, 소방본부장 또는 소방서장이 화재위험평가 결과 그 다중이용업소에 부여된 화재안전등급과 평가점수의 연결이 옳지 <u>않은</u> 것은?

① 평가점수 20 이상 39 이하 – D
② 평가점수 81 이상 – A
③ 평가점수 40 이상 59 이하 – C
④ 평가점수 20 미만 – E

15 「다중이용업소의 안전관리에 관한 특별법」상 벌칙 적용 시의 공무원 의제 대상에 해당하지 <u>않은</u> 것은?

① 다중이용업주 및 그 종업원에 대한 소방안전교육 업무를 위탁받은 업무에 종사하는 법인 또는 단체의 임원 및 직원
② 책임보험전산망의 구축·운영에 관한 업무를 위탁받은 업무에 종사하는 법인 또는 단체의 임원 및 직원
③ 화재위험평가업무를 대행하는 사람
④ 다중이용업주가 있는 특정소방대상물의 관계인

16 「다중이용업소의 안전관리에 관한 특별법 시행규칙」상 다중이용업소 안전시설등 중 피난설비의 설치·유지 기준에 대한 설명으로 옳지 <u>않은</u> 것은?

① 2층 이상 4층 이하에 위치하는 영업장의 발코니 또는 부속실과 연결되는 비상구에는 피난기구를 화재안전기준에 따라 설치할 것
② 영업장의 구획된 실마다 유도등, 유도표지 또는 비상조명등 중 하나 이상을 화재안전기준에 따라 설치할 것
③ 영업장내부 피난통로 또는 복도에 설치하는 피난유도선은 축광에 의하여 빛을 내는 방식으로 할 것
④ 영업장 안의 구획된 실마다 휴대용 비상조명등을 화재안전기준에 따라 설치할 것

17 「다중이용업소의 안전관리에 관한 특별법령」상 평가대행자의 등록 결격사유 대한 설명으로 옳은 것은?

① 피한정후견인
② 심신상실자로서 평가대행자의 업무를 정상적으로 수행할 수 없다고 해당 분야의 전문의가 인정하는 사람
③ 알코올·마약·대마 또는 향정신성의약품 관련 장애로 평가대행자의 업무를 정상적으로 수행할 수 없다고 해당 분야의 전문의가 인정하는 사람
④ 「위험물안전관리법」을 위반하여 집행유예 실형을 선고받고 그 형의 집행이 끝나거나 집행을 받지 아니하기로 확정된 후 2년이 지나지 아니한 사람

18 「다중이용업소의 안전관리에 관한 특별법」상 1년 이하의 징역 또는 1천만 원 이하의 벌금에 해당하지 않은 자는?

① 화재위험 평가대행자로 등록하지 아니하고 화재위험평가 업무를 대행한 자
② 업무를 위탁받은 자는 그 직무상 알게 된 정보를 다른 사람에게 정보를 제공한 자
③ 안전시설등을 기준에 따라 설치·유지하지 아니한 자
④ 업무를 위탁받은 자는 그 직무상 알게 된 정보를 부당한 목적으로 이용한 자

19 「다중이용업소의 안전관리에 관한 특별법 시행규칙」상 소방안전교육의 교과과정에 해당하지 않은 것은?

① 화재배상책임보험과 관련된 법령 및 제도
② 다중이용업소에서 화재가 발생한 경우 초기대응 및 대피요령
③ 심폐소생술 등 응급처치 요령
④ 소방시설 및 방화시설(防火施設)의 유지·관리 및 사용방법

20 「다중이용업소의 안전관리에 관한 특별법 시행규칙」상 다중이용업소의 안전시설등 세부점검표 점검사항이 아닌 것은?

① 누전차단기 설치 위치 확인
② 영상음향차단장치 작동기능점검
③ 커튼, 카페트 등 방염선처리제품 사용 여부
④ 안전시설등 세부점검표 분기별 작성 및 1년간 보관 여부

21 「다중이용업소의 안전관리에 관한 특별법 시행규칙」상 피난안내 영상물을 상영해야 하는 대상은 모두 몇 개 인가?

> 가. 인터넷컴퓨터게임시설제공업의 영업장
> 나. 영화상영관
> 다. 안마시술소
> 라. 숙식을 제공하는 형태의 고시원업의 영영장
> 마. 복합영상물제공업의 영업장
> 바. 비디오물소극장업의 영업장

① 1개
② 2개
③ 3개
④ 4개

22 「다중이용업소의 안전관리에 관한 특별법」 및 같은 법 시행령 상 다중이용업소 조치명령 미이행업소의 공개와 관련된 내용 중 옳지 <u>않은</u> 것은?

① 다중이용업주가 "안전시설등"을 행정안전부령으로 정하는 기준에 맞게 설치 또는 유지하지 않아 조치명령을 2회 이상 받고도 이행하지 아니하였을 때에는 그 조치 내용(그 위반사항에 대하여 수사기관에 고발된 경우에는 그 고발된 사실을 포함한다)을 인터넷 등에 공개할 수 있다.
② 소방청장·소방본부장 또는 소방서장은 조치명령 미이행업소를 공개할 때에는 2개 이상의 매체에 공개하고, 소방청, 소방본부 또는 소방서의 인터넷 홈페이지에 공개한 경우로서 다중이용업주가 사후에 조치명령을 이행한 경우에는 이를 확인한 날부터 7일 이내에 공개내용을 해당 인터넷 홈페이지에서 삭제해야 한다.
③ 소방청장·소방본부장 또는 소방서장이 조치명령 미이행업소를 공개하려면 공개내용과 공개방법 등을 그 업소의 관계인(영업주와 소속 종업원을 말한다)에게 미리 알려야 하고, 공개기간은 그 업소가 조치명령을 이행하지 아니한 때부터 조치명령을 이행할 때까지로 한다.
④ 조치명령 미이행업소를 공개할 때에는 미이행업소 명, 미이행업소의 주소, 소방청장·소방본부장 또는 소방서장이 조치한 내용, 미이행의 횟수를 포함 해야한다.

23 「다중이용업소의 안전관리에 관한 특별법 시행령」 상 안전관리우수업소 인정 예정공고를 해야하는 매체를 모두 고르시오.

> 가. 관보 또는 시·도의 공보
> 나. 반상회보(班常會報)
> 다. 중앙일간지 신문 또는 해당 지역 일간지 신문
> 라. 유선방송
> 마. 소방청, 시·도 소방본부 또는 소방서의 인터넷 홈페이지
> 바. 시·군·구청 소식지

① 나, 라, 바   ② 가, 나, 다, 마
③ 가, 다, 마   ④ 가, 나, 다, 라, 마, 바

24 「다중이용업소의 안전관리에 관한 특별법 시행규칙」 상 소방안전교육에 필요한 교육인력 및 시설·장비기준에서 강의경력이 요구되는 소방안전교육 강사의 자격요건을 모두 고르시오.

> 가. 소방설비기사 및 위험물산업기사 자격을 소지한 자
> 나. 소방설비산업기사 및 위험물기능사 자격을 소지한 자
> 다. 소방 관련 기관(단체)에서 10년 이상 실무경력이 있는 자
> 라. 전문대학 또는 이와 동등 이상의 교육기관에서 소방안전 관련 학과 전임강사 이상으로 재직한 자.
> 마. 응급구조사 자격을 소지한 소방공무원
> 바. 소방기술사, 위험물기능장, 소방시설관리사, 소방안전교육사자격을 소지한 자

① 가, 나, 다, 라   ② 가, 나, 다
③ 다, 라, 마   ④ 상기 다 맞다

25 「다중이용업소의 안전관리에 관한 특별법」 상 규정 내용으로 옳은 것은?

① 다중이용업주는 화재, 영업장 시설의 하자 또는 결함으로 다른 사람이 사망·부상하거나 재산상의 손해를 입은 때에는 과실이 없는 경우에도 피해자에게 대통령령으로 정하는 금액을 지급할 책임을 지는 책임보험(이하 "화재배상책임보험"이라 한다)에 가입하여야 한다.
② 소방청장, 소방본부장 또는 소방서장은 화재위험평가 결과 그 다중이용업소에 부여된 화재안전등급이 대통령령으로 정하는 기준 이상인 경우에는 해당 다중이용업주 또는 소방안전관리자에게 개수, 이전, 제거 등 조치를 명할 수 있다.
③ 다중이용업주가 화재등 안전사고 발생 사실을 보고하는 경우에는 사고 개요 및 피해 상황을 전화·팩스 또는 정보통신망 등으로 보고하는 방법으로 한다.
④ 화재책임보험에 가입하지 않은 경우 가입하지 않은 기간에 관계 없이 300만 원의 과태료를 부과한다.

소방전술 (25문항)

01 소방활동 검토회의에 대한 설명으로 옳은 것은?

① 사망자 5명 발생하였으면 소방서검토회의 대상이다.
② 문화재에서 화재가 발생하였으면 통제관은 소방본부장이다.
③ 건물의 구조별 표시방법은 목조는 녹색, 방화조는 황색, 내화조는 적색으로 표시한다.
④ 출동대 표시로써 제3출동대는 청색으로 표시한다.

02 구획실 화재의 진행단계의 순서가 옳은 것은?

㉠ 폐쇄된 건축물 내에서 화재가 진행될 때 연소과정은 산소공급이 부족한 상태에서 서서히 훈소된다.
㉡ 화점 주위에서 화재가 서서히 진행하다가 어느 정도 시간이 경과함에 따라 대류와 복사현상에 의해 일정 공간 안에 있는 가연물이 발화점까지 가열되어 일순간에 걸쳐 동시 발화되는 현상을 말한다.
㉢ 전형적으로 공간 내의 화재가 성장단계에 있고, 소방관들이 화점에 진입하기 전에 복도에 머무를 때 발생한다.
㉣ 복도와 같은 통로공간에서 벽, 바닥 표면의 가연물에 화염이 급속하게 확산되는 현상을 묘사하는 용어이다.

① ㉠ - ㉣ - ㉢ - ㉡
② ㉢ - ㉠ - ㉣ - ㉡
③ ㉣ - ㉠ - ㉢ - ㉡
④ ㉡ - ㉠ - ㉢ - ㉣

03 화재진행에 영향을 미치는 요인으로서 다음 내용과 관계 깊은 것은?

> 구획실 화재가 성장기로부터 최성기로 전환되는 데 있어서 중요한 역할을 한다.

① 배연구(환기구)의 크기, 수 및 위치
② 최초가연물의 위치
③ 연소하는 구획실에서 진행되는 온도의 변화
④ 복사에너지

04 화재현장에서 발생하는 유해생성물질에 대한 설명으로 옳은 것은?

① 황화수소 : 0.7%를 넘어서면 독성이 강해져서 신경계통에 영향을 미치고 호흡기가 무력해진다.
② 시안화수소 : 열가소성 수지인 폴리염화비닐(PVC), 수지류 등이 연소할 때 발생되며 허용농도는 0.1ppm(mg/m³)이다.
③ 포스겐 : 인화성이 매우 강한 무색의 화학물질로 연소 시 유독가스를 발생시키고, 특히 수분이 2% 이상 포함되어 있거나 알칼리 등이 포함되어 있으면 폭발할 우려가 크다.
④ 아황산가스 : 타는 듯한 느낌, 기침, 숨 가쁨 등을 초래하며, 냉동시설의 냉매로 많이 쓰이고 있으므로 냉동창고 화재 시 누출가능성이 크므로 주의해야 하며, 독성의 허용 농도는 25ppm이다.

05 건물유형별 안전도 평가에 대한 설명으로 옳지 않은 것은?

① 내화구조 건물에서는 지붕위에 올라가 활동하는 것은 극히 위험하며, 안전한 배연방법으로 수평배연기법이 필요하다.
② 준 내화구조 건물의 붕괴 위험성은 바로 철재구조의 지붕 붕괴의 취약성에 달려 있다.
③ 벽돌, 돌 등 조적조 건물의 가장 위험한 붕괴요인은 벽이 붕괴되는 것이다.
④ 중량 목구조 건물의 약점은 지붕과 바닥 층을 지탱하는 트러스트 구조의 연결부분에 있다.

06 구조대상자 운반법에서 다음 내용과 관계 깊은 것은?

> ㉠ 구조대상자의 부상부위가 가슴부분 또는 허리부분의 경우는 피한다.
> ㉡ 주로 구출거리가 짧은 경우에 활용한다.

① 1인 확보 운반 구출
② 뒤로 옷깃을 끌어당겨 구출
③ 모포 등을 이용하여 끌어당겨 구출
④ 등에 업고 포복 구출

07 화재조사업무처리에 관한 사항으로 옳은 것은?

① 조사의 최종 결과보고는 화재발생일로부터 30일 이내이다.
② 목조 또는 내화조 건물의 경우 격벽으로 방화구획이 되어 있는 경우도 다른 동으로 한다.
③ 건물의 50%가 소실되고 잔존부분이 보수를 하여도 재사용 불가능한 것은 전소이다.
④ 건물의 소실면적 산정은 소실 입체면적으로 한다.

08 대상별 관창배치 요령으로 옳은 것은?

① 일반목조건물 화재 방수구는 2구를 원칙으로 한다.
② 구획별 관창 배치에서 도로에 면하는 화재는 도로의 접하는 쪽을 우선하여 배치하고 풍횡측, 풍상측의 순으로 포위한다.
③ 화재 최성기에는 연소 건물의 풍상측에 우선 배치하고 풍횡, 풍하측의 순으로 포위한다.
④ 풍속이 3m/sec이하일 때는 방사열이 큰 쪽 방향을 중점으로 관창을 배치한다.

09 3D 주수기법에 대한 설명으로 옳은 것은?

① 펜슬링, 페인팅 방수기법은 화재환경을 제한하고 통제하며 화점실까지 도달하게 도와주는 것이라면 펄싱 방수기법은 실제 화재진압용 기술이다.
② 숏펄싱은 건물내부에 진입하기 전 출입문 상부에 방수를 하여 물이 방수와 동시에 증발을 하는지 확인하며, 관창개폐조작은 1~2초 이내로 짧게 끊어서 방수한다.
③ 미디움펄싱은 관창수는 화점실 진입 전 전면 상층부 연기층 및 간헐적 화염을 목표로 방수하고 관창개폐조작은 1초 이내로 끊어서 조작한다.
④ 롱펄싱은 상부 화염 소화, 가스층 희석 및 온도를 낮추어 대원들이 내부로 더 깊이 침투할 수 있도록 하며, 주어진 상황에 따라서 3~5초의 간격으로 다양하게 적용한다.

10 위험물화재의 특수현상 개념을 설명한 것으로 다음 내용과 관계 없는 것은?

> ㉠ 탱크표면화재로 원유와 물이 함께 탱크 밖으로 흘러넘치는 현상
> ㉡ 유류표면 아래 비등하는 물에 의해 탱크 내 유류가 넘치는 현상
> ㉢ 유류 표면온도에 의해 물이 수증기가 되어 팽창, 비등함에 따라 유류를 외부로 비산시키는 현상

① 슬로프오버　② 후로스오버
③ 보일오버　④ 오일오버

11 로프의 재질에서 다음 신장율과 관계 없는 것은?

> ㉠ 5~10%　㉡ 10~15%

① 면　② 나이론
③ 마닐라삼　④ 폴리에틸렌

12 다음 중 3가지 형태의 매듭분류에서 마디짓기와 관계 없는 것은?

① 8자매듭
② 두겹8자매듭
③ 이중8자매듭
④ 8자연결매듭

13 하강기의 종류에 대한 설명으로 옳지 않은 것은?

① 8자하강기 : 작고 가벼우면서도 견고하고 사용이 간편하다.
② 그리그리 : 로프의 역회전을 방지할 수 있는 구조로 주로 확보용 장비이다.
③ 스톱하강기 : 로프 두 가닥을 이용하여 우발적인 급강하 사고를 방지할 수 있기 때문에 최근 구조대에서 사용이 증가하고 있는 추세이다.
④ 아이디 : 고소작업 및 로프엑세스 작업용으로 제작된 개인 하강용 장비이다.

14 다음 로프에 대한 설명으로 옳은 것은?

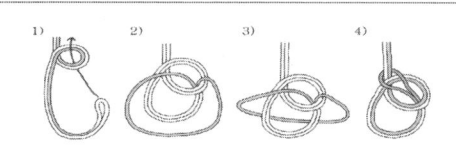

① 완만한 경사면에서 확보물 없이 3명 이상이 한줄 로프를 잡고 등반하는 경우 중간에 위치한 사람들이 이 매듭을 만들어 어깨와 허리에 걸면 로프가 벗겨지지 않고 활동이 용이하다.
② 로프에 마디를 만들어 도르래나 구멍으로 로프가 빠지는 것을 방지한다.
③ 로프에 일정한 간격을 두고 수 개의 옭매듭을 만들어 로프를 타고 오르거나 내릴 때에 지지점으로 이용할 수 있도록 하는 매듭이다.
④ 로프에 고리를 만들어 카라비너에 걸거나 나무, 기둥 등에 확보하고자 하는 경우 등에 폭넓게 활용한다.

15 로프를 정리 방법으로 옳지 않은 것은?

① 둥글게사리기 : 무릎이나 팔뚝을 이용하여 로프를 신속히 감아 나가는 방법으로 비교적 짧은 로프를 사릴 때 사용한다.
② 한발감기 : 50~60m의 비교적 긴 로프를 사릴 때 사용하는 방법이다.
③ 어깨감기 : 로프를 휴대하고 장거리를 이동하는 방법으로 먼저 로프를 나비모양으로 사리고 마무리 한다.
④ 8자모양사리기 : 굵고 뻣뻣한 로프나 와이어로프 등을 정리할 때 편리하다.

16 건축물 붕괴에 대한 설명으로 옳은 것은?

① 벽이나 바닥, 천장 그리고 지붕 구조물에 누수현상이 진행되고 있을 때는 붕괴징후로 볼 수 있다.
② 붕괴의 주원인으로서 철재에 비해 콘크리트나 벽돌의 열팽창 계수가 매우 크기 때문에 이들 간의 접촉 부분이 파괴되는 현상이 발생한다.
③ 팬케이크형 붕괴는 각 붕괴의 유형 중에서 가장 안전하지 못하고 2차 붕괴에 가장 취약한 유형이다.
④ 마주보는 두 외벽 중 하나가 결함이 있을 때 발생하는 것을 경사형 붕괴라고 한다.

17 수중구조기술에 대한 설명으로 옳은 것은?

① 한 겨드랑이 끌기 : 구조대상자가 수면과 수평을 유지하도록 하고 횡영 동작으로 이동을 시작하며, 일반적으로 먼 거리를 이동할 때에 사용한다.
② 두 겨드랑이 끌기 : 주로 구조대상자의 전방으로 접근할 때 사용하며, 구조대상자를 1m 이상 끌고 가다가 잡고 있는 손을 물 밑으로 큰 반원을 그리듯 하며 돌려서 얼굴이 위로 나오도록 한다.
③ 손목 끌기 : 손으로는 끌고 팔꿈치로는 미는 동작을 하여 구조대상자의 자세가 수면과 수평이 되도록 이끈다.
④ 가슴 잡이 : 구조대상자가 의식이 있을 때에 가장 많이 사용되는 방법으로 구조대원은 구조대상자의 전방으로 접근하여 오른손을 뻗어 구조대상자의 오른쪽 겨드랑이를 잡아 끌 듯이하며 위로 올린다.

18 방호복에 대한 설명으로 다음 내용과 관계 깊은 것은?

> 위험물질의 비산에 의하여 손상을 입을 수 있는 액체를 다룰 경우 사용한다.

① A급 ② B급
③ C급 ④ D급

19 제독에 대한 설명으로 옳지 않은 것은?

① 신경계 작용물질의 중독은 오염된 의복을 벗고 신선한 공기에 15분 동안 노출하는 것이다.
② 제독소는 Worm Zone 내에 위치하며 경계구역 설정과 동시에 설치하여야 한다.
③ 장비수집소는 Yellow trap 입구에 설치하고 손에 들고 있는 장비를 이곳에 놓도록 한다.
④ 습식제독작업이 끝나면 Green trap으로 이동해서 동료의 도움을 받아 보호복을 벗는다.

20 주요 전염질환 특징에 대한 설명으로 옳지 않은 것은?

  (질병)   (전염경로)   (잠복기)
① 간염 - 혈액, 대변, 오염된 물질: 11~21일
② 백일해 - 호흡기계, 분비물, 공기: 6~20일
③ 이하선염 - 침 또는 침에 오염된 물질: 14~24일
④ 백일해 - 호흡기계 분비물, 공기: 6~20일

21 접촉에 의한 전파에서 피부감염과 관계 깊은 것을 고르시오.

> 뇌수막염, 홍역, 중이염, 수두, 결핵, 농가진, 봉소염, 대상포진, 백일해, 인플루엔자, 이질, A형 간염

① 농가진, 봉소염, 대상포진
② 중이염, 대상포진, 결핵
③ 백일해, 홍역, 뇌수막염
④ 이질, A형 간염, 수두

22 "START분류법에서 환자상태에 따라 3가지 처치제공으로 옳지 않은 것은?

① 기도개방 및 입인두 기도기 삽관
② 맥박확인에 따른 협압 체크
③ 직접압박에 따른 지혈
④ 환자상태에 따른 팔다리거상

23 환자 2차 평가에 대한 설명으로 옳지 않은 것은?

① 2차 평가는 더 자세한 평가를 위해 SAMPLE력, 생체징후, 맥박, 호흡, 혈압, 피부, 동공 등을 평가 하는 것이다.
② 무의식 환자의 호흡수가 10초간 없다면 즉시 포켓마스크나 BVM으로 인공호흡을 시작하고 입인두 또는 코인두기도기 삽관을 고려해야 한다.
③ 피부색의 변화는 순환정도를 나타내며 평가하기 좋은 부분은 손톱, 입술, 아래눈꺼풀이다.
④ 동공이 비대칭일 때는 뇌 산소결핍, 약물남용을 의심할 수 있다.

24 다음은 환자자세의 종류와 적용에 관한 사항으로 옳지 <u>않은</u> 것은?

① 호흡곤란이나 가슴통증 호소 환자는 보통 좌위나 앉은 자세를 취해준다.
② 머리나 척추 손상이 의심되는 환자는 긴 척추고정판으로 고정시킨 후 이송해야 한다.
③ 쇼크환자는 다리를 곧게 편 후 트렌델렌버그 자세로 이송한다.
④ 임신기간이 6개월 이상인 임산부는 좌측위로 이송해야 한다.

25 오염통제구역에 대한 구급활동으로 옳지 <u>않은</u> 것은?

① 텐트 내부는 호스를 이용해 물이나 공기 또는 약품으로 제독할동을 하며 텐트 출구 쪽에는 1회용 옷과 슬리퍼 또는 시트가 준비되어 있다.
② 정맥로 확보 등과 같은 침습성 과정은 오염통제구역에서 실시해야 하며 오염통제구역에서 사용한 구급장비는 안전구역에서 사용해서는 안 된다.
③ 오염통제구역 내 구급처치는 기본인명소생술로 기도, 호흡, 순환(지혈), 경추고정, CPR, 전신중독 평가 및 처치가 포함된다.
④ 오염 통제구역은 오염구역과 안전구역 사이에 위치해 있으며 제독 텐트 및 필요 시 펌프차량 등이 위치해 오염을 통제하는 구역이다.

최단기 소방승진 이패스 소방사관

www.kfs119.co.kr

※ 이 책은 저작권법에 의해 보호를 받는 저작물이므로 무단전재와 복제를 금합니다.
※ 본 교재의 저작권은 이패스코리아에 있습니다.

2025년 소방장 소방승진 제5회

응시번호	
성명	

【시험 과목】

편철순서	제1과목	제2과목	제3과목
과목명	소방법령 II (25문항)	소방법령 III (25문항)	소방전술 (25문항)

응시자 준수사항

☞ 시험지를 받으면 "시험 감독관 또는 방송"의 안내에 따라 다음 사항을 반드시 지켜 주시기 바랍니다.

1. 시험지 표지의 응시번호 및 성명"을 기재하여 주십시오.

2. 시험이 시작되면 시험지의 "편철순서", "페이지 수량", "인쇄 상태"를 반드시 확인한 후에 문제를 푸십시오.
   ※ 본 시험지는 총 16페이지입니다.

3. 시험이 시작되면 문제를 주의 깊게 읽고, 문항의 취지에 가장 적합한 하나의 정답만을 고르십시오. 운영요원에게 문제 내용에 관한 질문은 하실 수 없습니다.

※ 본 시험지는 공개이므로 시험이 종료된 후 가지고 나갈 수 있습니다.

※ 본 표지는 실제 시험지를 모델로 제작되었습니다.

epasskorea

소방장 소방승진

제5회 모의고사

문 항 수 : 75문항
응시시간 : 75분

소방법령 Ⅱ (25문항)

01 「소방기본법」상 위험시설 등에 대한 긴급조치를 할 수 있는 사람을 모두 열거한 것으로 옳은 것은?

① 소방대장
② 소방서장, 소방대장
③ 소방본부장, 소방서장 또는 소방대장
④ 소방청장, 소방본부장, 소방서장 또는 소방대장

02 「소방기본법」및 같은 법 시행령상 손실보상의 내용으로 옳지 않은 것은?

① 강제처분에 따른 처분으로 인하여 손실을 입은 자도 손실보상의 대상이 된다.
② 소방청장 또는 시·도지사는 손실보상심의위원회의 심사·의결에 따라 정당한 보상을 하여야 한다.
③ 손실보상을 청구할 수 있는 권리는 손실이 있음을 안 날부터 3년, 손실이 발생한 날부터 5년간 행사하지 아니하면 시효의 완성으로 소멸한다.
④ 사망자의 보상금액 기준은 「의사상자 등 예우 및 지원에 관한 법률 시행령」에 따라 행정안전부장관이 결정하여 고시하는 보상금에 따른다.

03 「소방기본법 시행규칙」제3조에 소방서의 119종합상황실장이 소방본부의 119종합상황실에 지체 없이 보고해야 하는 상황으로 규정된 것은?

① 사상자가 5인 이상 발생한 화재
② 이재민이 50인 이상 발생한 화재
③ 연면적 1만제곱미터 이상인 공장에서 발생한 화재
④ 항구에 매어둔 총 톤수가 1천톤인 선박에서 발생한 화재

04 「소방기본법」상 5년 이하의 징역 또는 5천만원 이하의 벌금에 처하는 경우에 해당하지 않는 것은?

① 소방자동차의 출동을 방해한 사람
② 위력을 사용하여 출동한 소방대의 화재진압·인명구조 또는 구급활동을 방해하는 행위를 한 사람
③ 소방활동을 위하여 긴급하게 출동할 때 소방활동에 방해가 되는 물건을 제거하거나 이동시키는 것을 방해한 자
④ 정당한 사유 없이 소방용수시설 또는 비상소화장치를 사용하거나 소방용수시설 또는 비상소화장치의 효용을 해치거나 그 정당한 사용을 방해한 사람

05 「소방기본법 시행규칙」상 소방활동장비 및 설비의 규격 및 종류와 기준가격에 관한 내용으로 옳은 것만 고른 것은?

> ㄱ. 소방활동장비 중 화학소방차(고성능)는 240마력 이상일 경우 국고보조대상이 된다.
> ㄴ. 소방활동장비 중 배연차(중형)는 240마력 이상일 경우 국고보조대상이 된다.
> ㄷ. 국고보조산정을 위한 기준가격은 국내조달품의 경우 정부고시가격으로 한다.
> ㄹ. 국고보조산정을 위한 기준가격은 수입물품의 경우 조달청에서 조사한 해외시장의 시가로 한다.
> ㅁ. 국고보조산정을 위한 기준가격은 정부고시가격 또는 조달청에서 조사한 해외시장의 시가가 없는 물품의 경우 2 이상의 공신력 있는 물가조사기관에서 조사한 가격의 평균가격으로 한다.

① ㄱ, ㄴ, ㄷ, ㄹ
② ㄴ, ㄷ, ㄹ, ㅁ
③ ㄷ, ㄹ, ㅁ
④ ㄱ, ㄷ, ㅁ

06 「소방기본법 시행규칙」상 소방력의 동원 요청에 관한 내용으로 동원 요청 시 팩스 또는 전화 등의 방법으로 통지하여야 하는 사항을 고른 것으로 옳은 것은?

> ㄱ. 동원 요청 사실
> ㄴ. 동원을 요청하는 인력 및 장비의 규모
> ㄷ. 소방력 이송 수단 및 집결장소
> ㄹ. 소방활동을 수행하게 될 재난의 피해규모, 진행경로 등 소방활동에 필요한 정보

① ㄱ
② ㄱ, ㄴ
③ ㄱ, ㄴ, ㄷ
④ ㄱ, ㄴ, ㄷ, ㄹ

07 「소방기본법」상 소방산업의 육성·진흥 및 지원 등에 관한 내용으로 옳지 <u>않은</u> 것은?

① 국가는 소방산업의 육성·진흥을 위하여 필요한 계획의 수립 등 행정상·재정상의 지원시책을 마련하여야 한다.
② 국가는 소방산업과 관련된 기술의 개발을 촉진하기 위하여 기술개발을 실시하는 자에게 그 기술개발에 드는 자금의 전부나 일부를 출연하거나 보조할 수 있다.
③ 국가가 기관이나 단체로 하여금 소방기술의 연구·개발사업을 수행하게 하는 경우에는 필요한 경비를 지원하여야 한다.
④ 국가는 소방기술 및 소방산업의 국제경쟁력과 국제적 통용성을 높이기 위하여 소방기술 및 소방산업의 국제 협력을 위한 조사·연구사업을 추진하여야 한다.

08 「소방기본법 시행규칙」상 한국119청소년단의 사업 범위 등에 관한 내용으로 사업의 범위에 해당하는 것을 고른 것으로 옳은 것은?

> ㄱ. 한국119청소년단 단원의 선발·육성과 활동 지원
> ㄴ. 한국119청소년단의 활동·체험 프로그램 개발 및 운영
> ㄷ. 한국119청소년단의 활동과 관련된 학문·기술의 연구·교육 및 홍보
> ㄹ. 한국119청소년단 단원의 교육·지도를 위한 전문인력의 향상교육
> ㅁ. 관련 기관·단체와의 경영 협의

① ㄱ, ㄴ, ㄷ
② ㄱ, ㄷ, ㄹ
③ ㄴ, ㄷ, ㄹ
④ ㄱ, ㄹ, ㅁ

09 「소방기본법 시행령」상 운행기록장치 장착 소방자동차의 범위에 관한 내용으로 운행기록장치를 장착하여야 하는 소장자동차를 고른 것으로 옳은 것은?

> ㄱ. 소방펌프차   ㄴ. 소방물탱크차
> ㄷ. 소방화학차   ㄹ. 소방고가차(消防高架車)
> ㅁ. 유인방수차   ㅂ. 구급차

① ㄱ, ㄴ, ㄷ, ㄹ
② ㄴ, ㄷ, ㄹ, ㅁ
③ ㄱ, ㄷ, ㄹ, ㅁ
④ ㄷ, ㄹ, ㅁ, ㅂ

10 「소방기본법 시행규칙」상 운행기록장치 데이터의 보관, 운행기록장치 데이터 등의 제출, 운행기록장치 데이터의 분석·활용 등에 관한 내용으로 옳지 <u>않은</u> 것은?

① 소방청장, 소방본부장 및 소방서장은 소방자동차 운행기록장치에 기록된 데이터를 6개월 동안 저장·관리해야 한다.
② 소방청장은 소방자동차의 안전한 운행 및 교통사고 예방을 위하여 소방본부장 또는 소방서장에게 운행기록장치 데이터 및 그 분석 결과 등 관련 자료의 제출을 요청할 수 있다.
③ 소방본부장 또는 소방서장은 자료의 제출을 요청받은 경우에는 소방청장 또는 소방본부장에게 해당 자료를 제출해야 한다.
④ 소방청장 또는 소방본부장은 운행기록장치 데이터 중 과속, 급감속, 급출발 등의 운행기록을 점검·분석해야 한다.

11 「소방기본법 시행령」상 손실보상심의위원회 위원의 제척·기피·회피에 관한 내용으로 제척 대상에 해당하는 경우를 구른 것으로 옳은 것은?

ㄱ. 위원 또는 그 배우자나 배우자였던 사람이 심의 안건의 청구인인 경우
ㄴ. 위원이 심의 안건의 청구인과 친족이거나 친족이었던 경우
ㄷ. 위원이 심의 안건에 대하여 증언, 진술, 자문, 용역 또는 감정을 한 경우
ㄹ. 위원에게 공정한 심의·의결을 기대하기 어려운 사정이 있는 경우

① ㄱ, ㄴ, ㄷ
② ㄱ, ㄴ, ㄹ
③ ㄱ, ㄷ, ㄹ
④ ㄴ, ㄷ, ㄹ

12 「소방기본법 시행령」상 과태료 부과기준에 관한 내용으로 괄호 안에 들어갈 단어로 옳은 것은?

1. 일반기준
가. 위반행위의 횟수에 따른 과태료의 가중된 부과기준은 최근 (㉠) 같은 위반행위로 과태료 부과처분을 받은 경우에 적용한다. 이 경우 기간의 계산은 위반행위에 대하여 (㉡)과 그 처분 후 다시 같은 위반행위를 하여 적발된 날을 기준으로 한다.

2. 개별기준

위반행위	근거 법조문	과태료 금액(만원)		
		1회	2회	3회 이상
법 제21조의2제2항을 위반하여 전용구역에 차를 주차하거나 전용구역에의 진입을 가로막는 등의 방해행위를 한 경우	법 제56조 제3항	(㉢)	(㉣)	(㉤)

	㉠	㉡	㉢	㉣	㉤
①	1년간	위반이 적발된 날	50	100	150
②	1년간	과태료 부과처분을 받은 날	50	100	100
③	3년간	위반이 적발된 날	50	100	100
④	3년간	과태료 부과처분을 받은 날	100	150	200

13 「화재의 예방 및 안전관리에 관한 법률」 및 같은 법 시행령 상 화재예방강화지구 화재안전조사에 설명으로 옳지 않은 것은?

① 소방관서장은 대통령령으로 정하는 바에 따라 화재예방강화지구 안의 소방대상물의 위치·구조 및 설비 등에 대하여 화재안전조사를 연 1회 이상 실시할 수 있다.
② 소방관서장은 화재예방강화지구 안의 관계인에 대하여 대통령령으로 정하는 바에 따라 소방에 필요한 훈련 및 교육을 실시할 수 있다.
③ 소방관서장은 소방에 필요한 훈련 및 교육을 실시하려는 경우에는 화재예방강화지구 안의 관계인에게 훈련 또는 교육 10일 전까지 그 사실을 통보해야 한다.
④ 시·도지사는 화재예방 강화를 위하여 필요한 사항 등을 행정안전부령으로 정하는 화재예방강화지구 관리대장에 작성하고 관리해야 한다.

14 「화재의 예방 및 안전관리에 관한 법률 시행령」상 기체연료를 사용하는 보일러의 경우 준수사항으로 적절하지 않은 것은?

① 연료를 공급하는 배관은 금속관으로 할 것
② 화재 등 긴급 시 연료를 차단할 수 있는 개폐밸브를 연료용기 등으로부터 0.5미터 이내에 설치할 것
③ 보일러가 설치된 장소에는 가스누설경보기를 설치할 것
④ 보일러에 연료를 공급하는 배관에는 여과장치를 설치할 것

15 「화재의 예방 및 안전관리에 관한 법률 시행령」상 특수가연물의 저장·취급 기준에 관한 설명이다. ( ) 안에 적절한 것은? (석탄·목탄류를 발전용으로 저장하는 경우는 제외)

> 살수설비를 설치하거나 방사능력 범위에 해당 특수가연물이 포함되도록 대형수동식소화기를 설치하는 경우, 쌓는 높이는 (ㄱ)미터 이하, 쌓는 부분의 바닥면적은 (ㄴ)제곱미터[석탄·목탄류의 경우에는 (ㄷ)제곱미터] 이하가 되도록 할 것

	ㄱ	ㄴ	ㄷ
①	15	150	200
②	15	200	300
③	10	150	200
④	10	200	300

16 「화재의 예방 및 안전관리에 관한 법률」 및 같은 법 시행령 상 화재안전영향평가심의회에 관한 설명으로 옳지 않은 것은?

① 심의회는 위원장 1명을 포함한 12명 이내의 위원으로 구성한다.
② 위원은 화재안전과 관련되는 법령이나 정책을 담당하는 관계 기관의 소속 직원으로서 대통령령으로 정하는 사람 및 소방기술사 등 대통령령으로 정하는 화재안전과 관련된 분야의 학식과 경험이 풍부한 전문가로서 소방청장이 위촉한 사람으로 한다.
③ 심의회의 업무를 효율적으로 수행하기 위하여 심의회에 분야별로 전문위원회를 둘 수 있다.
④ 시행령에서 규정한 사항 외에 심의회의 운영 등에 필요한 사항은 행정안전부령으로 정한다.

17 「화재의 예방 및 안전관리에 관한 법률」 및 같은 법 시행령상 특정소방대상물의 관계인 등의 의무에 대한 설명으로 옳지 않은 것은?

① 소방안전관리대상물의 관계인은 소방안전관리자가 소방안전관리업무를 성실하게 수행할 수 있도록 지도·감독하여야 한다.
② 소방안전관리자는 인명과 재산을 보호하기 위하여 소방시설·피난시설·방화시설 및 방화구획 등이 법령에 위반된 것을 발견한 때에는 지체 없이 소방안전관리대상물의 관계인에게 소방대상물의 개수·이전·제거·수리 등 필요한 조치를 할 것을 요구하여야 하며, 관계인이 시정하지 아니하는 경우 소방청장에게 그 사실을 알려야 한다.
③ 소방안전관리자로부터 조치요구 등을 받은 소방안전관리대상물의 관계인은 지체 없이 이에 따라야 하며, 이를 이유로 소방안전관리자를 해임하거나 보수의 지급을 거부하는 등 불이익한 처우를 하여서는 아니 된다.
④ 소방청장, 소방본부장 또는 소방서장은 관계인 등의 소방안전관리 업무 수행에 관한 사항에 대하여 화재안전조사를 실시한다.

18 「화재의 예방 및 안전관리에 관한 법률 시행령」상 시행계획의 수립·시행 및 세부시행계획의 수립·시행에 관한 내용으로 괄호 안에 들어갈 단어로 옳은 것은?

> 가. 소방청장은 기본계획을 시행하기 위한 계획을 계획 시행 전년도 (㉠)까지 수립해야 한다.
> 나. 소방청장은 관계 중앙행정기관의 장과 특별시장·광역시장·특별자치시장·도지사 또는 특별자치도지사에게 기본계획 및 시행계획을 각각 계획 시행 전년도 (㉡)까지 통보해야 한다.
> 다. 통보를 받은 관계 중앙행정기관의 장 및 시·도지사는 세부시행계획을 수립하여 계획 시행 전년도 (㉢)까지 소방청장에게 통보해야 한다.

	㉠	㉡	㉢
①	10월 31일	12월 31일	12월 31일
②	10월 31일	11월 30일	11월 30일
③	10월 31일	11월 30일	12월 31일
④	10월 31일	10월 31일	12월 31일

19 「소방시설의 설치 및 관리에 관한 법률 시행령」상 소방시설의 분류로 옳지 않은 것은 몇 개인가?

> ㄱ. 소화용수설비 : 상수도소화용수설비, 연결송수관설비
> ㄴ. 소화활동설비 : 연소방지설비, 비상콘센트설비
> ㄷ. 경보설비 : 무선통신보조설비, 자동화재속보설비
> ㄹ. 피난구조설비 : 완강기, 휴대용비상조명등
> ㅁ. 소화설비 : 소화수조·저수조, 가스자동소화장치

① 1개 ② 2개
③ 3개 ④ 4개

20 「소방시설의 설치 및 관리에 관한 법률 시행령」상 수용인원 산정방법으로 옳은 것은?

① 침대가 없는 숙박시설은 해당 특정소방대상물의 종사자 수에 숙박시설 바닥면적의 합계를 1.9㎡로 나누어 얻은 수를 합한 수로 한다.
② 강의실 용도로 쓰는 특정소방대상물은 해당 용도로 사용하는 바닥면적의 합계를 3㎡로 나누어 얻은 수로 한다.
③ 종교시설의 경우 긴 의자의 경우에는 의자의 정면너비를 0.45m로 나누어 얻은 수로 한다.
④ 바닥면적을 산정할 때에는 복도, 계단 및 화장실의 바닥면적을 포함한다.

21 「소방시설의 설치 및 관리에 관한 법률 시행령」상 비상조명등을 설치해야 하는 특정소방대상물에 해당하지 않은 것은? (창고시설 중 창고 및 하역장, 위험물 저장 및 처리 시설 중 가스시설 및 사람이 거주하지 않거나 벽이 없는 축사 등 동물 및 식물 관련 시설은 제외)

① 터널로서 그 길이가 500m 이상인 것
② 지하층을 포함하는 층수가 5층 이상인 건축물로서 연면적 3천㎡ 이상인 경우에는 모든 층
③ 지하층을 포함하는 층수가 5층 이상인 건축물로서 연면적 3천㎡ 이상인 경우에 해당하지 않은 특정소방대상물로서 그 지하층 또는 무창층의 바닥면적이 450㎡ 이상인 경우에는 해당 층
④ 수용인원 100명 이상의 영화상영관, 판매시설 중 대규모점포, 철도 및 도시철도 시설 중 지하역사, 지하상가

22 「소방시설의 설치 및 관리에 관한 법률 시행령」상 임시소방시설을 설치해야 하는 공사의 종류와 규모에 관한 설명으로 옳지 않은 것은?

① 간이소화장치는 연면적 2천㎡ 이상인 공사의 화재위험작업현장에 설치한다.
② 비상경보장치는 연면적 400㎡ 이상인 공사의 화재위험작업현장에 설치한다.
③ 가스누설경보기는 바닥면적이 150㎡ 이상인 지하층 또는 무창층의 화재위험작업현장에 설치한다.
④ 간이피난유도선은 바닥면적이 150㎡ 이상인 지하층 또는 무창층의 화재위험작업현장에 설치한다.

23 「소방시설의 설치 및 관리에 관한 법률 시행령」상 건축허가등을 할 때 규모와 관계없이 소방본부장 또는 소방서장의 동의를 받아야 하는 시설은?

① 학교시설   ② 주차시설
③ 방송용 송수신탑   ④ 노유자 시설

24 「소방시설 설치 및 관리에 관한 법률 시행규칙」상 신고된 성능위주설계에 대한 검토·평가에 관한 내용으로 옳지 않은 것은?

① 성능위주설계의 신고를 받은 소방서장은 필요한 경우 보완 절차를 거쳐 소방청장 또는 관할 소방본부장에게 성능위주설계 평가단의 검토·평가를 요청해야 한다.
② 검토·평가를 요청받은 소방청장 또는 소방본부장은 요청을 받은 날부터 20일 이내에 평가단의 심의·의결을 거쳐 해당 건축물의 성능위주설계를 검토·평가하고, 성능위주설계 검토·평가 결과서를 작성하여 관할 소방서장에게 지체 없이 통보해야 한다.
③ 성능위주설계 신고를 받은 소방서장은 신기술·신공법 등 검토·평가에 고도의 기술이 필요한 경우에는 중앙위원회에 심의를 요청할 수 있다.
④ 중앙위원회는 요청된 사항에 대하여 14일 이내에 심의·의결을 거쳐 성능위주설계 검토·평가 결과서를 작성하고 관할 소방서장에게 지체 없이 통보해야 한다.

25 「소방시설 설치 및 관리에 관한 법률」 및 같은 법 시행령 상 소방시설기준 적용의 특례 및 강화된 소방시설기준의 적용대상에 관한 내용으로 강화된 소방시설기준의 적용대상에 해당하는 것을 고른 것으로 옳은 것은?

> ㄱ. 「국토의 계획 및 이용에 관한 법률」 제2조 제9호에 따른 공동구에 설치하는 소화기, 자동소화장치, 자동화재탐지설비, 통합감시시설, 유도등 및 연소방지설비
> ㄴ. 전력 및 통신사업용 지하구에 설치하는 소화기, 자동소화장치, 자동화재탐지설비, 통합감시시설, 유도등 및 연소방지설비
> ㄷ. 노유자 시설에 설치하는 스프링클러설비, 자동화재탐지설비 및 단독경보형 감지기
> ㄹ. 의료시설에 설치하는 간이스프링클러설비, 화재조기진압용 스프링클러설비, 자동화재탐지설비 및 자동화재속보설비

① ㄱ, ㄴ
② ㄱ, ㄴ, ㄷ
③ ㄴ, ㄷ, ㄹ
④ ㄱ, ㄴ, ㄷ, ㄹ

소방법령 III (25문항)

01 「위험물안전관리법 시행령」상 제5류 위험물의 품명을 다음 <보기>에서 모두 고른 것은?

<보기>
ㄱ. 유기과산화물   ㄴ. 하이드라진
ㄷ. 유기금속화합물 ㄹ. 나이트로소화합물
ㅁ. 염소화규소화합물 ㅂ. 무기과산화물

① ㄱ
② ㄱ, ㄹ
③ ㄱ, ㄴ, ㄹ
④ ㄱ, ㄴ, ㄹ, ㅁ

02 「위험물안전관리법」상 예방규정의 이행 실태 평가에 대한 설명으로 옳지 않은 것은?

① 평가는 최초평가·정기평가 또는 수시평가로 구분한다.
② 소방청장은 제조소등의 위험성 등을 고려하여 서면점검 또는 현장검사의 방법으로 실시할 수 있다.
③ 평가를 실시하는 경우 평가실시일 20일 전까지(수시평가의 경우에는 7일 전까지를 말한다) 제조소등의 관계인에게 평가실시일, 평가항목 및 세부 평가일정에 관한 사항을 통보해야 한다.
④ 예방규정의 이행 실태 평가를 완료한 때에는 그 결과를 해당 제조소등의 관계인에게 통보해야 한다.

03 「위험물안전관리법」상 위험물 안전관리에 관한 협회에 관한 내용으로 옳은 것은?

① 협회는 소방청장의 인가를 받아 주된 소방청에 설립등기를 함으로써 성립한다.
② 협회에 관하여 이 법에서 규정한 것 외에는 「민법」중 재단법인에 관한 규정을 준용한다.
③ 협회를 설립하려면 제조소등의 관계인 등 5명 이상이 발기인이 되어 정관을 작성한 후 창립총회의 의결을 거쳐 소방청장에게 허가를 신청해야 한다.
④ 회의 정관에는 회원의 가입·탈퇴 및 회비에 관한 사항도 포함되어야 한다.

04 「위험물안전관리법 시행규칙」상 제3류, 제4류, 제5류 위험물 중 인화성이 있는 액체(이황화탄소를 제외한다)의 옥외탱크저장소의 주위에 설치하는 방유제의 설치기준으로 옳지 않은 것은?

① 방유제는 높이 0.3m 이상 3m 이하로 할 것
② 방유제 내의 면적은 8만㎡ 이하로 할 것
③ 방유제 내의 간막이 둑은 흙 또는 철근콘크리트로 할 것
④ 높이가 1m를 넘는 방유제 및 간막이 둑의 안팎에는 방유제 내에 출입하기 위한 계단 또는 경사로를 약 50m마다 설치할 것

05 「위험물안전관리법 시행규칙」상 이동탱크저장소의 이동저장탱크 구조에 관한 설명이다. ( ) 안에 들어갈 내용으로 옳은 것은?

이동저장탱크는 그 내부에 (ㄱ) L 이하마다 (ㄴ)mm 이상의 강철판 또는 이와 동등 이상의 강도·내열성 및 내식성이 있는 금속성의 것으로 칸막이를 설치하여야 한다.

	ㄱ	ㄴ
①	3,000	1.6
②	4000	1.6
③	3000	3.2
④	4000	3.2

06 「위험물안전관리법 시행규칙」상 제조소등의 완공검사 신청시기로 옳지 않은 것은?

① 이동탱크저장소에 대한 완공검사는 상치장소를 확보하기 전에 이동저장탱크를 먼저 완공검사
② 지하탱크가 있는 제조소등의 경우 해당 지하탱크를 매설하기 전
③ 전체 공사가 완료된 후에는 완공검사를 실시하기 곤란한 경우로서 배관을 지하에 설치하는 경우에는 소방서장 또는 기술원이 지정하는 부분을 매몰하기 직전
④ 전체 공사가 완료된 후에는 완공검사를 실시하기 곤란한 경우로서 위험물설비 또는 배관의 설치가 완료되어 기밀시험 또는 내압시험을 실시하는 시기

07 「위험물안전관리법 시행규칙」상 탱크안전성능검사의 신청시기로 옳지 않은 것은?

① 기초·지반검사 : 위험물탱크의 기초 및 지반에 관한 공사의 개시 전
② 충수·수압검사 : 위험물을 저장 또는 취급하는 탱크에 배관 그 밖의 부속설비를 부착 전
③ 용접부검사 : 탱크 본체에 관한 공사의 개시 전
④ 암반탱크검사 : 암반탱크의 주변에 관한 공사의 개시 전

08 「위험물안전관리법 시행규칙」상 소화설비의 설치기준에 대한 내용으로 옳지 않은 것은?

① 소화설비의 설치 대상이 되는 건축물 그 밖의 공작물의 규모 또는 위험물의 양의 기준단위를 소요단위라 한다.
② 옥내소화전 수원의 수량은 옥내소화전이 가장 많이 설치된 층의 옥내소화전 설치개수(설치개수가 5개 이상인 경우는 5개)에 7.8㎥를 곱한 양 이상이 되도록 설치할 것
③ 옥외소화전 수원의 수량은 옥외소화전의 설치개수(설치개수가 2개 이상인 경우는 2개의 옥외소화전)에 13.5㎥를 곱한 양 이상이 되도록 설치할 것
④ 제조소등에 전기설비(전기배선, 조명기구 등은 제외한다)가 설치된 경우에는 당해 장소의 면적 100㎡마다 소형수동식소화기를 1개 이상 설치할 것

09 「위험물안전관리법 시행규칙」상 제조소의 채광·조명·환기 및 배출설비에 대한 설명으로 옳은 것은?

① 조명설비의 점멸스위치는 빗물에 의한 스파크 방지를 위해 출입구 안쪽에 설치할 것
② 배출설비의 급기구는 낮은 곳에 설치하고, 배출구는 지상 4m 이상으로서 연소의 우려가 없는 장소에 설치한다.
③ 환기설비의 급기구 크기는 바닥면적이 90㎡ 이상 120㎡ 미만인 경우 450㎠ 이상으로 할 것.
④ 배출설비의 배풍기는 옥내덕트의 내압이 대기압 이하가 되지 아니하는 위치에 설치할 것

10 다음 <보기>에서 「위험물안전관리법 시행규칙」상 제조소등 행정처분기준에서 차시별 행정처분이 같은 것을 모두 고르시오

<보기>
가. 정기점검을 하지 아니하거나 점검기록을 허위로 작성한 관계인으로서 제조소등 설치허가(허가 면제 또는 협의로서 허가를 받은 경우 포함)를 받은 자
나. 제조소등의 완공검사를 받지 아니하고 위험물을 저장·취급한 자
다. 정기검사를 받지 아니한 관계인으로서 제조소등 설치허가를 받은 자
라. 위험물 제조소등 사용중지 대상에 대한 안전조치 이행명령을 따르지 아니한 자
마. 위험물안전관리자 대리자를 지정하지 아니한 관계인으로서 위험물 제조소등 설치 허가를 받은 자

① 가, 나, 다, 라
② 나, 다
③ 가, 다, 마
④ 가, 마

11 다음 <보기>에서 「위험물안전관리법령」상 각종 규제 대상에 대한 내용이다. 옳은 것을 모두 고르시오.

<보기>
가. 질산염류 5만 킬로그램을 저장하는 옥내저장소는 예방규정을 정하여 제출해야 한다.
나. 지하탱크저장소의 관계인은 기술기준에 적합한지의 여부를 정기적으로 점검하고 점검결과를 기록하여 보존하여야 한다.
다. 액체위험물을 저장 또는 취급하는 50만 리터 이상의 옥외탱크저장소의 관계인은 소방본부장 또는 소방서장으로부터 기술기준에 적합하게 유지되고 있는지의 여부에 대하여 정기적으로 검사를 받아야 한다.
라. 소방청장은 예방규정을 정하여 제출해야 하는 제조소등 가운데 저장 또는 취급하는 위험물의 최대수량의 합이 지정수량의 3천배 이상인 제조소등에 대하여 행정안전부령으로 정하는 바에 따라 예방규정의 이행 실태를 정기적으로 평가할 수 있다.

① 가, 나, 다, 라
② 나, 다, 라
③ 가, 다,
④ 나, 라

12 「위험물안전관리법 시행규칙」상 이송취급소의 위치·구조 및 설비에 관한 기준 중 괄호 안에 들어갈 내용으로 옳은 것은?

> 가. 이송취급소의 배관을 지하에 매설하는 경우 배관의 외면과 지표면과의 거리는 산이나 들에 있어서는 (ㄱ)m 이상, 그 밖의 지역에 있어서는 (ㄴ)이상으로 할 것.
> 나. 이송취급소의 내압시험의 배관 등은 최대 상용압력의 (ㄷ)배 이상의 압력으로 (ㄹ)시간 이상 수압을 가하여 누설 그 밖의 이상이 없을 것.

	ㄱ	ㄴ	ㄷ	ㄹ
①	0.6	0.9	1.1	10
②	0.9	0.6	1.5	2
③	1.2	0.9	1.1	3
④	0.9	1.2	1.25	4

13 「위험물안전관리법령」상 과태료 처분에 해당하는 경우는?

① 제조소등의 사용정지명령을 위반한 자
② 탱크시험자에 대한 감독상 명령에 따르지 아니한 자
③ 무허가장소의 위험물에 대한 조치명령에 따르지 아니한 자
④ 제조소등의 관계인은 해당 제조소등이 금연구역임을 알리는 표지를 설치하지 아니하여 일정기간을 정하여 시정명령을 하였음에도 이를 따르지 아니한 자

14 「다중이용업소의 안전관리에 관한 특별법 시행령」상 다중이용업소에 대하여 화재예방, 화재감지·경보, 피난, 소화설비, 건축방재등의 항목별로 소방청장이 정하여 고시하는 기준을 갖추었는지에 대하여 평가한 점수를 무엇이라 하는가?

① 화재유발지수 ② 위험점수
③ 화재안전점수 ④ 평가점수

15 「다중이용업소의 안전관리에 관한 특별법」상 다중이용업소의 소방안전관리 업무에서 다중이용업주가 수행해야 하는 내용과 다른 것은?

① 피난시설, 방화구획 및 방화시설의 관리
② 화기(火氣) 취급의 감독
③ 소방시설이나 그 밖의 소방 관련 시설의 관리
④ 소방계획서 작성 및 시행

16 「다중이용업소의 안전관리에 관한 특별법」 및 같은 법 시행령 상 '밀폐구조의 영업장'에 대한 용어의 정의이다. ( )에 들어갈 내용으로 옳게 나열한 것은?

> (ㄱ)에 있는 다중이용업소의 영업장 중 채광·환기·통풍 및 (ㄴ) 등이 용이하지 못한 구조로 되어 있으면서 대통령령으로 정하는 기준에 해당하는 영업장으로서 개구부의 면적의 합계가 영업장으로 사용하는 바닥면적의 (ㄷ) 이하가 되는 것을 말한다.

	ㄱ	ㄴ	ㄷ
①	지하층	피난	30분의1
②	지하층	소화활동	80분의1
③	지상층	피난	30분의1
④	지상층	소화활동	80분의1

17 「다중이용업소의 안전관리에 관한 특별법 시행규칙」상 다중이용업소에 안전시설등의 설치신고 시 제출해야 하는 서류에 해당하지 않는 것은?

① 소방시설설계업자가 작성한 안전시설등의 설계도서
② 안전시설등 설치명세서
③ 전기안전점검 확인서 등 전기설비의 안전진단을 증빙할 수 있는 서류
④ 구획된 실의 세부용도 등이 표시된 영업장의 평면도

18 다음 중 층수, 수용인원, 영업장의 면적과 관계없이 다중이용업소에 해당하는 것은?

① 제과점영업
② 고시원업
③ 목욕장업
④ 학원

19 「다중이용업소의 안전관리에 관한 특별법 시행령」상 안전관리 기본계획 수립지침에 포함시켜야 할 내용을 모두 고르시오

> 가. 화재 등 재난 발생 경감대책으로 화재피해 원인조사 및 분석
> 나. 다중이용업소의 안전관리에 관한 기본 방향
> 다. 화재 등 재난 발생 경감대책으로 화재 등 재난 발생에 대비한 교육·훈련과 예방에 관한 홍보
> 라. 화재 등 재난 발생을 줄이기 위한 중·장기 대책으로 소관법령 및 관련기준의 정비
> 마. 다중이용업소 밀집 지역의 소방시설 설치, 유지·관리와 개선계획

① 가, 나, 다, 라, 마
② 가, 나, 마
③ 가, 다, 라
④ 나, 라, 마,

20 「다중이용업소의 안전관리에 관한 특별법」상 따른 보험회사가 보험요율 차등 적용하는 경우 고려해야 할 사항 중 옳은 것을 모두 고르시오.

> 가. 해당 다중이용업소가 속한 업종의 화재발생 빈도
> 나. 해당 다중이용업소의 영업장의 구획실 수
> 다. 화재위험평가 결과
> 라. 공개된 법령위반업소에 해당하는지 여부
> 마. 소방안전교육 이수 여부

① 나, 다, 마   ② 가, 다, 라
③ 라   ④ 가, 나, 다, 라, 마

21 「다중이용업소의 안전관리에 관한 특별법 시행규칙」상 소방청장은 관계 중앙행정기관의 장과 미리 협의를 거쳐 화재위험평가결과 화재안전등급이 D등급 또는 E등급에 해당하거나 화재발생시 인명피해가 발생할 우려가 높은 불특정다수인이 출입하는 영업중 키즈카페업에 해당하지 않은 것은?

① 기타 유원시설업으로서 실내공간에서 13세 미만의 어린이에게 놀이를 제공하는 영업
② 실내에 어린이에게 놀이를 제공하는 것을 업으로 하는 자의 영업소로서 어린이놀이시설을 갖춘 영업
③ 휴게음식점영업으로서 실내공간에서 어린이에게 놀이를 제공하고 부수적으로 음식류를 판매·제공하는 영업
④ 도서의 열람, 휴식공간 등을 제공할 목적으로 실내에 다수의 구획된 실(室)을 만들거나 입체 형태의 구조물을 설치한 영업

22 「다중이용업소의 안전관리에 관한 특별법 시행규칙」상 화재위험평가대행자를 하려는 경우 등록신청 등에 대한 내용으로 옳지 않은 것은?

① 병력(病歷) 신고 및 개인정보 이용 동의서를 소방청장에게 제출해야 한다.
② 병력(病歷) 신고 및 개인정보 이용 동의서를 제출받은 소방청장은 국민건강보험공단 등 관계기관에 치료경력의 조회를 요청할 수 있다.
③ 소방청장은 동의서의 기재내용 또는 관계기관의 조회결과를 확인하여 필요한 경우 화재위험평가를 대행하려는 자에게 심신상실자, 알코올 중독자 등 대통령령으로 정하는 정신적 제약이 있는 자가 아님을 증명하는 해당 분야 전문의의 진단서 또는 소견서(제출일 기준 3개월 이내에 발급된 서류에 한정 한다)를 제출하도록 요청할 수 있다.
④ 등록신청이 적합하다고 인정되는 경우에는 등록신청을 받은 날부터 30일 이내에 화재위험평가대행자 등록증을 발급하고, 대장에 기록하고 관리해야 한다.

23 「다중이용업소의 안전관리에 관한 특별법 시행령」상 이행강제금 부과 기준의 다음 <보기>에서 1,000만 원의 이행강제금을 부과하는 위반행위를 모두 고르시오.

<보기>
가. 안전시설등을 고장상태로 방치하여 보완 등 필요한 조치명령을 위반한 경우
나. 안전시설등을 설치하지 않아 설치 등 필요한 조치명령을 위반한 경우
다. 실내장식물에 대한 교체 또는 제거 등 필요한 조치 명령을 위반한 경우
라. 영업장의 내부구획에 대한 보완 등 필요한 조치 명령을 위반한 경우
마. 다중이용업소의 사용금지 또는 제한 명령을 위반한 경우
바. 다중이용업소의 개수·이전 또는 제거 명령을 위반한 경우

① 가, 나, 다, 라
② 나, 다, 라, 마
③ 나, 다, 라
④ 나, 다, 라, 바

24 「다중이용업소의 안전관리에 관한 특별법 시행령」상 다중이용업소에서 화재로 인하여 사망한 사람이 발생한 경우 피해자 1명당 보험금액으로 옳은 것은?

① 피해자 1명당 5천만 원의 범위에서 피해자에게 발생한 손해액을 지급할 것
② 피해자 1명당 1억원의 범위에서 피해자에게 발생한 손해액을 지급할 것
③ 피해자 1명당 1억5천만 원의 범위에서 피해자에게 발생한 손해액을 지급할 것
④ 피해자 1명당 2억 원의 범위에서 피해자에게 발생한 손해액을 지급할 것

25 「다중이용업소의 안전관리에 관한 특별법 시행규칙」상 다중이용업소의 피난안내도 비치 대상 등에 대한 설명으로 옳지 <u>않은</u> 것은?

① 영업장으로 사용하는 바닥면적의 합계가 33제곱미터 이하인 경우 피난안내도를 비치하지 않을 수 있다.
② 피난안내도 및 피난안내 영상물에는 심폐소생술등 응급처치요령도 포함되어야 한다.
③ 피난안내도의 크기는 B4(257mm × 364mm) 이상의 크기로 하여야 한다. 다만, 각 층별 영업장의 면적 또는 영업장이 위치한 층의 바닥면적이 각각 400㎡ 이상인 경우에는 A3(297mm×420mm) 이상의 크기로 하여야 한다.
④ 피난안내도 및 피난안내 영상물에 사용하는 언어는 한글 및 1개 이상의 외국어를 사용하여 작성하여야 한다.

소방전술 (25문항)

01 붕괴위험성 평가에서 연결이 바르게 된 것은?

① 내화조 : 지붕 위에 올라가 소방 활동을 하는 것은 극히 위험하며, 안전한 배연방법으로 수평배연 기법이 필요
② 준내화조 : 내부 바닥 층의 갈라짐, 휘어짐, 갈라진 콘크리트 틈새로 상승하는 불꽃과 연기를 발견했다면 이것은 붕괴 신호라는 것을 인식
③ 중량목구조 : 수직하중에는 강하지만 수평으로 주어진 하중은 벽체를 쉽게 무너지게 한다.
④ 경량 목구조 : 3~4개의 벽체가 동시에 붕괴되는 유일한 건물 유형이므로 진압활동 중 진압대원들이 매몰될 가능성이 가장 높다.

02 위험물의 분류에 관한 내용으로 옳지 않은 것은?

① 제1석유류라 함은 아세톤, 휘발유, 그 밖에 1기압에서 인화점이 섭씨 21도 미만의 것을 말한다.
② "금속분"이라 함은 알칼리금속·알칼리토류금속·철 및 마그네슘외의 금속의 분말을 말하고, 구리분·니켈분 및 150마이크로미터의 체를 통과하는 것이 50중량퍼센트 미만인 것을 말한다.
③ "인화성액체"라 함은 액체(제3석유류, 제4석유류 및 동식물유류에 있어서는 1기압과 섭씨 20도에서 액상인 것에 한한다)로서 인화의 위험성이 있는 것을 말한다.
④ "특수인화물"이라 함은 이황화탄소, 디에틸에테르 그 밖에 1기압에서 발화점이 섭씨 100도 이하인 것 또는 인화점이 섭씨 영하 20도 이하이고 비점이 섭씨 40도 이하인 것을 말한다.

03 플래시오버 대응전술에 대한 설명으로 옳은 것은?

① Back draft 현상이 관찰되며 일정공간 내에서의 전면적인 자유연소현상이다.
② 목조건축물에서는 보통 화재발생으로부터 약 20~30분경에 발생한다.
③ 이동식 소화기 혹은 관창호스에 의해 진압해야 한다.
④ Flashover가 발생하고 나면 공간 내 내용물 화재에서 구조물 화재로 전환됨을 의미하는데, 이것은 건물 붕괴 위험의 전조현상임을 나타낸다.

04 위험예지훈련 진행사항으로서 순서를 바르게 나열한 것은?

| ㉠ 어떠한 위험이 잠재하고 있는가 |
| ㉡ 이것이 위험의 요점이다 |
| ㉢ 우리들은 이렇게 한다 |
| ㉣ 당신이라면 어떻게 할 것인가 |

① ㉠-㉡-㉣-㉢
② ㉡-㉠-㉣-㉢
③ ㉠-㉡-㉢-㉣
④ ㉢-㉠-㉣-㉡

05 다음은 일반대원 출동요령으로써 지휘관의 지시와 관계있는 위치로 옳은 것은?

지령내용수신-(ⓐ)-화재상황추정-(ⓑ)-방화복 등 착용-(ⓒ)-승차-(ⓓ)-출동

① ⓐ, ⓒ
② ⓐ, ⓓ
③ ⓑ, ⓒ
④ ⓑ, ⓓ

06 소방차 방수정지의 진행순서로서 옳은 것은?

ⓐ 운전석에 승차하여 클러치 페달을 밟고 P.T.O 작동을 정지시킨다.
ⓑ 엔진 회전(RPM) 조절기를 조작하여 소방펌프 회전속도를 낮춘다.
ⓒ 클러치 페달을 서서히 놓는다. 엔진소리가 바뀌는가 확인하고 펌프 회전이 정지 되었는가 확인한다.
ⓓ 방수밸브를 서서히 잠근 후 흡수구 밸브도 닫힘 위치로 조작한다.
ⓔ 배수밸브를 개방하고 배관 내 물이 배수되는지 확인한다.

① ⓑ – ⓓ – ⓐ – ⓒ – ⓔ
② ⓐ – ⓓ – ⓑ – ⓒ – ⓔ
③ ⓓ – ⓑ – ⓐ – ⓒ – ⓔ
④ ⓒ – ⓓ – ⓐ – ⓒ – ⓔ

07 다음은 현장지휘권 확립 8단계 내용으로 순서를 바르게 나열한 것은?

㉠ 지휘소가 설치되어 있다면 그곳을 활용하고, 아니면, 가능한 지휘소를 설치 운영한다.
㉡ 화재 현장의 의사결정에서 가장 중요한 것 중 하나는 화재가 더 이상 지역 사회에 위협이 되지 않는 시점을 결정하고 선언하는 것이다.
㉢ 지휘권 확립은 현장에 도착한 즉시 무전으로 자신이 지휘를 하게 된다.
㉣ 화재 발생 지점과 발화원인을 조사하는 것은 지휘관의 책임 중의 하나이다.
㉤ 가능한 한 신속하게 현장에 도착하기 전에 선착한 현장지휘관과 연락하여 현재까지의 상황정보를 파악한다.

① ㉢-㉠-㉤-㉡-㉣
② ㉠-㉢-㉤-㉡-㉣
③ ㉡-㉠-㉤-㉢-㉣
④ ㉢-㉠-㉤-㉣-㉡

08 짙은 연기 내 진입 요령으로 옳지 않은 것은?

① 어두운 곳에 진입 할 때 는 조명기구로 발밑을 조명하면서 자세를 낮추고 벽체 등을 따라 진입한다.
② 화점실 등의 문을 개방하는 경우에는 화염의 분출 등에 의한 위험을 피하기 위해 문의 측면에 위치해 엄호방수 태세를 취하면서 서서히 문을 개방한다.
③ 화점층에서 화염이 스팬드럴 보다 높게 나올 때는 창의 개방에 의해서 화염이나 연기가 실내에 유입되는 경우가 있으므로 천천히 개방한다.
④ 직상층에 진입하는 경우에는 창을 최대한 개방하고 실내의 연기를 배출 한다.

09 대원에 대한 엄호방수에 대한 설명으로 옳지 않은 것은?

① 강렬한 복사열로부터 대원을 방호할 때는 열원과 대원 사이에 분무방수를 행한다.
② 관창각도는 60~70도로 하고 관창수 스스로가 차열을 필요로 할 때는 70~90도로 한다.
③ 복사열이 강한 장소에서 분무방수 작업 시 할 수 있다.
④ 관창압력 0.6Mpa정도로 분무방수를 한다.

10 공기호흡기의 압력조정기 고장 및 유지관리에 관한 설명으로 옳지 않은 것은?

① 충격이나 이물질로 인해서 고장이 발생할 수 있으나 면체 좌측의 바이패스 밸브를 열어 공기를 직접 공급해줄 수 있다.
② 바이패스 밸브는 평소 쉽게 열리지만 압력이 걸리면 개폐가 용이하지 않다.
③ 고압용기에 충전된 호흡용 공기는 매 1년마다 공기를 배출한 후 새로운 공기를 충전하여 보관한다.
④ 고압조정기와 경보기 부분은 분해조정 하지 않는다.

11 소방전술의 유형에 대한 설명으로 옳지 <u>않은</u> 것은?

① 포위전술 : 관창을 화점에 포위 배치하여 진압하는 전술형태로 초기 진압 시에 적합하다.
② 공격전술 : 관창을 화점에 진입 배치하는 전술형태로 소규모 화재에 적합하다.
③ 블록전술 : 주로 인접건물로의 화재확대방지를 위해 적용하는 전술형태로 블록의 4방면 중 확대가능한 면을 동시에 방어하는 전술이다.
④ 중점전술 : 위험물 옥외저장탱크 화재 등에 사용된다.

12 소방용수시설유지관리에 관한 설명으로 옳은 것은?

① 소방대상물에 인접한 도로의 폭, 교통상황, 도로주변의 토지의 고저, 건축물의 개황, 그 밖에 소방 활동에 필요한 지리에 대한 조사를 실시하며, 조사결과를 5년간 보관하여야 한다.
② 소방 활동에 필요한 소화전·급수탑·저수조 기타의 소방용수시설은 관할 시·군에서 설치하여 유지 관리하여야 한다.
③ 고장개소가 발생 시 상수도 관리 부서인 각 수도사업소에 개·보수사항을 의뢰하여 보수하거나 소방기관 자체 예산으로 보수하고 있다.
④ 소방본부장 또는 소방서장은 원활한 소방 활동을 위하여 다음 각 호의 조사를 연 1회 이상 실시하여야 한다.

13 누출물질 처리방법으로 물리적 방법에 해당 되는 것은?

① 누출된 물질을 스펀지나 흙, 신문지, 톱밥 등의 흡수성 물질에 흡수시켜 회수한다.
② 활성탄과 모래는 일반적으로 널리 사용되는 흡착제이다. 대부분의 화학물질을 사용하는 장소에는 기본적으로 활성탄이나 모래를 비치하고 있다.
③ 유화제를 사용하여 오염물질의 친수성을 높이는 방법으로 처리한다.
④ 오염물질을 약품이나 흡착제로 흡착, 응고시켜 처리할 수 있다.

14 소방청장에게 긴급 상황으로 보고하여야 할 화재로서 옳지 <u>않은</u> 것은?

① 사망자가 8명이며, 사상자가 26명 발생한 화재
② 먼 바다에 운항중인 외항선, 항공기, 발전소 및 변전소의 화재
③ 재산피해 130억원 추정되는 화재
④ 대상이 특수하여 사회적 이목이 집중될 것으로 예상되는 화재

15 소방차량으로 소화전을 이용한 급수방법으로써 다음 내용에서 두 번째 사항은?

| ㄱ 자체급수밸브 개방 |
| ㄴ 중계구 직결관을 이용하여 소화전 연결 |
| ㄷ 소방펌프 구동 |
| ㄹ 중계구 개방 (메인밸브는 잠금상태) |
| ㅁ 물탱크 급수 |

① ㄱ   ② ㄴ
③ ㄷ   ④ ㄹ

16 잠수장비에 대한 설명으로 옳지 <u>않은</u> 것은?

① 중량벨트 : 본인에게 알맞은 중량벨트의 선택방법은 모든 장비를 착용한 상태에서 턱 높이에 수면이 위치하도록 하는 것이다.
② 잠수복 : 보편적으로 수온이 24℃ 이하에서는 발포고무로 만든 습식잠수복을 착용하고 수온이 13℃ 이하로 낮아지면 건식잠수복을 착용하도록 권장한다.
③ 오리발 : 햇빛을 피하여 민물로 씻어서 보관하여야 하며 장기간 보관 시에는 고무부분에 분가루나 실리콘 스프레이를 뿌려 두는 것이 좋다.
④ 부력조절기 : 사용 후 깨끗한 물로 씻어야 하고, 내부도 물로 헹구어서 공기를 넣어 통풍이 잘되는 곳에서 말려야 한다.

17 물소화약제 사용 시 산소발생과 관계 깊은 것은?

① 제1류 : 과산화나트륨, 과산화칼륨, 과산화칼슘, 삼산화크롬 등
② 제3류 : 인화칼륨, 인화칼슘
③ 제3류 : 알킬알루미늄, 알킬리튬, 탄화칼슘, 탄화알루미늄 등
④ 제6류 : 질산

18 구조 활동의 원칙으로 옳지 않은 것은?

① 구조대원은 행동에 들어가기 전에 자신보다는 타인의 안전을 먼저 확인해야 한다.
② 사고의 양상과 주변의 위험요인을 파악하고 자신의 능력이 감당할 수 있는 한계 내에서 구조활동에 임하도록 한다.
③ 한 대원은 오직 한사람의 지휘관에게만 보고하고 한 사람의 지휘만을 받는다.
④ 우선순위는 인명의 안전 – 사고의 안정화 – 재산가치의 보존이다.

19 물소화약제 첨가제에 대한 설명으로 옳지 않은 것은?

① 동결방지제 : 물의 물리·화학적 성질을 고려하여 일반적으로 자동차 냉각수 동결방지제로 많이 사용되는 에틸렌글리콜을 가장 많이 사용하고 있다.
② Rapid water : 소방활동에서 호스 내의 물의 마찰손실을 줄이면 보다 많은 양의 방수가 가능해지고 가는 호스로도 방수가 가능해지므로 소방관의 부담이 줄게 된다.
③ 유화제 : 중유나 엔진오일 등은 인화점이 높은 고비점 유류이므로 화재 시 Emulsion형성을 증가시키기 위해 계면활성제를 첨가하여 사용하는 약제이다.
④ 증점제 : 물은 표면장력이 커서 방수 시 가연물에 침투되기가 어렵기 때문에 표면장력을 작게 하여 침투성을 높여주기 위해 첨가하는 계면활성제의 총칭을 말한다.

20 수중구조방법 중 줄을 이용한 탐색방법으로 옳지 않은 것은?

① 인원과 장비의 소요가 적은 반면 탐색할 수 있는 범위가 좁다.
② 실제 구조활동 시는 두 명의 다이버가 동시에 같은 방향으로 이동하면서 수색에 임한다.
③ 비교적 큰 물체를 탐색하는데 적합한 방법으로 탐색구역의 중앙에서 출발하여 이동거리를 조금씩 증가시키면서 매번 한 쪽 방향으로 90°씩 회전하며 탐색한다.
④ 탐색하는 구조대원의 인원수에 따라 광범위하게 탐색할 수 있고 폭넓게 탐색할 수 있으나 대원 상호간에 팀워크가 중요하다.

21 수심과 공기소모량의 관계에서 다음 ( )안에 들어갈 내용은?

수심(m)	절대압력 (atm)	소모시간 (분)	공기소모율 (L/분)
30	(㉠)	25	(㉡)

① ㉠ 3 ㉡ 45
② ㉠ 5 ㉡ 75
③ ㉠ 4 ㉡ 60
④ ㉠ 7 ㉡ 90

22 환자 1차 평가 단계에 대한 설명으로 옳지 않은 것은?

① 의식수준 – 첫인상 – 기도 – 호흡 – 순환 – 위급 정도 판단으로 실시한다.
② 의식수준 평가 반응은 눈, 말, 움직임을 통해 나타나는데 환자가 적절한 반응을 하지 못한다면 뇌 손상을 의심해야 한다.
③ 기도 유지 후에는 호흡을 평가해야 하며, 비정상적인 호흡이라면 산소 공급 또는 포켓마스크나 BVM을 통해 인공호흡을 실시해야 한다.
④ 환자가 호흡이 없을 때는 기도를 유지하고 포켓마스크나 BVM을 이용 양압환기를 실시하며 15ℓ/분의 산소를 제공해준다.

23 환자 2차 평가에 관한 설명으로 옳은 것은?

① 호흡보조근 사용을 보고, 호흡음을 듣고, 피부가 차갑고 축축한 것을 느끼고, 호흡에서 아세톤 냄새가 나는 것 등은 징후이다.
② 생체징후는 호흡, 맥박, 혈압을 포함하며 의식수준(AVPU)은 평가하지 않는다.
③ 생체징후를 전부 평가하는 범위에는 피부와 동공상태 평가는 포함되지 않는다.
④ SAMPLE력의 S는 증상 및 징후로써 청진이 아닌 문진, 시진, 촉진을 이용해서 알아낸 객관적인 사실이다.

24 의식이 있는 뇌졸중 환자를 평가하는 방법(FAST)으로 옳지 않은 것은?

① 치아가 보이도록 웃으면서 따라 웃도록 한다. 치아가 보이지 않거나 양쪽이 비대칭인 경우 비정상이다.
② 앞을 보면서 양 손을 동시에 앞으로 들어 올려 10초간 멈추도록 한다. 양손의 높이가 다르거나 한 손을 전혀 들어 올리지 못할 경우 비정상이다
③ 하나의 문장을 얘기하고 따라하도록 시킨다. 말이 느리거나 못한다면 비정상이다.
④ 시계가 있다면 몇 시인지 물어보고 없다면 낮인지 밤인지 물어본다.

25 복통유발 질병에 대한 설명으로 순서가 바르게 된 것은?

> ㉠ 처음에는 배꼽부위 통증(처음)을 호소하다 우하복부 부위의 지속적인 통증을 호소한다.
> ㉡ 심한 통증 및 때때로 갑작스런 윗배 또는 우상복부 통증을 호소한다. 또한 이러한 통증을 어깨 또는 등쪽에서도 나타날 수 있다.
> ㉢ 만성 알콜환자에게 흔히 나타나며 윗배 통증을 호소하고, 심한 경우 쇼크 징후가 나타나기도 한다.

① ㉠ 충수돌기염 ㉡ 췌장염 ㉢ 담낭염
② ㉠ 충수돌기염 ㉡ 담낭염 ㉢ 췌장염
③ ㉠ 담낭염 ㉡ 췌장염 ㉢ 충수돌기염
④ ㉠ 췌장염 ㉡ 충수돌기염 ㉢ 담낭염

최단기 소방승진 이패스 소방사관

www.kfs119.co.kr

※ 이 책은 저작권법에 의해 보호를 받는 저작물이므로 무단전재와 복제를 금합니다.
※ 본 교재의 저작권은 이패스코리아에 있습니다.